L'HYPOSTASE DES ARCHONTES

TRAITÉ GNOSTIQUE SUR L'ORIGINE DE L'HOMME, DU MONDE ET DES ARCHONTES

(NH II, 4)

et

NORÉA

(NH IX, 2)

BIBLIOTHÈQUE COPTE DE NAG HAMMADI

LABORATOIRE D'HISTOIRE RELIGIEUSE
UNIVERSITÉ LAVAL

Éditeur en chef

JACQUES É. MÉNARD

Comité d'édition

HERVÉ GAGNÉ
BERNARD BARC – JEAN-PIERRE MAHÉ
MICHEL ROBERGE

Section «Textes»

1. – *La lettre de Pierre à Philippe*
   Jacques É. MÉNARD (1977)
2. – *L'Authentikos Logos*
   Jacques É. MÉNARD (1977)
3. – *Hermès en Haute-Égypte* (t. 1)
   Jean-Pierre MAHÉ (1978)
4. – *La Prôtennoia Trimorphe*
   Yvonne JANSSENS (1978)
5. – *L'Hypostase des Archontes*
   Bernard BARC
   Noréa
   Michel ROBERGE (1980)

Section «Études»

1. – *Colloque international sur les Textes de Nag Hammadi*
   Bernard BARC éditeur (à paraître)

BIBLIOTHÈQUE COPTE DE NAG HAMMADI

SECTION «TEXTES»

— 5 —

L'HYPOSTASE DES ARCHONTES

TRAITÉ GNOSTIQUE SUR L'ORIGINE DE L'HOMME, DU MONDE ET DES ARCHONTES

(NH II, 4)

PAR

BERNARD BARC

LES PRESSES
DE L'UNIVERSITÉ LAVAL
QUÉBEC, CANADA

ÉDITIONS PEETERS

LOUVAIN, BELGIQUE

1980

À Jacques É. Ménard

Imprimé en Belgique

Dépôt légal (Québec), 1er trimestre 1980

ISBN 2-7637-6889-X

AVANT-PROPOS

Cette recherche a été pour moi l'occasion de nombreux entretiens avec Monsieur J. É. Ménard et de débats approfondis lors du séminaire sur Nag Hammadi qu'il dirige à l'Université des Sciences Humaines de Strasbourg. Je dois par ailleurs à Monsieur H. Gagné, directeur du *Laboratoire d'Histoire Religieuse* de l'Université Laval, et à Monsieur M. Roberge, professeur dans cette université, d'avoir pu, au cours d'un séminaire d'un mois à Laval, soumettre les résultats de cette recherche aux chercheurs canadiens du *Projet d'Édition de la Bibliothèque Copte de Nag Hammadi*. Je ne saurais non plus oublier Monsieur B. Layton de l'Université de Yale qui a mis à ma disposition son étude de l'*Hypostase des Archontes* bien avant sa publication. C'est un peu le fruit de tous ces échanges que je publie aujourd'hui; que chacun trouve ici l'expression de ma gratitude.

Bernard BARC

BIBLIOGRAPHIE

ABRAMOWSKI (L.), «'Notizen zur Hypostase der Archonten', éd. Bullard», *ZNW* 67 (1976) 280-285.

BARC (B.), «La taille cosmique d'Adam dans la littérature juive rabbinique des trois premiers siècles après Jésus-Christ», *RevSR* 49 (1975) 173-185.

—, «Samaël-Saklas-Yaldabaoth. Recherche sur l'origine d'un mythe gnostique», in *Colloque international sur les Textes de Nag Hammadi* (*BCNH*, section «Etudes», 1) à paraître.

BETHGE (H. G.), «*Vom Ursprung der Welt*». Die fünfte Schrift aus Nag-Hammadi Codex II neu herausgegeben und unter bevorzugter Auswertung anderer Nag-Hammadi-Texte erklärt, Berlin, 1975 (inédit).

BÖHLIG (A.), LABIB (P.), *Die Koptisch-gnostische Schrift ohne Titel aus Codex II von Nag Hammadi* (*Deutsche Akademie der Wissenschaften zu Berlin*, Institut für Orientforschung, 58), Berlin, 1962.

BÖHLIG (A.), WISSE (F.), *The Gospel of the Egyptians* (*NHS*, 4), Leyde, 1975.

—, *Zum Hellenismus in den Schriften von Nag Hammadi* (*Göttinger Orientforschungen*, VI. Reihe : Hellenistica 2), Wiesbaden, 1975.

BOUSSET (W.), *Hauptprobleme der Gnosis*, Gœttingue, 1907.

BULLARD (R. A.), *The Hypostasis of the Archons*. The Coptic Text with Translation and Commentary. With a Contribution by M. KRAUSE (*PTS*, 10), Berlin, 1970.

BULLARD (R. A.), LAYTON (B.), «The Hypostasis of the Archons (II,4)», in *The Nag Hammadi Library*, San Francisco, 1977, p. 152-160.

CUMONT (F.), *Recherche sur le symbolisme funéraire des romains*, Paris, 1942.

DORESSE (J.), «'Le livre sacré du grand Esprit invisible' ou 'l'Évangile des Égyptiens'. Texte copte édité, traduit et commenté», *JA* 254 (1966) 317-435 et 256 (1968) 289-386.

DELCOR (M.), *Le Testament d'Abraham*, Introduction, Traduction du texte grec et Commentaire de la recension grecque longue (*SVTP*, 2), Leyde, 1973.

FALLON (F. T.), *The Enthronement of Sabaoth. Jewish Elements in Gnostic Creation myths* (*NHS*, 10), Leyde, 1978.

FESTUGIÈRE (A. J.), *La révélation d'Hermès Trismégiste*, t. 1-4, Paris, 1942-1953.

GINZBERG (L.), *The Legends of the Jews*, Philadelphie, 1909-1938.

GIVERSEN (S.), *Apocryphon Johannis*. The Coptic Text of the Apocryphon Johannis in the Nag Hammadi Codex II with Translation, Introduction and Commentary (*Acta Theologica Danica*, vol. V), Copenhague, 1963.

HOFIUS (O.), «Der Vorhang vor dem Thron Gottes» (*WUNT*, 14), Tubingue, 1972.

JANSSENS (Y.), «L'Apocryphon de Jean», *Le Muséon* 83 (1970) 157-165; 84 (1971) 43-64, 403-432.

JONAS (H.), *The Gnostic Religion*, 2e éd., Boston, 1963.

KASSER (R.), «Le Livre secret de Jean», *RTP* 15 (1965) 129-155; 16 (1966) 163-181 et 17 (1967) 1-30.

—, «L'Hypostase des Archontes», *RTP* 22 (1972) 168-202.

—, «'L'Hypostase des Archontes'. Propositions pour quelques lectures et reconstitutions nouvelles», in *Essays on the Nag Hammadi Texts in Honour of* Alexander BÖHLIG (*NHS*, 3), Leyde, 1972, p. 22-35.

—, «Formation de 'L'Hypostase des Archontes'», *BSAC* 21 (1975) 83-103.

KRAUSE (M.), «Das Wesen der Archonten», *Die Gnosis*, Zürich-Stuttgart, 1971, p. 46-62 (traduction seulement).

—, «Zur Hypostase der Archonten in Codex II von Nag Hammadi», *Enchoria* 2 (1972) 1-20.

LEISEGANG (H.), *La Gnose*, Paris, 1951.

LABIB (P.), *Coptic Gnostic Papyri in the Coptic Museum at Old Cairo*, vol. I, Le Caire, 1956.

LAYTON (B.), «The Text and Orthography of the Coptic Hypostasis of the Archons», *ZPE* 11 (1973) 173-200.

—, «Critical Prolegomenon to an Edition of the Coptic Hypostasis of the Archons», in *Essays on the Nag Hammadi Texts in Honour of* P. LABIB (*NHS*, 6), Leyde, 1975, p. 90-109.

—, «The Hypostasis of the Archons or the Reality of the Rulers». Newly Edited from the Cairo Manuscript with a Preface, English Translation, Notes and Indexes, *HTR* 67 (1974) 351-425 et 69 (1976) 31-101.

MACRAE (G.), «The Jewish Background of the Gnostic Sophia», *NovT* 12 (1970) 94-101.

MAGNE (J.), «L'exaltation de Sabaoth dans l'Hypostase des Archontes 143, 1-31 et l'exaltation de Jésus dans Philippiens 2,6-11 ou la naissance de Jésus-Christ», *Cahiers du Cercle Ernest Renan* 83 (1973) 1-56.

MÉNARD (J. É.), «Apocalyptique et Gnose», in *L'Apocalyptique* (Études d'Histoire des Religions de l'Université des Sciences Humaines de Strasbourg), Paris, 1977, p. 159-177.

NAGEL (P.), *Das Wesen der Archonten*, Koptischer Text, deutsche Übersetzung und griechische Rückübersetzung, Konkordanz und Indizes (*Wiss. Beitr. Martin-Luther Univ.*, 1970/6), Halle, 1970.

ODEBERG (H.), *3 Enoch or The Hebrew Book of Enoch*, Edited and Translated for the first time, with Introduction, Commentary and Critical Notes, Cambridge, 1928, réédition anastatique, New York, 1973.

PEARSON (B. A.), «The Figure of Norea in Gnostic Literature», in *Proceedings of the International Colloquium on Gnosticism*, Stockholm, August 20-25, 1973 (*Filologisk-filosofiska serien*, 17), Stockholm, 1977.

—, «'She Became a Tree', A Note to CG II, 4: 89,25-26», *HTR* 69 (1976) 413-415.

PÉTREMENT (S.), «Le mythe des sept archontes créateurs peut-il s'expliquer à partir du christianisme?», in *Le origini dello gnosticismo, Colloquio di Messina*, Leyde, 1967, p. 460-487.

QUISPEL (G.), *Ptolémée, Lettre à Flora* (*SC*, 24), Paris, 1949 (rééd. 1966).

ROBINSON (J. M.) éd., *The Nag Hammadi Library*, San Francisco, 1977.

SAGNARD (F. M. M.), *Clément d'Alexandrie. Extraits de Théodote* (*SC*, 23), Paris, 1948.

SCHENKE (H. M.), «Das Wesen der Archonten», *TLZ* 83 (1958) 661-670, réédité dans J. LEIPOLDT et H. M. SCHENKE, *Koptisch-gnostische Schriften aus den*

Papyrus-Codices von Nag Hammadi (*Theo. Forsch.*, 20), Hambourg-Bergstedt, 1960, p. 67-78, 83-84.

—, *Der Gott «Mensch» in der Gnosis*, Gœttingue, 1962.

—, «Das sethianische System nach Nag Hammadi-Handschriften» (*Studia Coptica*), Berlin, 1974, p. 165-173.

SCHOLEM (G.), *Les grands courants de la mystique juive*, Paris, 1968.

—, «Jaldabaoth Reconsidered», in *Mélanges d'Histoire des Religions offerts* à Henri-Charles PUECH, Paris, 1974, p. 405-421.

TARDIEU (M.), *Trois Mythes Gnostiques, Adam, Éros et les animaux d'Égypte dans un écrit de Nag Hammadi (II, 5) (Études Augustiniennes)*, Paris, 1974.

TISSERANT (E.), *L'Ascension d'Isaïe*, Paris, 1909.

ABRÉVIATIONS

BCNH	=	Bibliothèque Copte de Nag Hammadi
BSAC	=	Bulletin de la Société d'Archéologie Copte
HTR	=	Harvard Theological Review
JA	=	Journal Asiatique
NHS	=	Nag Hammadi Studies
NovT	=	Novum Testamentum
PTS	=	Patristische Texte und Studien
RevSR	=	Revue des Sciences Religieuses
RTP	=	Revue de Théologie et de Philosophie
SC	=	Sources chrétiennes
SVTP	=	Studia in Veteris Testamenti Pseudepigrapha
TLZ	=	Theologische Literaturzeitung
WUNT	=	Wissenschaftliche Untersuchungen zum Neuen Testament
ZNW	=	Zeitschrift für die neutestamentliche Wissenschaft und die Kunde der älteren Kirche
ZPE	=	Zeitschrift für Papyrologie und Epigraphik

INTRODUCTION

Plusieurs études ont déjà été consacrées à l'*Hypostase des Archontes* (HypArch), quatrième traité du Codex II de Nag Hammadi[1]. En 1970, P. Nagel a publié le texte ainsi qu'une traduction allemande, un index, une concordance et une rétroversion grecque[2]. La même année parut l'édition anglaise de R. A. Bullard[3] dont l'intérêt réside dans le commentaire qui l'accompagne. À ces deux ouvrages s'ajoutèrent une série d'articles consacrés particulièrement à l'étude de la langue du traité et à l'établissement du texte. Enfin, une nouvelle édition en langue anglaise publiée par B. Layton[4] a fait la synthèse des travaux précédents en ce qui regarde l'établissement du texte et sa traduction. Elle offre un texte collationné avec minutie sur le papyrus du Caire et une traduction accompagnée de nombreuses notes d'un grand intérêt linguistique.

Si le texte de l'HypArch est désormais sûr, l'étude de son contenu reste presque entièrement à faire. R. A. Bullard en effet, le seul à avoir tenté un commentaire du texte, s'est plus attaché à la recherche de parallèles dans la littérature juive, chrétienne et gnostique, qu'à l'interprétation du texte lui-même. Il est vrai que la composition de l'HypArch paraît à première vue si complexe qu'on pourrait être tenté de n'y voir qu'une compilation de spéculations liées artificiellement entre elles et justifier ainsi une interprétation hors contexte des unités qui la composent.

Mais sommes-nous réellement en présence d'une compilation? Dans un article intitulé «Formation de l'Hypostase des Archontes»[5] R. Kasser a défendu cette thèse et distingué dans l'HypArch une dizaine de sources, assemblées par un compilateur puis surchargées de 18 gloses qui pourraient être, chacune, attribuées à un auteur

[1] P. 86,20-97,23 in *The Facsimile Edition of the Nag Hammadi Codices*, Codex II. L'ancienne pagination de P. Labib (*Coptic Gnostic Papyri in the Coptic Museum at Old Cairo*) pl. 134,20-145,23, est suivie par P. Nagel et R. A. Bullard.

[2] P. Nagel, *Das Wesen der Archonten*, Koptischer Text, Übersetzung und griechische Rückübersetzung, Konkordanz und Indizes (*Wiss. Beitr. Martin-Luther Univ.*, 1970/6), Halle, 1970.

[3] R. A. Bullard, *The Hypostasis of the Archons*, The Coptic Text with Translation and Commentary (*PTS*, 10), Berlin, 1970.

[4] B. Layton, «The Hypostasis of the Archons or The Reality of the Rulers», *HTR* 67 (1974) 351-425 et 69 (1976) 31-101.

[5] R. Kasser, «Formation de 'l'Hypostase des Archontes'», *BSAC* 21 (1975) 83-103.

différent. À l'inverse, A. Böhlig, en 1962, se fondant sur une étude thématique de l'écrit, émettait l'hypothèse d'une rédaction à partir de deux sources qu'il appelait source A (Archontes) et source E (Puissances : ἐξουσίαι)[6]. M. Tardieu[7] a montré que, sous une forme aussi radicale, la thèse d'A. Böhlig devait être rejetée. Quant à celle de R. Kasser, sa faiblesse réside dans le fait qu'elle se fonde sur une loi tacitement admise mais non démontrée selon laquelle un auteur désignerait toujours ses personnages selon une terminologie invariable et, qu'en conséquence, tout changement dans cette terminologie impliquerait changement d'auteur. Ces hypothèses contradictoires semblent indiquer que les critères tirés aussi bien de la structure thématique du traité que de la répartition de son vocabulaire ne sont pas en mesure de nous éclairer sur sa composition.

Le seul fait indiscutable qui puisse servir de point de départ à une étude sur la composition de l'HypArch est la parenté évidente qui existe entre ce traité et celui qui le suit immédiatement dans le codex II, l'*Écrit sans Titre* (Ecr sT). D'après M. Tardieu[8] l'HypArch aurait «servi de base à un esprit plus philosophique, pour construire en une deuxième mouture, un véritable traité sur l'origine et la fin, l'Ecrit sans Titre actuel». C'est afin de vérifier cette hypothèse que nous avons entrepris une comparaison systématique des deux traités. Il ressort de cette comparaison que les deux écrits ne dépendent pas directement l'un de l'autre, mais organisent leur exposé sur l'origine de l'homme (anthropogonie) en fonction d'un même schéma traditionnel connu par ailleurs d'Irénée et de l'*Apocryphon de Jean* (ApocrJn). Bien que ce schéma soit partiellement inspiré par la *Genèse*, il n'est pas pour autant une paraphrase de celle-ci.

Le rédacteur de l'HypArch, tout en respectant scrupuleusement le schéma traditionnel d'enseignement de l'anthropogonie, enrichit celui-ci en fusionnant avec lui une version gnostique des premiers chapitres de la *Genèse*, qu'il considère comme la forme authentique de la révélation sur les origines et dont la *Genèse* canonique ne serait que la version falsifiée. Cette fusion de deux sources, opérée avec une maîtrise parfaite, donne naissance à un mythe nouveau, parfaitement cohérent.

[6] A. Böhlig, P. Labib, *Die Koptisch-gnostische Schrift ohne Titel aus Codex II von Nag Hammadi* (*Deutsche Akademie der Wissenschaften zu Berlin*, Institut für Orientforschung, 58), Berlin, 1962, p. 27-30.

[7] M. Tardieu, *Trois mythes gnostiques, Adam, Éros et les animaux d'Égypte dans un écrit de Nag Hammadi (II,5) (Études Augustiniennes)*, Paris, 1974, p. 30-33.

[8] *Op. cit.*, p. 36-37.

La deuxième partie du traité qui raconte l'origine des Archontes, remanie un mythe antérieur connu également de l'Ecr sT. Cette source devait être vénérable si l'on en juge par le souci de fidélité que montrent les auteurs lorsqu'ils en reproduisent les termes. Cette fidélité, cependant, ne les empêche pas d'ajouter des éléments nouveaux dont l'introduction bouleverse la signification première du mythe. Malgré cela, une comparaison minutieuse des deux écrits permet de reconstituer avec une certitude suffisante le modèle dont ils se sont servis et d'en tirer des enseignements précieux sur la préhistoire des mythes gnostiques.

En fonction de ces résultats, on est amené à rejeter l'hypothèse d'une parenté directe entre l'HypArch et l'Ecr sT et à lui préférer celle d'une référence à un fond traditionnel commun. Quant à l'HypArch, il serait le résultat d'un travail de synthèse extrêmement soigné à partir de trois sources principales.

Le schématisme de cette synthèse, la rigueur avec laquelle elle applique au texte biblique les règles de l'exégèse gnostique, sa façon enfin de ramasser en une phrase-clé très brève tout un chapitre de doctrine, nous font douter qu'elle soit réellement destinée, comme le laisse croire le rédacteur (p. 86,26-27), à un lecteur non initié, désireux de s'informer de l'origine des Puissances. Nous sommes plutôt en présence d'un manuel, d'un aide-mémoire, dont le but serait de présenter un résumé de la mythologie admise par la secte. L'argument déterminant en faveur de cette hypothèse est l'absence presque totale de commentaire doctrinal dans la première rédaction du traité[9], absence qui laisse supposer que le rédacteur s'adresse à un lecteur déjà initié aux doctrines gnostiques, c'est-à-dire au prédicateur chargé d'exposer ces doctrines. S'il en est ainsi, on comprend mieux le souci du rédacteur, d'une part de respecter de son mieux les formes traditionnelles des mythes puisqu'elles sont connues, d'autre part d'en présenter une synthèse qui rassemble en une fresque unique les trois sources antérieures de façon à rendre leur exposé plus cohérent. Il est possible aussi que le rédacteur ait été guidé par un souci de pédagogie lorsqu'à la différence de l'ApocrJn et de l'Ecr sT il a choisi de placer l'enseignement anthropogonique avant l'enseignement théogonique.

Il peut paraître inadéquat de parler de *prédication* à propos d'un enseignement gnostique, si nous le faisons, c'est parce que l'HypArch ne contient pas d'enseignement ésotérique à proprement parler et peut

[9] Comme nous le verrons à la fin de l'Introduction, il faut envisager deux étapes de rédaction du traité (cf. p. 45).

donc s'adresser à un large public. Comme le montre bien le récit sur la «désobéissance d'Adam» (p. 89,31-90,19) l'instruction gnostique comporte pour notre auteur deux étapes, la première est la dénonciation de l'erreur qui domine le monde inférieur, la seconde, la révélation du monde céleste. Concrètement, la première étape de l'instruction vise à démystifier l'auditeur, à lui démontrer qu'il est maintenu dans l'ignorance par le judaïsme officiel, que derrière le Dieu juif se cachent en fait deux pouvoirs antagonistes, l'un juste (le dieu de la Loi), l'autre injuste (le dieu créateur), qui se disputent mutuellement la domination d'une humanité qu'ils ont faite à leur image, âme et corps. Si l'auditeur reconnaît son erreur et rejette cette domination, alors l'Esprit viendra habiter en lui, lui révélera la connaissance du Dieu véritable et celle du monde céleste d'où il vient, lui donnant ainsi accès au deuxième degré de l'initiation.

À la différence de l'ApocrJn ou de l'*Évangile des Égyptiens* (Ev Egypt)[10] qui nous font contempler la genèse du monde céleste, l'Hyp Arch s'en tient strictement à l'enseignement sur le monde inférieur. Cette distinction de deux degrés d'initiation, le premier portant sur l'origine du monde inférieur et le second sur celle du monde céleste, correspond à la distinction du judaïsme officiel entre *Maʿassé beréchit* et *Maʿassé merkaba*. En effet, de ces deux ordres d'initiation qui portent eux aussi respectivement sur l'origine du monde terrestre et sur le monde céleste contemplé par Ezéchiel, seul le second est soumis de façon stricte à la règle de l'arcane.

Il ressort clairement des remarques que nous venons de faire et surtout de l'analyse des sources que nous allons développer dans les pages qui suivent que le traité de l'HypArch, au moins dans sa première rédaction, a été écrit par un juif gnostique dans le but d'attirer à sa foi ses frères de race fidèles aux dogmes du judaïsme officiel. L'auteur ne polémique pas contre la religion juive mais se contente d'exposer de façon magistrale la vérité qui est sienne. Il est cependant évident qu'une telle vérité était accueillie par le judaïsme officiel comme une hérésie et pouvait de ce fait être considérée comme de la polémique anti-juive. En fait il faudrait plutôt parler d'un affrontement entre deux orthodoxies à l'intérieur du judaïsme.

Les rapprochements que nous serons amenés à faire entre notre traité et Philon d'Alexandrie permettent de rattacher cet écrit à la communauté juive d'Alexandrie. Quant à la date, il y a lieu de

[10] A. Böhlig, F. Wisse, *The Gospel of the Egyptians* (*NHS*, 4), Leyde, 1975.

distinguer entre la rédaction christianisée (2e rédaction) qui peut, comme l'ApocrJn et l'Ecr sT, être datée de la deuxième moitié du deuxième siècle et la première rédaction, témoin d'une gnose encore purement juive, et qui a pu être faite dans la première moitié du deuxième siècle.

A. Les sources anthropogoniques

Les trois traités mythologiques du Codex II de Nag Hammadi, l'*Apocryphon de Jean* (ApocrJn), l'*Hypostase des Archontes* (HypArch) et l'*Écrit sans Titre* (Ecr sT) se consacrent pour moitié à l'exposé de l'anthropogonie gnostique [11]. L'impression première que l'on retire à la lecture de ces pages est celle d'exposés touffus, mal structurés, surchargés d'éléments rédactionnels, mais tributaires dans l'ensemble de l'enseignement anthropogonique du livre biblique de la *Genèse*. Cette dépendance est si fortement marquée dans l'HypArch que certains commentateurs ont cru pouvoir faire de la première partie de cet écrit une *paraphrase de la Genèse*. Les choses sont en fait plus complexes.

Comme nous aurons l'occasion de le montrer, dans un certain nombre de cas, comme par exemple les récits sur *la désobéissance d'Adam* ou sur *Caïn et Abel*, le rédacteur se réfère directement au texte de la *Genèse* dont il reproduit une version corrigée. Dans ce cas la technique retenue s'apparente à la paraphrase. Mais l'influence de *Genèse* s'exerce aussi de façon indirecte, du fait que le rédacteur, comme ceux de l'ApocrJn et de l'Ecr sT, organise son exposé sur l'origine de l'humanité en fonction d'un schéma gnostique traditionnel, indépendant du récit canonique de *Genèse*, mais constitué cependant pour une part de traditions inspirées de ce livre.

La fonction première de ce *schéma anthropogonique* est de guider le pédagogue en lui fournissant un plan fixe autour duquel il lui est possible d'organiser ses commentaires. Ainsi sont définis, à la fois, les thèmes de l'anthropogonie gnostique et l'ordre de leur exposé. Pour le lecteur du vingtième siècle qui ne dispose plus d'un pédagogue pour l'aider à pénétrer la signification de ces spéculations, la connaissance du schéma anthropogonique est le fil d'Ariane qui le guide dans le dédale de l'anthropogonie gnostique [12].

[11] ApocrJn II (p. 12,5-25,15); HypArch, p. 86,27-92,18; Ecr sT, p. 107,25-121,27.

[12] La présence de ce schéma pourrait être étudiée dans d'autres écrits; par exemple Irénée, *Adv. Haer.*, I, 30,5 (cf. note 18).

1. Le schéma anthropogonique

Plutôt que de nous engager dans un long exposé théorique, nous préférons présenter une synopse de l'anthropogonie des trois traités; cette solution aura l'avantage de mettre à la disposition du lecteur la totalité des éléments du dossier et de lui permettre de vérifier, voire de préciser nos conclusions. Dans la synopse qui suit, les éléments communs aux trois écrits, et qui constituent l'armature du schéma, ont été notés *en italique*; quant aux spéculations particulières à un seul écrit, elles ont été résumées et reproduites entre parenthèses[13].

[13] Le système de référence retenu pour les trois traités est celui de *The Facsimile Edition of the Nag Hammadi Codices*, Codex II, Leyde, 1974. Les traductions proposées pour l'Ecr sT et l'ApocrJn ne sont que provisoires. Elles s'inspirent en grande partie de traductions déjà existantes. Pour l'ApocrJn II, cf. S. Giversen, *Apocryphon Johannis*: The Coptic Text of the Apocryphon Johannis in the Nag Hammadi Codex II with Translation, Introduction and Commentary (*Acta Theologica Danica*, V), Copenhague, 1963; R. Kasser, «Le Livre secret de Jean», *RTP* 15 (1965) 129-155; 16 (1966) 163-181 et 17 (1967) 1-30. Pour la traduction de l'Ecrit sans Titre, cf. A. Böhlig et P. Labib, *Die Koptisch-gnostische Schrift ohne Titel aus Codex II von Nag Hammadi*, Berlin, 1962; M. Tardieu, *Trois mythes gnostiques* ..., p. 297-335. On trouvera aussi une synopse de l'HypArch et de l'Ecr sT dans H. G. Bethge, «*Vom Ursprung der Welt*». Die fünfte Schrift aus Nag-Hammadi-Codex II neu herausgegeben und unter bevorzugter Auswertung anderer Nag-Hammadi-Texte erklärt, Berlin, 1975 (inédit).

HypArch	Ecr sT	ApocrJn II

Blasphème de l'Archonte

HypArch	Ecr sT	ApocrJn II
p. 86,27-87,1 *Leur chef (Samaël)* est aveugle. [En raison de son] pouvoir et de son ignorance [et de son] arrogance,	p. 107,25-34 Quand (l'*Archigénétor*) apprit qu'il existe vraiment un Homme immortel de Lumière avant lui, il fut troublé, parce	p. 13,5-13 Or (*Yaldabaoth*) voyant la création qui l'entourait et la multitude des anges qui l'entouraient — ceux-ci étaient issus de lui —,
il dit à cause de son [pouvoir :]	qu'*il avait dit* précédemment à tous les dieux et à leurs anges :	*il* leur *dit* :
« Je suis Dieu il n'y en a pas d'autre [*en dehors de moi »*].	*« Je suis Dieu et aucun autre n'existe en dehors de moi ».*	*« Je suis un Dieu* jaloux *et il n'y a pas d'autre* dieu *en dehors de moi ».*
Lorsqu'il dit cela, il pécha contre [le Tout]. Et cette déclaration parvint à l'Incorruptibilité.	Il redoutait en effet qu'ils n'apprennent qu'un autre existe avant lui et qu'ils ne le condamnent.	En proférant cela il signifie aux anges qui sont près de lui qu'il existe un autre Dieu. Car s'il n'y en avait pas d'autre, de qui serait-il jaloux? (p. 13,13-14,13 Mythe de la Mère : Lorsque la Mère voit la méchanceté de son fils, elle se repent; elle est alors placée au-dessus de son fils jusqu'à ce qu'elle ait redressé sa déficience.)

Apparition de la ressemblance dans les eaux

HypArch	Ecr sT	ApocrJn II
	p. 107,34-108,7 Mais lui, dans sa stupidité, méprisa la condamnation et eut l'audace de dire : « Si quelqu'un existe avant moi, qu'il se manifeste pour que nous voyions sa lumière ».	
p. 87,1-3 *Et voici que sortit de l'Incorruptibilité une voix* qui disait :	*Et aussitôt, voici qu'une lumière sortit de l'Ogdoade d'en haut* et traversa tous les cieux de la terre.	p. 14, 13-30 *Et une voix sortit du ciel*, l'Éon élevé :
« Tu te trompes, Samaël ».		« Il existe l'Homme et le Fils de l'Homme ».

HypArch	Ecr sT	ApocrJn II
(p. 87,3-11 résumé théogonique)	Lorsque l'Archigénétor vit que l'éclat de la lumière était beau, il fut fasciné et rempli de honte.	La Protarchonte Yaldabaoth entendit, pensant que cette voix était venue de sa Mère, et il ne sut pas d'où elle était venue … Et l'Éon du Protarchonte tout entier trembla et les fondations de l'abîme furent ébranlées et, *hors des eaux* qui sont au-dessus de la matière, *le côté inférieur de la lumière céleste illumina sa ressemblance qui s'était manifestée*.
p. 87,12-13 *L'Incorruptibilité regarda en bas, vers les régions des eaux. Sa ressemblance apparut*	p. 108,7-14 *Lorsque cette lumière se fut manifestée, une ressemblance d'Homme apparut en elle.* Elle était fascinante et personne ne la vit, excepté l'Archigénétor et Pronoia qui est avec lui. Sa lumière se manifesta alors à toutes les Forces des cieux. Voilà pourquoi elles furent toutes troublées par elle. (p. 108,14-28 Pronoia désire s'unir à la lumière)	
p. 87,13-23 (*Sa ressemblance apparut*) *dans les eaux.* Et les Puissances des ténèbres la désirèrent, mais ne purent pas saisir cette ressemblance qui leur était apparue dans les eaux à cause de leur faiblesse — les psychiques en effet, ne peuvent saisir les spirituels — car elles sont d'en bas, alors qu'elle est d'en haut. C'est pourquoi l'Incorruptibilité regarda en bas, vers les régions, afin d'unir, selon la volonté du Père, le Tout et la Lumière.	p. 108,28-31 Mais l'eau fut purifiée par *la ressemblance* de Pistis Sophia, *celle qui s'était manifestée à l'Archigénétor dans les eaux* … (p. 109,1-111,28 le monde d'Éros) (p. 111,29-112,25 les deux jours de l'Adam-Lumière sur la terre)	p. 14,30-34 Et lorsque toutes les Puissances et le Protarchonte regardèrent, ils virent toute la région inférieure qui s'illuminait et, grâce à la lumière, *ils virent dans les eaux le type de l'image*.

DÉLIBÉRATION DES ARCHONTES EN VUE DE CRÉER L'HOMME

p. 87,23-26 *Les Archontes tinrent conseil. Ils dirent* :	p. 112,25-113,10 Mais avant que l'Adam-Lumière ne se fût retiré du chaos, les Puissances le virent. Elles rirent de l'Archigénétor parce qu'il avait menti quand il disait : « Je suis Dieu, personne n'existe avant moi ». *Elles vinrent vers lui et dirent* : « Est-ce lui le dieu qui a anéanti notre ouvrage ? »	p. 15,1-4 *Et il dit aux Puissances qui étaient avec lui* :
« *Allons ! faisons un homme* (avec) de la poussière du sol ».	Il répondit : « Oui. Si vous voulez qu'il ne puisse plus anéantir notre ouvrage, *faisons un homme* avec de la terre selon l'image de notre corps et selon la ressemblance de celui-ci, et qu'il soit à notre service, de sorte que, si (l'Adam-Lumière) voit sa ressemblance, il l'aimera et ne détruira plus notre ouvrage... ». (p. 113,10-114,24 Création de l'Adam-psychique)	« *Allons ! Faisons un homme* selon l'image de Dieu et selon notre ressemblance, afin que son image nous soit lumière ».

MODELAGE DE L'HOMME MATÉRIEL

p. 87,26-33 Ils modelèrent leur créa[ture] (de sorte) qu'elle est entièrement terrestre. Or les Archontes, [le cor]ps qu'ils ont est femelle, c'est un avo[rton] à l'aspect animal.	(p. 114,24-29 Les Archontes jettent leur semence dans le nombril de la terre)	
Ayant pris de la poussière du sol, *ils modelèrent leur* [*homme*] *d'après leur* corps	p. 114,29-34 À partir de ce jour-là, les sept *Archontes façonnèrent l'homme*, son corps d'une part, à la ressemblance de leur	p. 15,5-9 *Et ils le créèrent d'un commun effort*, selon les signes qui leur avaient été

HypArch	Ecr sT	ApocrJn II
et *d'a[près la ressemblance]* *de Dieu qui* *[leur] était apparue dans les eaux.*	corps, sa ressemblance d'autre part *à la ressemblance de l'Homme qui leur était apparue dans les eaux.* Sa création eut lieu selon les parties de chacun.	donnés, et chacune des Puissances plaça un signe (copié) *sur le type de l'image qui leur était apparue,* dans le psychisme de celui-ci.
(p. 87,33-88,3 Tentative de capture de la ressemblance)		(p. 15,9-13 Imposition du nom) (p. 15,14-19,10 Création des différentes parties du corps d'Adam)
	ANIMATION DE L'HOMME	
p. 88,3-6 *Et il souffla dans son visage* *et l'homme devint psychique*	p. 114,34-115,1 Leur chef créa le cerveau et la mœlle… *Il devint un homme psychique.*	p. 19,11-33 Et tous les anges et les démons travaillèrent jusqu'à ce que soit préparé *le corps psychique.*
sur la terre pour longtemps.	(p. 115,2-3 Imposition du nom) (p. 115,4-11 Adam reste quarante jours sans âme)	*Mais leur œuvre resta totalement immobile et oisive un long temps.* Mais lorsque la Mère voulut reprendre la puissance qu'elle avait donnée au premier Archonte, … elle envoya cinq luminaires et *ils dirent*
(*Et il souffla dans son visage,*)	p. 115,12-15 *Maïs au bout de quarante jours Sophia-Zoè envoya son souffle à Adam qui était sans âme.*	*à Yaldabaoth : « Souffle dans son visage (une part) de ton esprit et son corps se lèvera ». Et il souffla en lui de son esprit,* c'est-à-dire la Puissance de sa Mère … et la puissance de la Mère passa d'Altabaoth *dans le corps psychique …*
(sur la terre pour longtemps.) Mais ils ne purent le mettre debout en raison de leur impuissance.	*Il se mit à se mouvoir sur le sol et n'eut pas la force de se lever.*	*Le corps se mut, reçut puissance* et fut lumineux.
(p. 88,7-11 Tentative de capture de la ressemblance)	(p. 115,15-27 Le Repos)	(p. 19,34-20,9 Les Puissances enferment Adam dans les régions inférieures de la matière)

(p. 88,11-15 Adam reçoit l'Esprit) (p. 88,16-17 Imposition du nom) (p. 88,18-24 Présentation des animaux à Adam)		(p. 20,9-31 Le Métropator envoie une Aide à Adam : Zoè) (p. 20,32-21,16 Les Archontes enferment Adam dans un corps matériel)
	ADAM PLACÉ DANS LE PARADIS	
p. 88,24-26 *Ils prirent Adam ; ils le placèrent dans le Paradis* pour qu'il le travaille et qu'il le garde. (p. 88,26-89,3 Le commandement)	p. 115,27-30 Mais après avoir vu qu'Adam ne pouvait pas se lever, ils se réjouirent. *Ils le prirent et le placèrent dans le Paradis*. Et ils se retirèrent dans leurs cieux.	p. 21,16-19 *Et les Archontes le prirent et le placèrent dans le Paradis.* Et ils lui dirent : « Mange ! » — c'est-à-dire d'être dans l'oisiveté —. (p. 21,19-22,15 Description des arbres du Paradis et question posée au Sauveur à propos du serpent)
(p. 89,3-7 Le sommeil d'Adam)		(p. 22,15-27 Le sommeil d'Adam et question posée au Sauveur à propos du sommeil)
(p. 89,8-11 Création de la femme)		(p. 22,28-23,4 Création de la femme)
	ÉVEIL D'ADAM	
p. 89,11-17 *Et la Femme spirituelle vint vers lui.*	p. 115,30-116,8 Après le jour du repos, *Sophia envoya Zoè, sa fille, que l'on appelle Ève*, comme instructeur, pour qu'elle éveille Adam, celui en qui il n'y avait pas d'âme, afin que ceux qu'il engendrerait fussent les réceptacles de la lumière.	p. 23,4-26 *(Adam) vit la femme à côté de lui et, à ce moment, l'Epinoia de la lumière se manifesta*, ôtant le voile qui était sur son cœur.
Elle parla, elle dit : « Lève-toi, Adam ! »	Dès qu'Ève vit sa co-ressemblance gisante, elle eut pitié d'elle *et dit* : *« Adam, vis, lève-toi de la terre ! »*	

HypArch	Ecr sT	ApocrJn II
	Et aussitôt sa parole devint réalité. Dès qu'Adam se fut levé, il ouvrit les yeux.	Et il fut dégrisé de l'ivresse de l'obscurité. *Et il connut sa ressemblance*
Et lorsqu'il la vit, il dit :	*Quand il la vit, il dit* :	*et dit* : (exégèse de *Gn.*, 2,23-24)
«*Tu es celle qui m'a donné la vie; on t'appellera la Mère des vivants*. Car elle est ma mère, elle est la sage-femme et la femme, et celle qui a enfanté».	«*Tu seras appelée la Mère des vivants, parce que c'est toi qui m'as donné la vie*».	À cause de cela, *elle fut appelée Zoè (Vie), la Mère de tous les vivants*, par la Pronoia de l'Authenteia céleste et, par elle, ils goûtèrent la gnose parfaite. (p. 23,27-24,8 Adam et sa femme sont chassés du Paradis)
	ORIGINE DE CAÏN ET ABEL	
p. 89,18-31	p. 116,8-19 Alors on apprit aux Puissances que leur modelage était vivant et s'était levé. *Elles furent très troublées*, elles envoyèrent sept archanges pour voir ce qui s'était passé.	p. 24,8-15
Alors les Puissances s'approchèrent de leur Adam. Mais *lorsqu'elles virent sa co-ressemblance parlant avec lui*,	*Ils vinrent jusqu'à Adam. Quand ils virent Ève parler avec lui*,	*Et le Protarchonte vit la Vierge qui se tenait debout avec Adam*
elles furent saisies d'un grand trouble et la désirèrent. Elles se dirent les unes aux autres :	ils se dirent les uns aux autres : «Qu'est cette lumière? En effet, elle ressemble à cette ressemblance qui s'est manifestée à nous dans la lumière.	et il vit que l'Epinoia de la lumière de vie se manifestait en elle. *Et Yaldabaoth fut rempli d'ignorance*.
«Allons! Jetons notre semence sur elle».	Maintenant, allons! Saisissons-la et jetons notre semence sur elle afin que, si elle est souillée, elle ne puisse pas remonter vers sa lumière, mais ceux qu'elle engendrera nous seront soumis». (p. 116,20-25 le sommeil)	

	p. 116,25-117,15.	
Elles la poursuivirent et elle se moqua d'elles à cause de leur stupidité et de leur aveuglement	*Alors Ève*, devenue puissance, *se moqua de leur décision*. Elle enténébra leurs yeux. *Elle plaça en cachette sa ressemblance auprès d'Adam* et entra dans l'arbre de la connaissance où elle demeura. Ils la poursuivirent et elle leur manifesta qu'elle	*Lorsque l'Epinoia du Tout le sut, elle* envoya quelques messagers *et ils arrachèrent Zoè hors d'Ève.*
et elle devint arbre à cause d'elles.	était devenue arbre. Saisis d'une grande crainte, les aveugles s'enfuirent. Après cela, lorsqu'ils se réveillèrent de leur	
Elle leur présenta son ombre qui lui ressemble	sommeil, ils s'approchèrent de leur Adam et quand ils virent la ressemblance, là, auprès de lui, ils furent troublés pensant que c'était l'Ève véritable. Ils eurent l'audace de s'approcher. Ils la saisirent, ils jetèrent leur semence sur elle, la con-	
et elles (la) souillèrent abominablement et souillèrent l'empreinte de sa Voix	traignirent à la fourberie, en *la souillant* non seulement de façon normale mais abominablement, souillant l'empreinte de sa voix première, celle qui avait parlé avec eux … Et ils s'égarèrent parce qu'ils	*Le Protarchonte la souilla.*
afin qu'elles se condamnent elles-mêmes dans leur créature et dans sa ressemblance.	ne savaient pas qu'ils avaient souillé leur corps. C'est la ressemblance que les Puissances de toutes sortes et leurs anges ont souillée.	
(p. 89,31-91,11 Désobéissance d'Adam et expulsion du Paradis)		

Naissance de Caïn et Abel

p. 91,11-15	p. 117,15-24	p. 24,16-34
Après cela, elle enfanta Caïn, leur fils; et Caïn cultivait la terre. *Ensuite, il*	*Elle conçut d'abord Abel, du Premier Archonte, puis le reste des fils qu'elle a*	*Et il engendra d'elle deux fils, le premier et le second*, Élohim et Yahvé; Élohim

HypArch	Ecr sT	ApocrJn II
connut sa femme, elle conçut encore, elle enfanta Abel; et Abel était berger de bétail. (p. 91,15-30 Histoire d'Abel et de Caïn)	*engendrés, des sept Puissances et de leurs anges...*	d'une part, est doté d'un visage d'ours; Yahvé d'autre part, d'un visage de chat; l'un est juste, l'autre est injuste; Yahvé est juste, Élohim est injuste. Il installa Yahvé sur le feu et le vent, il installa Élohim sur l'eau et la terre. *Et il les appela de ces noms : Caïn et Abel.*
	NAISSANCE DE SETH	
p. 91,30-33 *Alors Adam [connut] sa co-ressemblance, Ève. Elle conçut et elle enfanta [Seth] à Adam.* Et elle dit : «J'ai enfanté un [autre] homme, de Dieu, à la place [d'Abel]».		p. 24,34-25,2 *Lorsqu'Adam connut la ressemblance de sa Prognosis, il engendra la ressemblance du Fils de l'Homme. Il l'appela Seth* selon la génération des Éons.
	ENVOI D'UNE AIDE	
p. 91,34-92,4 *Ensuite Ève conçut, elle enfanta [Noréa]* et elle dit : «Il m'a engendré [une Vi]erge *comme Aide pour les générations de la race des Hommes»* ...	p. 117,24-28 *Une disposition fut prise au sujet d'Ève pour que les créatures des Puissances devinssent haies de la lumière.*	p. 25,2-7 *De même la Mère envoya son Esprit, une ressemblance qui lui est semblable,* une réplique de ce qui est dans le Plérôme,
Alors les Hommes commencèrent à se multiplier et à devenir beaux. (p. 92,4-18 Le Déluge)	Alors elle les condamnera par l'intermédiaire de leurs créatures.	pour préparer une demeure éternelle. (p. 25,7-15 Le Protarchonte fait boire aux hommes une eau d'inconscience)

À partir de ces trois traités, on peut reconstituer un schéma anthropogonique minimal en choisissant ses éléments constitutifs en fonction de deux critères, leur présence simultanée dans les trois traités et leur apparition dans un ordre identique[14]. Comme le nom des intervenants divins, Dieu céleste et dieux du monde, varie d'un traité à l'autre[15], on a dû, pour reconstituer le schéma, retenir de façon arbitraire le vocabulaire de l'un des écrits, celui de l'HypArch. Le schéma ainsi obtenu se divise en trois grandes parties :

a) *La création d'Adam*

«Samaël, le chef des Archontes, proclama devant ses Archontes : 'Je suis Dieu, il n'y en a pas d'autre en dehors de moi'. Alors en réponse au blasphème, la ressemblance de l'Incorruptibilité se manifesta aux Archontes dans les eaux.

Lorsque les Archontes la virent, ils délibérent et dirent : 'Faisons un homme!' et façonnèrent un homme à la ressemblance de cette ressemblance (d'homme) qui leur était apparue.

Le chef des Archontes intervint alors et insuffla une âme à l'homme façonné[16]. Cet homme fut psychique, incapable de se tenir debout, et resta sur le sol pendant longtemps. Les Archontes le prirent et le placèrent dans le Paradis.

C'est alors que la Femme spirituelle (Ève) vint vers lui, lui parla et dit : 'Lève-toi Adam!' Il s'éveilla, la vit et dit : 'Tu es celle qui m'a donné la Vie, on t'appellera la Mère des Vivants'».

[14] Ces éléments sont notés en *italique* dans la Synopse.

[15] Le personnage *Samaël* d'HypArch (p. 86,27) est nommé *Archigénétor* dans l'Ecr sT et *Yaldabaoth* dans l'ApocrJn.

[16] L'insufflation de l'âme à Adam se retrouve dans les trois traités (HypArch, p. 88,3-5; Ecr sT, p. 115,12-15 et ApocrJn II, p. 19,15-20,5) mais dans des contextes contradictoires. Dans l'Ecr sT, c'est Sophia-Zoè qui envoie son souffle à Adam, alors que dans l'ApocrJn II, c'est Yaldabaoth qui, à l'instigation de sa Mère, lui donne son souffle. Dans l'HypArch, le personnage n'est pas désigné mais le texte passe du pluriel (les Archontes) au singulier (Il) : il ne peut s'agir que du chef des Archontes, ce qui correspond à la version de l'ApocrJn. Il y a aussi désaccord entre l'ApocrJn II et les deux autres traités sur les conséquences de l'insufflation. Pour ces deux derniers, Adam devient psychique mais ne peut se tenir debout; pour l'ApocrJn au contraire, en recevant le souffle de Yaldabaoth Adam accède à la position verticale. On rejettera la version de l'ApocrJn en raison de la suite du schéma qui lie nettement l'accès à la verticalité à la venue de la Femme spirituelle.

Il est par ailleurs possible que le thème de *l'imposition du nom à Adam* (HypArch, p. 88,16-17; Ecr sT, p. 115,2-3 et ApocrJn II, p. 15,9-13) ait appartenu au schéma et se soit placé à cet endroit. C'est au moins ce que suggère l'HypArch. Quant à l'Ecr sT et l'ApocrJn, ils lui donne une autre fonction.

b) *La procréation de Caïn et Abel par les Puissances*

«Alors les Puissances virent la co-ressemblance d'Adam (Ève) qui parlait avec lui. Elles désirèrent la féconder, mais Ève se retira et ne laissa entre leurs mains que son ombre. C'est cette ombre que les Puissances souillèrent.

De l'accouplement des Puissances avec l'ombre, naquirent Caïn et Abel.»

c) *L'origine de Seth*

«Quant à Adam, il s'unit à la Femme spirituelle et de cette union naquit Seth. Une Aide fut alors envoyée par le monde céleste à la race de Seth»[17].

On est surpris de constater la précision avec laquelle les trois écrits ont conservé ce schéma commun, quelles que soient par ailleurs leurs divergences quant à l'exégèse qu'il convenait de donner de ses différents éléments constitutifs. Le schéma, ainsi reconstitué, est à la fois cohérent et complet, de sorte qu'on est amené à admettre que dans les cercles gnostiques où nos écrits ont vu le jour, l'enseignement anthropogonique était dispensé en se guidant sur un modèle traditionnel qui fixait à la fois les grands thèmes de la spéculation et l'ordre dans lequel ils devaient être abordés.

Nous manquons d'indices pour dater ce schéma : qu'il suffise de noter qu'il était déjà connu des Ophites d'Irénée[18] et qu'en consé-

[17] Bien que la naissance de Seth ne soit pas mentionnée dans l'Ecr sT, l'accord sur ce point entre HypArch, ApocrJn et Irénée (cf. note 18) suffit à garantir sa présence dans le schéma.

[18] Cf. IRÉNÉE, *Adv. Haer.*, I, 30; *Yaldabaoth* alors exulta et se pavana à la vue de ce qui s'était déroulé à ses pieds *et il dit* : «*Je suis* votre Père et *Dieu et il n'est personne au-dessus de Moi*». Ce qu'entendant, *sa Mère répliqua* : «Ne mens pas Yaldabaoth, car *au-dessus de toi est* le Père universel, *le Premier Homme*, ainsi que l'Homme, fils de l'Homme». À ces mots inattendus, tous furent confondus et cherchèrent d'où était partie la voix. Mais pour les détourner et les séduire, *Yaldabaoth leur dit* : «*Venez, faisons l'homme à notre image, selon notre ressemblance*». Les six Vertus ayant entendu ce propos, *la Mère leur inspira l'idée de l'homme* de manière à leur soustraire ainsi leur puissance originelle. *Elles se réunirent alors et formèrent un homme* d'une taille et d'une largeur monstrueuses. *Or voilà qu'il ne savait que ramper.* Elles le traînèrent alors jusqu'à leur père, sous l'impulsion de Sophia ... *En inspirant à l'homme le souffle de vie*, il se trouva privé lui-même, sans s'en rendre compte, de sa puissance. *Quant à l'homme, il reçut le noûs* et l'enthymésis — ce qui sera sauvé — et adressa ses actions de grâce au Premier Homme ... Dévoré d'envie, Yaldabaoth voulut trouver un moyen pour dépouiller l'homme par le biais d'une femme; il tira de son enthymésis une femme *que prit Prounicos aussitôt, lui dérobant subrepticement sa puissance. Lorsque les autres survinrent, ils furent émerveillés de sa beauté et la nommèrent Ève. Ils s'éprirent d'elle*

quence, on peut penser qu'il avait déjà acquis une valeur traditionnelle dans la première moitié du deuxième siècle après J.C. Comme il est par ailleurs lui-même le fruit d'une synthèse rédactionnelle, on peut dater les éléments qui le composent, du premier siècle.

Il est alors intéressant de le comparer aux schémas anthropogoniques qui circulaient dans les écoles juives palestiniennes de la période tannaïte. Ceux-ci se présentaient sous la forme d'un catalogue de douze actions échelonnées tout au long des douze heures du sixième jour de la création :

«Comment Adam, le premier homme, fut-il créé?
La 1e heure, sa poussière fut rassemblée,
la 2e, son modèle fut créé,
la 3e, il fut fait Golem,
la 4e, ses membres furent attachés,
la 5e, ses organes furent ouverts,
la 6e, une âme lui fut donnée,
la 7e, il se tint debout,
la 8e, Ève fut unie à lui,
la 9e, ils entrèrent dans le jardin,
la 10e, il reçut le commandement,
la 11e, il trangressa,
la 12e, il fut chassé et s'en alla, pour confirmer ce qui est dit : 'Adam ne passe pas la nuit avec sa gloire'» (*Ps.*, 49,13)[19].

Les deux schémas ont en commun des thèmes bibliques, mais surtout des thèmes qui, sans être étrangers à la Bible, ont acquis leur autonomie. On spécule sur le modèle qui servit à la formation d'Adam, sur la nature de son corps (Golem) avant l'insufflation de l'âme, sur son accession à la position verticale, symbole de vie, et enfin sur son union avec Ève. Ces convergences sont trop importantes pour qu'on les attribue au hasard; bien au contraire, il faut admettre que les cercles dans lesquels se sont développées les spéculations gnostiques du Codex

et lui donnèrent des fils qu'ils appellent des anges ... Puis, disent-ils, *conformément à la providence de Prounicos furent engendrés d'abord Seth, puis Noréa...*».

Il n'y a pas lieu d'analyser ici le schéma rapporté par Irénée; notons seulement qu'il est conservé de façon moins pure que dans les écrits du Codex II.

[19] *Aboth deRabbi Natan*, 17b. Ce schéma a été conservé en plusieurs versions qui dépendent toutes d'un archétype commun (TB *Sanhédrin*, 38a; *Aboth deRabbi Natan*, 17b; *Pesiqta Rabbati*, 187b). On trouvera une illustration des spéculations élaborées autour de ce schéma dans B. Barc, «La taille cosmique d'Adam dans la Littérature juive rabbinique des trois premiers siècles après J.-C.», *RevSR* 49 (1975) 173-185.

II se rattachaient, au moins partiellement, à un même courant traditionnel que les écoles tannaïtes.

Le schéma anthropogonique gnostique pour sa part, réunit deux mythes distincts, la *création d'Adam* et la *procréation de l'humanité*, en une synthèse qui nous apparaît quelque peu artificielle. Les Archontes du premier récit deviennent subitement Puissances dans le second, sans que l'on trouve de justification à ce changement de nom. Par ailleurs, il est bien difficile de savoir d'où provient cette *ombre* que la Femme spirituelle abandonne aux Puissances[20].

Le mythe de *création d'Adam* est en fait celui du salut de l'Âme. Il suppose connu le mythe théogonique selon lequel l'Archonte a reçu une part de la Puissance céleste lors de sa propre création[21]. Cette Puissance qu'il avait reçue devint prisonnière du monde inférieur après sa révolte et son blasphème. Alors le monde céleste usa d'un subterfuge pour la libérer : se manifestant dans le monde inférieur, l'Incorruptibilité incita les Archontes à modeler dans l'argile une statue à sa propre ressemblance, puis elle amena l'Archonte à insuffler la Puissance qu'il détenait dans cette statue. Dès lors, le salut de l'Âme céleste déchue s'identifie à celui de l'homme, réceptacle de cette Âme. Il se réalisera par la venue de la Femme spirituelle, l'Esprit instructeur, qui éveillera l'Âme d'Adam et la sauvera par la Connaissance.

Le mythe de *procréation de l'Humanité* fait appel à une symbolique voisine de celle du précédent. L'ombre de la Femme symbolise la matière du corps, les Puissances symbolisent l'âme, l'accouplement de ces deux principes constitue l'homme. Cette spéculation a probablement comme point de départ le mythe d'*union des fils de Dieu et des filles des hommes* conservé dans *Genèse* (6,1-4) et l'*Hénoch éthiopien*.

[20] Bien que l'origine de la femme charnelle ne soit expliquée qu'à demi-mot (c'est une ombre que la Femme spirituelle a abandonnée), il ne semble pas que le mythe biblique d'origine de la femme ait fait partie du schéma.

A. Böhlig (*op. cit.*, p. 27-29) avait émis l'hypothèse que l'emploi des titres *Puissances* (ἐξουσίαι) et *Archontes* (ἄρχοντες) correspondaient à deux sources distinctes dans l'HypArch et l'Ecr sT. M. Tardieu (*op. cit.*, p. 30-33) a réfuté de façon définitive l'hypothèse pour l'Ecr sT, et R.A. Bullard, (*The Hypostasis of the Archons*, p. 43-44), pour l'HypArch. Les résultats suivants nous semblent acquis : a) Le 1er rédacteur qui compose un traité exclusivement mythologique, choisit le terme Archonte mais conserve ceux qu'il hérite de ses sources. b) Dans la source anthropogonique, la création d'Adam était attribuée aux Archontes et celle de l'Humanité aux Puissances (cela est vrai aussi pour l'Ecr sT mais pas pour l'ApocrJn !). c) Dans la théogonie on rencontrait des noms propres Samaël, Sabaoth et Yaldabaoth, le terme générique était Forces (δυνάμεις). d) Le second rédacteur, peut-être sous l'influence de Paul qu'il cite en exergue, a choisi le titre de Puissances (ἐξουσίαι).

[21] Cf. commentaire sur p. 86,27-87,11.

La synthèse opérée dans le schéma anthropogonique aboutit à un mythe entièrement nouveau. Il existe deux races d'hommes; celle des sauvés dont le prototype est Adam, a pour ancêtre Seth, l'Homme véritable né de l'union d'Adam et de la Femme spirituelle, l'autre race, celle de Caïn et Abel, est née du coït de la femme matérielle avec les Puissances[22]. À l'opposition irréductible entre Dieu céleste et Archontes gouverneurs du monde, correspond celle, non moins irréductible, de deux races d'hommes, et par ce moyen s'élabore une théorie raciste de l'origine de l'humanité.

S'il était important d'insister sur ce schéma, il convient maintenant de montrer comment, dans l'HypArch, il ne constitue plus qu'un élément de la synthèse. Le rédacteur l'a fondu avec une autre source, le «*véritable récit de la Genèse*», lui conférant ainsi une valeur nouvelle.

2. La Genèse «véritable»

En mettant en évidence l'existence d'un schéma directeur indépendant de *Genèse*, on a par le fait même réfuté l'hypothèse de Kasser selon laquelle l'anthropogonie de l'HypArch serait *une paraphrase du début de la Genèse*[23]. Le terme de paraphrase ne s'applique pas non plus à l'ensemble des citations bibliques de l'HypArch, du moins si l'on donne à ce terme son sens technique de «développement explicatif plus long que le texte». Au contraire, si on accepte de se situer du point de vue du rédacteur de l'écrit, on doit inverser la proposition et dire que le texte canonique de *Genèse* est une paraphrase de celui de l'HypArch. Certes une telle affirmation est fausse historiquement, mais correspond bien à la pensée du rédacteur qui considère que l'actuel texte canonique est une version altérée et falsifiée de l'original qu'il reproduit, ou du moins restitue.

Le récit du déluge (p. 92,4-18) nous apporte quelques informations sur l'histoire de cette falsification. Adam et après lui Seth et ses descendants, parce qu'ils avaient auprès d'eux l'Esprit Instructeur, détenaient la connaissance des choses cachées et aussi de l'origine du monde inférieur et des êtres qui le peuplent, Archontes et hommes. Lorsque, par jalousie, les Archontes tentèrent d'exterminer la race de Seth dans un déluge universel, Noé le séthien fut contraint d'accepter la

[22] Il est probable que dans le schéma, Abel (le psychique) représentait déjà une race intermédiaire entre Caïn (le matériel) et Seth (le spirituel); mais n'ayant pas opté encore définitivement pour le monde céleste, il reste enfermé dans celui de l'Archonte.

[23] R. Kasser, «L'Hypostase des Archontes», *RTP* 22 (1972) 172.

protection que lui proposait l'Archonte des Forces et de se réfugier dans l'arche. Par cet acte il assura la survie de la race de Seth mais dut en contrepartie renoncer à la compagnie de l'Esprit Instructeur car l'Archonte s'opposa à son entrée dans l'arche. L'Archonte des Forces est le Dieu de l'Ancien Testament, la construction de l'arche symbolise l'instauration de la religion juive, Noé le séthien est donc le fondateur de cette religion, c'est par lui que les révélations primordiales ont été transmises au judaïsme. Mais, privé de l'Esprit Instructeur qui seul pouvait garantir l'interprétation exacte de ces traditions, le judaïsme les a surchargées d'altérations et de falsifications[24].

Le rédacteur gnostique, lui qui détient par révélation la véritable connaissance, est capable de rendre au texte sa forme primordiale et c'est cette forme qu'il nous communique. Cette source mérite donc bien le titre de Genèse «véritable». Nous nous efforcerons, en étudiant minutieusement les corrections qu'il apporte au texte canonique, de définir la signification nouvelle qu'il entend lui conférer ou plutôt la signification ancienne qu'il entend lui rendre. Cet essai d'interprétation montrera que la réinterprétation de *Genèse* est cohérente d'un bout à l'autre et qu'il n'y a pas lieu de retenir l'hypothèse de plusieurs étapes de rédaction de la Genèse «véritable».

Cette cohérence profonde de la relecture permet d'affirmer que le rédacteur se fait l'écho de traditions exégétiques bien établies, mais il est impossible d'affirmer avec certitude qu'il se soit servi de modèles écrits : l'hypothèse est plausible pour quelques passages (récits de *la désobéissance d'Adam* et de *Caïn et Abel*) mais pas pour l'ensemble.

La synthèse qu'il opère par ailleurs à partir de la Genèse «véritable» et du schéma enrichit ce dernier de thèmes nouveaux dont le plus important est celui de la chute d'Adam.

Afin de permettre au lecteur d'examiner la façon dont s'opère cette synthèse et d'identifier plus aisément les éléments traditionnels et rédactionnels qui la composent, nous reproduisons intégralement le texte sur trois colonnes[25].

[24] Cf. commentaire sur p. 92,4-18 et PTOLÉMÉE, *Lettre à Flora* (G. QUISPEL [*SC*, 24], Paris, 1949) qui nous présente un bon aperçu des théories exégétiques en vogue dans les cercles gnostiques (voir particulièrement *op. cit.*, Introduction, p. 17ss).

[25] La distinction entre schéma anthropogonique, Genèse «véritable» et rédaction permet de mieux saisir la structure du récit et les raisons profondes de son organisation, mais a l'inconvénient de donner au lecteur l'impression que l'anthropogonie est formée d'éléments juxtaposés, alors qu'en réalité la rédaction, très cohérente, porte d'un bout à l'autre la marque des interventions du rédacteur. Dans la Genèse «véritable» où

Schéma anthropogonique | Rédacteur | Genèse «véritable»

1) *Création d'Adam*

p. 87,12-13 + *Gn.*, 1,2
L'Incorruptibilité regarda en bas, vers les régions des eaux. Sa ressemblance apparut dans les eaux.

[p. 87,14-23 2ᵉ rédacteur]

p. 87,23-25 + *Gn.*, 1,26
Les Archontes tinrent conseil, ils dirent : «Allons! Faisons un homme»

p. 87,25-26 + *Gn.*, 2,7
«avec de la poussière du sol».

p. 87,26-30 + glose?
Ils modelèrent leur créa[ture] de sorte qu'elle est entièrement terrestre.
Or les Archontes, [le cor]ps qu'ils ont est femelle, c'est un avo[rton] à l'aspect animal. Ayant donc pris de la poussière du sol,

p. 87,30-34 + *Gn.*, 1,27
ils modelèrent leur [homme] d'après leur corps et d'a[près la ressemblance] de Dieu qui [leur] était apparue dans les eaux.

p. 87,34-88,3
Ils dirent : «Allons! saisissons-la au moyen de notre modelage, (faisons) [en sorte] qu'elle voie sa co-ressembl[ance ...] et que nous l'emprisonnions dans notre modelage», sans comprendre la puissance de Dieu, du fait de leur impuissance.

p. 88,3-6 + *Gn.*, 2,7
Et il souffla dans son visage et l'homme devint psychique, sur la terre pour longtemps. Mais ils ne purent pas le mettre debout en raison de leur impuissance.

[p. 88,7-11 2ᵉ rédacteur]

p. 88,11-14
Après cela, l'Esprit vit l'homme psychique sur la terre. Et l'Esprit sortit de la terre adamantine, il descendit, il habita en lui.

elles sont le plus aisément décelables, elles ont été notées en *italique*. Les interventions du second rédacteur et les gloses n'ont pas été reproduites.

Schéma anthropogonique	Rédacteur	Genèse «véritable»
		p. 88,15 + *Gn.*, 2,7 Cet homme devint une âme vivante.
p. 88,16-17 + *Gn.*, 3,19 Il lui donna le nom d'Adam parce qu'il avait été trouvé remuant sur la terre.		

2) *Chute d'Adam dans l'ignorance*

	p. 88,18-19 + *Gn.*, 2,18 Une Voix sortit de l'Incorruptibilité au sujet de l'Aide d'Adam.	
		p. 88,19-24 + *Gn.*, 2,19-20 Et *les Archontes* rassemblèrent toutes les bêtes de la terre et tous les oiseaux du ciel, ils les amenèrent à Adam pour voir comment Adam les appellerait. < Et il > donna un nom à chacun des oiseaux et à tous les animaux.
p. 88,24-25 + *Gn.*, 2,15 Ils prirent Adam, ils le placèrent dans le Paradis,		p. 88,25-26 + *Gn.*, 2,15 pour qu'il [le] travaille et pour qu'il le garde.
		p. 88,26-32 + *Gn.*, 2,16-17 Et *les Archontes* lui donnèrent un ordre en disant : «De [tous] les arbres qui sont dans le Paradis, tu mangeras, mais de l'arbre de la connaissance du bien et du mal, n'en mange pas et [n'y touche pas] non plus, car le jour où vous [en] mangerez, vous mourrez de mort».
	[p. 88,32-89,3 2e rédacteur + glose]	
		p. 89,3-5 + *Gn.*, 2,21 *Les Archontes tinrent conseil les uns avec les autres*, ils dirent : «Allons! Faisons tomber un sommeil sur Adam». Et il s'endormit.
	p. 89,6-7 Or le sommeil, c'est l'ignorance qu'ils ont amenée sur lui; et il dormit.	
		p. 89,7-10 + *Gn.*, 2,21-22 Ils séparèrent son côté semblable à une femme vivante et ils construisirent son côté en chair, pour la remplacer.
	p. 89,10-11 Et Adam devint entièrement psychique.	

Schéma anthropogonique | Rédacteur | Genèse «véritable»

3) *Salut d'Adam et origine de l'humanité*

p. 89,11-15 + *Gn.*, 3,20
Et la Femme spirituelle vint vers lui, elle parla avec lui, elle dit : «Lève-toi Adam!» Et lorsqu'il la vit, il dit : «Tu es celle qui m'a donné la vie; on t'appellera la Mère des vivants».

[p. 89,16-17 glose]

p. 89,18-31
Alors les Puissances s'approchèrent de leur Adam. Mais lorsqu'elles virent sa co-ressemblance parlant avec lui, elles furent saisies d'un grand trouble et la désirèrent. Elles se dirent les unes aux autres : «Allons! Jetons notre semence sur elle». Elles la poursuivirent et elle se moqua d'elles à cause de leur stupidité et de leur aveuglement et elle devint arbre à cause d'elles. Elle leur présenta son ombre qui [lui] ressemble et elles [la] souillèrent abominablement et souillèrent l'empreinte de sa Voix afin qu'elles se condamnent elles-mêmes dans leur créature et dans [sa] ressemblance.

p. 89,31-32
Alors la (Femme) spirituelle entra dans le serpent, l'Instructeur.

p. 89,32-90,10 + *Gn.*, 3,1-5
Et il [l']instruisit (la femme charnelle) en disant : «Que [vous] a-t-il [dit?]. De tous les arbres qui sont dans [le Paradis] tu mangeras, mais [de l'arbre] de la connaissance du mal et du bien n'en mange pas?» La femme *charnelle* dit : «Non seulement il a dit : 'N'en mange pas', mais aussi : 'N'y touche pas, car le jour où vous en mangerez, vous mourrez de mort'. Et le serpent, *l'Instructeur*, dit : 'Vous ne mourrez pas de mort, *en effet il vous a dit cela parce qu'il est jaloux*. Au contraire, vos yeux s'ouvriront et vous deviendrez semblables aux Dieux, connaissant le mal et le bien'».

Schéma anthropogonique	Rédacteur	Genèse «véritable»
	p. 90,11-12 Et l'Instructrice fut retirée du serpent et elle le laissa seul, n'étant plus que terrestre.	
		p. 90,13-19 + *Gn.*, 3,6-7 Et la femme *charnelle* prit (du fruit) de l'arbre, elle en mangea et elle en donna à son mari en même temps qu'à elle et les *psychiques* mangèrent. Et leur malice s'ouvrit (*elle qui provenait*) *de leur ignorance*, et ils comprirent qu'ils étaient nus *du spirituel.* Ils prirent des feuilles de figuier et s'en ceignirent les reins. p. 90,19-29 + *Gn.*, 3,9-12 Alors *le grand Archonte* vint et il dit : «Adam, où es-tu?» *car il ne savait pas ce qui était arrivé.* Et Adam dit : «J'ai entendu ta Voix, j'ai eu peur car j'étais nu et je me suis caché». *L'Archonte* dit : «Pourquoi t'es-tu caché si ce n'est parce que tu as mangé du fruit de l'arbre au sujet duquel je t'avais ordonné : 'de lui seul ne mange pas' et que tu en as mangé». Alors Adam dit : «La Femme que tu m'as donnée, m'en [a donné], j'ai mangé».
	p. 90,29-30 Et le présomptueux [Arch]onte maudit la femme.	
		p. 90,30-31 + *Gn.*, 3,13 La femme dit : «C'est [le serp]ent qui m'a trompée, j'ai mangé».
	p. 90,32-34 + *Gn.*, 3,14 [Ils se tournèrent] vers le serpent, ils maudirent son ombre, [de sorte qu']il soit sans puissance, sans savoir qu'il n'était que [leur] créature. [p. 90,34-91,3 2e rédacteur] p. 91,3-7 + *Gn.*, 3,23 Ils se tournèrent vers leur Adam, ils le prirent et ils le jetèrent hors du Paradis avec sa Femme, car il n'y a pas de bénédiction auprès d'eux, puisqu'ils sont eux-mêmes sous la malédiction. [p. 91,7-11 2e rédacteur]	

Schéma anthropogonique	Rédacteur	Genèse «véritable»
	4) *Première génération humaine*	
p. 91,11-14 + *Gn.*, 4,1-2 Après cela, elle enfanta Caïn, leur fils;		p. 91,11-30 + *Gn.*, 4,1-5, 8-12, 14-15.
		et Caïn cultivait la terre.
Ensuite il connut sa femme, elle conçut encore, elle enfanta Abel;		et Abel était berger de bétail. Or Caïn présenta des fruits de son champ, alors qu'Abel présenta un sacrifice de ses agneaux. Dieu se pencha sur les offrandes d'Abel mais il n'accepta pas les offrandes de Caïn. Et Caïn *le charnel* poursuivit Abel, son frère. Alors Dieu dit à Caïn : «Où est Abel, ton frère?» Il répondit, il dit : «Suis-je le gardien de mon frère?» Dieu dit à Caïn : «Voici que la voix du sang de ton frère crie vers moi, tu as péché par ta bouche, elle se tournera vers toi. Quiconque tuera Caïn, déchaînera sept vengeances. Tu seras donc [soupirant] et tremblant sur la terre».
p. 91,30-32 + *Gn.*, 4,25 Alors Adam [connut] sa co-ressemblance Ève. Elle conçut et elle enfanta [Seth] à Adam.		p. 91,30-33 + *Gn.*, 4,25 Et elle dit : «J'ai enfanté un [autre] homme, de Dieu, à la place [d'Abel].
p. 91,34 Ensuite Ève conçut, elle enfanta [Noréa]		
	p. 91,35-92,1 et elle dit : «Il m'a engendré [une vi]erge comme Aide	
		p. 92,1-2 + *Gn.*, 5,1 pour les générations de la race des Hommes».
	[p. 92,2-3 glose]	
		p. 92,3-4 + *Gn.*, 6,1-2 Alors les Hommes commencèrent à se multiplier et à devenir beaux.
	5) *Déluge*	
		p. 92,4-14 + *Gn.*, 6,9-22 *Les Archontes tinrent conseil les uns avec les autres*, ils dirent : «Allons! Provoquons un déluge *de nos propres mains* et anéantissons toute chair, de

Schéma anthropogonique	Rédacteur	Genèse «véritable»
		l'homme à l'animal». *Mais lorsque l'Archonte des Forces eut connaissance de leur délibération*, il dit à Noé : «Fais-toi une arche d'un bois *imputrescible* et cache-toi en elle, toi, tes fils, les animaux et les oiseaux du ciel, du plus petit au plus grand, *et dresse-la sur la montagne de Sir*».
	p. 92,14-18 Alors Oréa vint vers lui, désirant monter dans l'arche et il ne la laissa pas (monter). Elle souffla sur l'arche, elle la brûla. De nouveau, il construisit l'arche une seconde fois.	

Comme on a pu le remarquer en lisant les pages précédentes, le rédacteur de la Genèse «véritable» passe sous silence une partie importante du texte de *Genèse*. Par ailleurs, les parties qu'il conserve sont soumises à un examen critique minutieux dont le résultat est la présentation d'un texte purifié des additions et falsifications qui le surchargent dans le texte canonique[26].

Les procédés employés sont les suivants :

— *addition d'un ou plusieurs mots* : par ex. «Ils comprirent qu'ils étaient nus *du spirituel*» au lieu de «ils comprirent qu'ils étaient nus»;

— *suppression d'un ou plusieurs mots* : «Cache-toi dans l'arche, toi et tes fils ...» au lieu de «toi, tes fils, *ta femme et les femmes de tes fils*»;

— *inversion de l'ordre des mots* : «arbre de la connaissance *du mal et du bien*» au lieu de «arbre de la connaissance du bien et du mal»;

— *choix d'une traduction différente* de celle des LXX : «leur *malice* s'ouvrit» au lieu de «leurs yeux s'ouvrirent»;

— *modification de l'ordre des textes* : la présentation des animaux à Adam est placée avant l'entrée au Paradis;

— *redistribution des rôles* : le rédacteur substitue au Dieu unique de *Genèse* les Archontes du panthéon gnostique et répartit entre eux les fonctions du Dieu de l'Ancien Testament. Le modelage de la matière est confié à un groupe anonyme, celui des *Archontes*. Ils assument cette

[26] Le texte auquel il se réfère est en général proche de celui des LXX, cependant il lui arrive de proposer des exégèses qui supposent une référence à l'hébreu (p. 88,19; 90,16). Ce même phénomène se rencontre aussi chez Philon d'Alexandrie et n'implique pas nécessairement de la part de son auteur une connaissance directe du texte hébreu.

fonction collectivement et en général après avoir délibéré. Ils ont plein pouvoir sur la matière (ils façonnent le corps d'Adam et celui de la femme charnelle, ils procréent Caïn le charnel) et s'efforcent de maintenir la suprématie de celle-ci (emprisonnement d'Adam dans le Paradis, commandement de mort [p. 88,26-32], meurtre d'Abel, déluge). L'animation de cette matière, au contraire, est confiée au *Grand Archonte*. Il est à l'origine de l'âme (insufflation de l'âme à Adam, engendrement d'Abel le psychique) et défend celle-ci à la fois contre la jalousie des Archontes (défenseur d'Abel et de Noé) et contre les entreprises salvifiques du monde céleste (interdiction de manger du fruit de l'arbre de la connaissance, opposition à l'entrée de la Femme [l'Esprit] dans l'arche).

Le rôle de l'Ève biblique est, lui aussi, réparti entre deux personnages. En tant que créature des Archontes et mère de Caïn et Abel, elle est *la Femme charnelle*. Comme compagne d'Adam, symbole de la connaissance qui mène au salut, elle est *la Femme spirituelle*. C'est à elle que s'appliquent tous les titres inspirés par *Genèse* : Elle est Ève, la Vie, la Mère des Vivants, l'Aide, la Co-ressemblance. C'est elle qui, pour échapper aux Archontes, revêt l'apparence de l'arbre et du serpent. Tout ce travail d'exégèse a pour but de rendre le texte de *Genèse* compatible à la fois avec le schéma anthropogonique et avec l'enseignement théogonique (p. 94,4-96,17), dont nous allons maintenant faire l'étude.

B. La source théogonique

Pour raconter l'origine des Archontes qui dominent le monde, les trois écrits mythologiques du Codex II se réfèrent au moins partiellement à une même source, comme c'était déjà le cas pour l'anthropogonie. L'Ecr sT (p. 98,11-107,17) et l'ApocrJn II (p. 9,25-13,5) parlent des Archontes avant de parler de l'homme; l'HypArch, au contraire (p. 94,4-96,17), choisit de présenter le mythe d'origine des Archontes sous forme de révélation faite à Noréa par l'ange Éléleth et pour cette raison en reporte l'exposé après l'anthropogonie[27].

On passera sous silence les traditions théogoniques conservées dans les différentes versions de l'ApocrJn car leur complexité est telle qu'il nous faudrait au préalable les soumettre à une minutieuse étude de critique littéraire qui dépasserait de loin le cadre de ce travail.

[27] Cf. commentaire sur p. 92,18ss.

La comparaison de l'HypArch avec l'Ecr sT mérite au contraire de retenir l'attention car elle permet de faire ressurgir avec une fidélité suffisante le modèle qui leur est commun et ainsi de mieux comprendre l'intention des rédacteurs lorsqu'ils interviennent pour remanier celui-ci.

1. Reconstitution de la source

Ce modèle que nous nommons «*source théogonique*» se divise en quatre parties : origine et naissance de l'Avorton (p. 94,4-19), blasphème et châtiment de Samaël (p. 94,19-34), repentir et exaltation de Sabaoth (p. 95,13-96,3) et jalousie de Yaldabaoth et engendrement de ses fils (p. 96,4-17). Comme nous le verrons, l'épisode du blasphème et du châtiment de Saklas (p. 94,34-95,13) ne faisait pas partie de la source; il a été introduit par le deuxième rédacteur du traité afin de permettre une interprétation nouvelle de celle-ci.

Pour permettre au lecteur de mieux comprendre la tentative de reconstitution de la source que nous présentons dans les pages suivantes, nous avons reproduit intégralement les textes de l'HypArch et de l'Ecr sT, en les mettant en parallèle et en indiquant *en italique* leurs éléments communs[28].

1. *Origine et naissance de l'Avorton*

HypArch, p. 94,4-19	Ecr sT, p. 98,11-100,10
Dans des Éons *illimités* (où) habite l'Incorruptibilité,	Lorsque la formation des Immortels eut été achevée *dans l'Illimité*,
Sophia, celle qu'on nomme Pistis, *voulut créer quelque chose* seule, sans son conjoint, et son *œuvre* fut *à la ressemblance du ciel*.	de Pistis s'écoula une ressemblance nommée *Sophia*. Elle *voulut* devenir *une œuvre* semblable à la lumière primordiale. Et aussitôt, ce qu'elle avait voulu, se manifesta, *étant à la ressemblance du ciel* doté d'une grandeur inconcevable, placé entre les Immortels et ceux qui furent après eux à la ressemblance céleste;
Il y a *un voile entre ce qui est en haut et les Éons d'en bas*.	c'est *un voile qui sépare les hommes de ceux d'en haut*.

[28] La traduction de l'Ecr sT s'inspire de celle de M. Tardieu, *Trois mythes gnostiques* ..., p. 298-309.

HypArch, p. 94,4-19	Ecr sT, p. 98, 11-100,10
	Mais l'Éon de la Vérité n'a pas d'ombre à l'intérieur de lui, car la lumière incommensurable est partout en lui. Son *côté extérieur*, au contraire, est
Et *une ombre exista en dessous* du voile	*une ombre*. Il a été appelé ténèbre. *Hors de lui*, une Puissance *se manifesta* au-dessus de la ténèbre.
et cette ombre devint matière.	. . . .[29] p. 99,3-10 Alors l'ombre s'aperçut de l'existence de celui qui est plus fort qu'elle. Elle fut jalouse, et après s'être engrossée d'elle-même, elle enfanta immédiatement la Jalousie. Depuis ce jour se manifesta le principe de la Jalousie dans tous les Éons et dans leurs mondes. Mais il apparut que cette Jalousie était
Et *cette ombre fut jetée en un lieu*, une région	un *avorton* dépourvu d'esprit. p. 99,17-20 De même que tout l'excédent de celle qui accouche d'un petit est abandonné,
et ce qu'elle fit, fut une œuvre *dans la matière, semblable à un avorton.*	ainsi *la matière* qui était provenue de *l'ombre fut jetée en un lieu*. p. 100,1-10 Et lorsque Pistis-Sophia voulut que ce
Il reçut forme d'après l'ombre.	qui est dépourvu d'esprit *reçoive forme* d'une ressemblance et règne sur la matière et toutes ses puissances, un
Ce fut une bête arrogante, *à la ressemblance du lion.*	Archonte apparut d'abord, hors des eaux, *étant à la ressemblance du lion.*

[29] Dans l'HypArch, la source théogonique est reproduite presque textuellement avec seulement de brefs commentaires et une interpollation (p. 94,34-95,13). Dans l'Ecr sT au contraire, les éléments-clés de la source sont intégrés dans une rédaction nouvelle, celle que nous reproduisons. Cette rédaction est surchargée de deux séries de commentaires. La première a été introduite par le rédacteur final en vue de démontrer le bien-fondé de sa thèse sur l'origine du chaos (p. 97,24-98,11). On peut lui attribuer les pages 98,29-99,2; 99,10-17; 99,20-100,1; 100,33-101,9 et 102,26-103,8. La deuxième série est constituée de citations, probablement implicites, d'écrits gnostiques qui nous sont par ailleurs inconnus. On classe dans cette catégorie un emprunt sans référence sur les noms de l'Archonte (p. 100,10-29) et cinq citations : p. 106,30-107,3 (*le Livre de Salomon*); p. 107,3-17 (*les Figures de la Fatalité*); p. 101,9-102,11 (*le Livre de l'Archangélique de Moïse le prophète* et *le Livre de Noréa*) et p. 102,11-25 (*le Discours de Noréa*). Peut-être le rédacteur s'est-il aussi servi d'une source particulière pour compléter la description du *char de Sabaoth* (p. 104,31-106,11).

HypArch, p. 94,4-19	Ecr sT, p. 98, 11-100,10
C'est un androgyne puisque j'ai dit précédemment qu'il est sorti de la matière.	*C'est un androgyne* possédant une grande puissance, mais ne sachant pas d'où il est venu.

La mise en parallèle des deux traités montre clairement qu'ils se réfèrent l'un et l'autre à un même document écrit qu'ils commentent. Il apparaît aussi que ce document jouit à leurs yeux d'une grande autorité puisqu'ils s'astreignent à en conserver la terminologie propre même lorsque celle-ci est devenue obscure ; c'est le cas, par exemple, pour des expressions telles que *ressemblance du ciel* et *ressemblance de lion*. La divergence des interprétations qu'ils proposent l'un et l'autre amène cependant à rejeter l'hypothèse d'une dépendance directe de l'Ecr sT par rapport à l'HypArch que suggérait M. Tardieu. La différence de technique rédactionnelle est, elle aussi, notable; alors que l'HypArch reproduit la source en l'accompagnant de commentaires généralement très brefs, l'Ecr sT rédige un exposé totalement nouveau à l'intérieur duquel il enchâsse les expressions significatives de la source.

Dans les pages qui suivent, on a tenté une reconstitution de la source et proposé quelques hypothèses sur l'origine des grands thèmes qui s'y rencontrent. Cette recherche est précieuse à un double titre; elle permet bien sûr d'avoir une vue plus claire de la préhistoire du traité, mais surtout, en mettant en lumière l'apport spécifique du rédacteur, de saisir en quoi il renouvelle l'enseignement traditionnel dont il hérite. Ce deuxième aspect de la recherche retiendra toute notre attention dans le Commentaire; dans l'immédiat nous limiterons nos remarques aux éléments de la source (en italique dans le texte).

Reconstitution

> *Dans des Éons illimités* (où) habite l'Incorruptibilité, *Sophia*, celle qu'on nomme Pistis, *voulut créer quelque chose*, seule, sans son conjoint, *et son œuvre fut à la ressemblance du ciel.*
> *Il y a un voile entre ce qui est en haut et les Éons d'en bas.*
> *Et une ombre exista en dessous du voile* et cette ombre devint matière.
> *Et cette ombre fut jetée en un lieu*, une région.
> *Et ce qu'elle fit (l'ombre), fut une œuvre dans la matière, semblable à un avorton.*
> *Il reçut forme de l'ombre.*
> *Ce fut* une bête arrogante, *à la ressemblance du lion.*
> *C'est un androgyne*, puisque j'ai dit précédemment qu'il était sorti de la matière.

Le mythe d'origine de l'avorton se déroule en trois actes, avec comme cadres successifs le monde céleste (les Éons d'en haut), le monde intermédiaire (le voile) et le monde terrestre (les Éons d'en bas, monde de la matière).

La description du processus de création de l'Archonte procède d'un enchaînement comparable à celui qui nous est rapporté par Philon d'Alexandrie à propos du nom de Béçaléel. «Béçaléel, dit-il, se traduit : dans l'ombre de Dieu ; or l'ombre de Dieu c'est son Logos dont il s'est servi comme d'un instrument pour créer le monde. Cette ombre qui est comme une reproduction, est l'archétype des autres choses ; car de même que Dieu est le modèle de son image, qu'il a ici appelée ombre, de même l'image devient le modèle des autres choses»[30]. Pour Philon, *l'ombre* est identifiée au Logos considéré comme l'instrument de la création du monde. Sa fonction est double : il est à la fois *l'instrument* dont Dieu se sert pour créer le monde et le modèle d'après lequel cette création va être réalisée. L'ombre de la source théogonique remplit aussi ces deux fonctions : elle est l'instrument au moyen duquel Sophia façonne une œuvre dans la matière (p. 94,15) et, en même temps, elle est le modèle de cette œuvre puisque c'est d'elle que celle-ci reçoit sa forme (p. 94,16). De plus, dans la source comme dans Philon, l'ombre se trouve dans une position de médiation entre le monde céleste et le monde terrestre, le monde intelligible et le monde sensible, elle est ressemblance du premier et modèle du second.

L'ombre doit, nous semble-t-il, être identifiée avec le personnage de Samaël dont il sera question dans la suite du mythe (p. 94,25). La source oppose deux créations. Celle qu'opère Sophia dans le monde céleste, c'est-à-dire la création des anges, est *à la ressemblance du ciel.* La deuxième création au contraire, celle de l'Avorton, est *à la ressemblance du lion.* Elle est l'œuvre de l'ange Samaël créé par Sophia et descendu dans le monde inférieur (d'où le nom d'*ombre* qui lui est donné), pour s'unir à la matière. L'expression «ressemblance de lion» peut avoir été reprise à l'imagerie sémitique qui fait de cet animal un être infernal lié à la mort. Dans l'Ancien Testament déjà, le méchant était comparé au lion (*Ps.*, 17,12; 22,22.) et, dans la *1ère Épître de Pierre*, la métaphore est appliquée au Diable, lion rugissant qui cherche qui dévorer (*1 P.*, 5,8)[31].

[30] PHILON, *Legum Allegoriae*, III, 96, à propos de *Ex.*, 36-37.

[31] Les termes «ressemblance céleste» et «ressemblance de lion» doivent correspondre au grec οὐρανοειδής et λεοντοειδής (cf. B. LAYTON, *op. cit.*, notes 143 et 154). Sur l'origine de l'expression λεοντοειδής et ses attestations dans la littérature gnostique,

La structure d'ensemble du mythe quant à elle, présente une grande similitude avec celle de l'origine des Nefilim que nous a conservé l'*Hénoch éthiopien*[32].

Origine de l'Archonte	Origine des Nefilim
Dans le monde céleste	*Dans le monde céleste*
Sophia crée les «*ressemblances célestes*».	*Dieu* crée *les anges*.
Une ombre apparaît dans le monde inférieur	*Des anges* abandonnent le ciel
et *est jetée* en un lieu.	et *descendent* sur le mont Hermon.
L'ombre s'unit à *la matière*	*Les anges* s'unissent aux *filles des hommes*
qui donne naissance à *un avorton*	qui donnent naissance *aux avortons* (Nefilim)
ressemblance de lion.	*qui dévorent l'humanité*[33].

Le mot *avorton* (ϩⲟⲩϩⲉ, ἔκτρωμα[34]) qui, dans l'HypArch, désigne la créature hybride née de l'union de l'ombre avec la matière, pourrait bien, dans ces conditions, être une exégèse du nom des Nefilim; néfél (נֵפֶל, pl. נְפִילִים) signifie en effet *avorton*[35]. Si ce nom s'applique aux êtres nés de l'union contre nature entre les anges et les filles des hommes, il s'applique de la même façon à celui qui est né de l'union de l'ombre céleste avec la matière. Notons enfin que la «ressemblance de lion» qui est attribuée à l'avorton dans l'HypArch se retrouve aussi dans *Hénoch éthiopien* où les Nefilim sont présentés comme les dévoreurs de l'humanité[36].

cf. B. LAYTON, *op. cit.*, note 154; M. TARDIEU, *op. cit.*, p. 61 note 73 et R.A. BULLARD, *op. cit.*, p. 105.

[32] 1 *Hénoch*, 6-16; 19; 21.

[33] Le texte d'*Hénoch* le plus intéressant à cet égard est le ch. 15,3-9: «Pourquoi avez-vous abandonné le ciel très-haut et saint, qui est éternel, et vous êtes-vous couchés avec les femmes, avez-vous pris des femmes et avez-vous agi comme les enfants de la terre, et avez-vous engendré, pour fils, des géants? .. Vous fûtes d'abord spirituels, vivant d'une vie éternelle, immortelle, pour toutes les générations du monde. C'est pourquoi je ne vous ai pas attribué de femmes, car le séjour des spirituels du ciel est dans le ciel. Et maintenant les géants qui sont nés des esprits et de la chair seront appelés, sur terre, esprits mauvais, et sur la terre sera leur séjour. Des esprits mauvais sont sortis de leur chair parce qu'ils ont été faits par les hommes et que des saints veilleurs (les anges) vient leur origine et leur premier fondement» (traduction MARTIN).

[34] Sur l'ἔκτρωμα valentinien, cf. HIPPOLYTE, *Elenchos*, VI, 31,2 et VI, 36,3.

[35] נֵפֶל: avorton, cf. *Ps.*, 58,9; *Jb*, 3,16 (LXX : ἔκτρωμα) et *Ec.*, 6,3 (LXX : ἔκτρωμα).

[36] «Ils dévorèrent tout le fruit du travail des hommes, jusqu'à ce que ceux-ci ne pussent plus les nourrir. Alors les géants (les nefilim) se tournèrent vers les hommes pour les dévorer. Et ils commencèrent à pécher contre les oiseaux et contre les bêtes, les reptiles et les poissons; puis ils se dévorèrent la chair entre eux et en burent le sang» (1 *Hénoch*, 7, 3-5).

2. *Blasphème et châtiment de Samaël*

HypArch, p. 94,19-34	Ecr sT, p. 100,29-103,32
Ouvrant les yeux, *il vit une grande* matière illimitée.	Lorsque l'Archonte *vit sa propre grandeur*, et c'est lui seul qu'il vit et il ne vit personne d'autre si ce n'est eau et ténèbres, il pensa qu'il était seul à exister. . . . .
Et *il devint arrogant* *disant* : «*Je suis Dieu et il n'y en a pas d'autre que moi*». *Lorsqu'il dit cela, il pécha contre le Tout.*	p. 103,8-21 Et lui, il se réjouit dans son cœur et *se vanta* continuellement en leur *disant* : «Je n'ai besoin de rien». Il dit : «*Je suis Dieu et il n'y en a pas d'autre que moi*». *Lorsqu'il dit cela, il pécha contre tous* les Immortels qui l'avaient conçu et protégé. Et lorsque Pistis vit l'impiété du grand Archonte, elle fut irritée.
Alors *une Voix sortit d'en haut*, de l'Autorité suprême, *disant* : «*Tu te trompes, Samaël*!» — *c'est le dieu des aveugles* —.	*Sans qu'on la vit, elle dit : «Tu te trompes, Samaël!» — c'est le dieu des aveugles* —.
Et il dit : «*S'il existe quelqu'un en face de moi, qu'il se montre à moi*».	«*Il existe un* Homme immortel de lumière *en face de toi, il se montrera* à votre création».
Et aussitôt Sophia tendit le doigt (et) introduisit la lumière dans la matière.	[p. 104,3-6 *Et* Pistis-*Sophia tendit le doigt, elle répandit* sur lui *de la lumière* de sa lumière pour une condamnation de son Père.]
Et elle le poursuivit jusqu'en bas, aux régions du chaos,	p. 103,21-32 «Il te foulera aux pieds comme ces vases de potier que l'on brise et *tu iras* avec les tiens *en bas* chez ta mère l'abîme. En effet, lors de l'achèvement de vos œuvres, sera disloquée toute la déficience qui s'est manifestée en dehors de la Vérité. Et elle disparaîtra et deviendra comme ce qui n'a pas existé».
et se retira dans sa lumière. De nouveau l'obscurité [. . . . . .] la matière.	Lorsque Pistis eut dit cela, elle dévoila dans les eaux la ressemblance de sa grandeur et c'est de cette façon qu'*elle se retira dans sa lumière*.

Reconstitution[37]

Il vit sa propre grandeur, (avec Ecr sT)
et il devint arrogant, disant :
«*Je suis Dieu et il n'y en a pas d'autre que moi*».
Lorsqu'il dit cela, il pécha contre le Tout.
Alors une Voix sortit d'en haut, de l'Autorité suprême,
disant : «*Tu te trompes, Samaël!*»
— *c'est le dieu des aveugles* —.
Et il dit : «*S'il existe quelqu'un en face de moi, qu'il se montre à moi*».
Et aussitôt Sophia tendit le doigt,
et répandit la lumière dans la matière.
Elle le poursuivit jusqu'en bas, aux régions du chaos,
et elle se retira dans sa lumière.
De nouveau l'obscurité [. . . . . .] la matière.

Le thème du blasphème de Samaël a son origine dans la réflexion juive sur l'idolâtrie. Le blasphème prend ici la forme d'une citation d'*Isaïe* : «Je suis Dieu et il n'y en a pas d'autre que moi!» (*Is.*, 45, 5-6), mais la véritable origine du thème est à chercher dans le chapitre 4 du *Deutéronome*, proclamation du monothéisme face à l'idolâtrie : «Tu sais donc aujourd'hui et tu te rappelleras dans ton cœur que *Yahvé est Dieu* dans les cieux, en haut, et que sur la terre, en bas, *il n'y en a pas d'autre*» (*Dt.*, 4,39). Quant au thème du châtiment de l'Archonte, il s'inspire à la fois du *mythe de chute des anges* et de la polémique des prophètes contre *l'arrogance royale*[38].

Le nom de Samaël qu'on donne ici à l'Archonte blasphémateur est la déformation de l'hébreu *sémèl* (סֵמֶל), nom qui dans la littérature

[37] Le rédacteur de l'HypArch modifie la source en introduisant le thème de la matière (cf. p. 94,12. 18-19. 20. 30-31. 33-34); aucune de ces références n'a de parallèle dans l'Ecr sT, aussi nous inspirons-nous de l'Ecr sT pour reconstituer les passages de 94,20 et 30-31. L'Ecr sT, pour sa part, rejette aux temps eschatologiques le châtiment de l'Archonte alors que dans la source il était immédiat. Ce choix l'amène à transformer la question de l'Archonte : «s'il existe quelqu'un en face de moi ...» et le récit de sa condamnation en une prophétie prononcée par Pistis (Ecr sT, p. 103,15-104,5). Par voie de conséquence, le thème de Sophia introduisant la lumière dans le monde n'a plus de fonction, et le rédacteur le réutilise (p. 104,3-5) en en faisant un récit d'illumination de Sabaoth par Sophia.

[38] Sur le mythe de chute des anges, cf. 1 *Hénoch*, 6,1-6; 7,1-6; 15,2-12; 16,1; *Jubilés*, 3,17-26; 4,22-29; 5,1-6; 10,1-11. Sur le thème de l'arrogance royale, cf. *Is.*, p. 14,12-20 : «Comment es-tu tombé du ciel, Etoile du matin (ἑωσφόρος, Vulgate = Lucifer) ... toi qui disais dans ton cœur, je monterai au ciel, au-dessus des étoiles du ciel j'élèverai mon trône ... je serai semblable au Très-Haut (ὅμοιος τῷ ὑψίστῳ) ... mais c'est dans l'Hadès que tu as été déposé ... comme un cadavre dégoûtant (ὡς νεκρὸς ἐβδελυγμένος) [Hébreu : comme un rejeton; Symmaque : comme un avorton]) ...», cf. aussi *Ez.*, 28,1-17.

biblique désigne l'idole antagoniste du Dieu Yahvé. Le sémèl apparaît pour la première fois dans une vision du prophète Ezéchiel (8,3-6) : le prophète voit, dressé dans le Temple de Jérusalem face à la Gloire de Yahvé, le *sémèl* de la Jalousie (סֵמֶל הַקִּנְאָה). Dès le troisième siècle avant J.C. et probablement plus tôt, le midrash s'empare du thème : On raconte que l'idole installée par le roi Manassé dans le Temple, à la place du Dieu Yahvé, était ce *sémèl* vu par Ezéchiel (*2 Chr.*, 33). C'est lors de la transmission de ces légendes sur le roi Manassé que le nom de *sémèl* a été transformé en Samaël. Dans l'*Ascension d'Isaïe* en effet, le démon que sert Manassé ne se nomme plus *sémèl* mais Samaël[39]. Cette présence du personnage de Samaël dans l'*Ascension d'Isaïe* est d'autant plus intéressante que cet écrit, au dire d'Épiphane, était très estimé par la secte gnostique des Archontiques[40], secte dont la doctrine est très proche de celle de l'HypArch et de l'Ecr sT.

3. *Exaltation de Sabaoth*

HypArch, p. 95,13-96,3	Ecr sT, p. 103,32-106,18
p. 95,13-17 *Lorsque son fils Sabaoth vit* le pouvoir de cet ange, il se repentit. *Il blâma son père et sa mère* la matière.	p. 103,32-104,25 *Lorsque Sabaoth, le fils* de Yaldabaoth, *entendit* la voix de Pistis, *il fit son éloge, il condamna le père et la mère* à cause de la parole de Pistis. Il lui rendit gloire parce qu'elle les avait instruits sur l'Homme immortel et sur sa lumière.
cf. p. 94,28-31	Et Pistis-Sophia tendit le doigt, elle répandit sur lui de la lumière de sa lumière pour une condamnation de son père.
cf. p. 95,22-25	En recevant la lumière, Sabaoth reçut un grand pouvoir *sur toutes les Forces du chaos*. Depuis ce jour, *on le nomma : Seigneur des Forces*.
p. 95,17-25 *Il la prit en aversion mais fit l'éloge de Sophia* et de sa fille Zoè.	Il prit en haine son père la ténèbre et sa mère l'abîme. *Il prit en aversion* sa sœur, la pensée de l'Archigénétor qui va et vient au-dessus des eaux. Du fait de sa lumière, toutes les Puissances furent jalouses de lui, celles du

[39] *Ascension d'Isaïe*, 1,11 ; 2,1. cf. B. Barc, « Samaël-Saklas-Yaldabaoth. Recherche sur l'origine d'un mythe gnostique », in *Colloque international sur les textes de Nag Hammadi* (*BCNH*, section « Etudes », 1), à paraître.

[40] M. Tardieu, *op. cit.*, p. 35-36.

HypArch, p. 95,13-96,3	Ecr sT, p. 103,32-106,18
	chaos. Et, étant troublées, elles entreprirent une grande guerre, dans les sept cieux. Alors, lorsque Pistis-Sophia vit la guerre, de sa lumière elle envoya à Sabaoth sept archanges.
Et Sophia et Zoè *l'enlevèrent*, l'installèrent *sur le septième ciel*, au-dessous du voile, entre le haut et le bas.	*Ils l'enlevèrent dans le septième ciel.* Ils se tinrent devant lui comme serviteurs. De nouveau, elle lui envoya trois archanges, elle établit pour lui la royauté au-dessus de tous afin qu'il fut au-dessus des douze dieux du chaos.
Et on le nomma : Dieu des Forces, Sabaoth, parce qu'il est *au-dessus des Forces du chaos* puisque Sophia l'y a installé. (p. 95,26-31 Description du char de Sabaoth)	[p. 104,6-10 En recevant la lumière, Sabaoth reçut un grand pouvoir *sur toutes les Forces du chaos.* Depuis ce jour, *on le nomma* : *Seigneur des Forces.*]
p. 95,31-96,3 Et Sophia *prit sa fille Zoè* pour *l'asseoir à la droite* de celui-ci, *afin qu'elle l'instruise de ce qui existe* [*dans*] *l'ogdoade*	p. 104,26-31 Dès que Sabaoth eut reçu le lieu du repos, à cause de sa repentance, Pistis lui *donna sa fille Zoè*, avec une grande puissance, *pour qu'elle l'instruise de tout ce qui est dans l'ogdoade.*
	(p. 104,31-106,11 Description du char de Sabaoth) p. 106,11-16
et l'ange [de la co]lère, *elle le plaça à sa gauche.*	Alors Pistis-Sophia le sépara des ténèbres, *elle l'appela à sa droite*, mais l'Archigénétor, *elle le plaça à sa gauche.*
[*Depuis*] *ce jour, on a appelé* [*sa droite*], vie *et la gauche* fut le modèle de l'*injustice*, venu de l'Autorité suprême.	*Depuis ce jour, on a appelé la droite*, justice; quant *à la gauche*, on l'a appelée *injustice*...

Dans sa réinterprétation de la source, le rédacteur d'HypArch donne à 94,28-34 un sens nouveau : il ne s'agit plus du châtiment de Samaël mais, par réinterprétation du symbole de la Lumière, de son accession à la fonction de gouverneur du monde inférieur (cf. commentaire sur p. 94,28-34). Le rédacteur se doit en conséquence de rédiger un nouveau récit du blasphème et du châtiment de l'Archonte, ce qu'il fait en 94, 34-95,13 : c'est le *mythe de Saklas*. C'est pour lui l'occasion de faire intervenir de nouveaux personnages (Zoè et l'ange de feu) auxquels il entend donner un rôle dans la suite du mythe. Pour ce faire, il remanie de façon importante le récit sur *l'exaltation de Sabaoth*. Il est cependant possible, grâce à l'Ecr sT, de retrouver la distribution première des rôles :

p. 95,14-15 : «*Sabaoth vit le pouvoir de Sophia*» ou «entendit la Voix de Sophia» et non pas «*de cet ange*» (cf. Ecr sT, p. 103,34).

p. 95,17-18 : «*Il fit l'éloge de Sophia*» et non pas «*Sophia et Zoè*» (cf. Ecr sT, p. 103,34).

p. 95,19 : «*Et Sophia l'enleva*» et non pas «*Sophia et Zoè*» (cf. Ecr sT, p. 104,17-21).

p. 95,23 : Il est appelé «*Seigneur des Forces*» et non pas «*Dieu des Forces*» (cf. Ecr sT, p. 104,9-10).

p. 95,31-35 : «*Sophia plaça Sabaoth à sa droite et Yaldabaoth à sa gauche*» et non pas «*Sabaoth plaça Zoè à sa droite et l'ange de la colère à sa gauche*» (cf. Ecr sT, p. 106, 11-13).

p. 95,35-96,2 : «*Depuis ce jour, on appela sa droite, justice et la gauche, injustice*» et non pas «*on appela sa droite, vie (Zoè) et la gauche fut le modèle de l'injustice, venu de l'Autorité suprême*» (cf. Ecr sT, p. 106,14-16).

La description du char de Sabaoth se retrouve dans les deux écrits, très brève dans l'HypArch, surchargée dans l'Ecr sT.

HypArch, p. 95,26-31	Ecr sT, p. 104,31-106,11
	p. 105,1-4
Alors, parce que cela est arrivé, il *se fit un grand char de chérubins, à quatre faces*,	*Il créa* un trône qui était grand, sur *un char à quatre faces* que l'on appelle *Chérubin*.
	. . . .
	p. 105,17-18.
avec des anges nombreux, innombrables, pour le servir	*Il créa* aussi *des anges* . . . .
	. . . .
	p. 105,32-34.
et des harpes et des cithares.	Et devant elle se tiennent les sept vierges entre les mains de qui sont trente *cithares* et des *harpes*.

L'élément le plus significatif pour étayer l'hypothèse d'une source commune est *le char des chérubins* (ϩⲁⲣⲙⲁ ⲛⲭⲉⲣⲟⲩⲃⲓⲛ). On retrouve cette expression dans trois textes anciens en provenance de communautés juives d'Égypte. Les deux premiers introduisent cette expression dans des traductions d'originaux hébreux où elle n'apparaissait pas. Dans *1 Chr.*, 28,18, *le char des chérubins* (τὸ παράδειγμα τοῦ ἅρματος τῶν χερουβιν) désigne l'arche d'alliance. Dans le *Siracide* (49,8), «Ezéchiel contempla la vision de gloire que le Seigneur lui montra sur le *char des chérubins* (ἐπὶ ἁρμάτος χερουβιν)». Le troisième témoin est *le Testament d'Abraham* : «L'archange descendit prendre Abraham sur un *char chérubinique* (ἐπὶ ἁρμάτος χερουβικοῦ), il le fit monter dans les airs des cieux, le conduisit sur la nuée avec soixante anges et le fit planer sur un char au-dessus de toute la terre habitable»[41].

Dans la source, la mention du *char des chérubins*, comme le titre de Seigneur des Forces (κύριος τῶν δυναμέων), indique explicitement que Sabaoth doit être identifié à Yahvé Sabaoth (κύριος τῶν δυναμέων).

Reconstitution

Lorsque son fils Sabaoth
vit le pouvoir de Sophia (Ecr sT),
il se repentit.
Il blâma son père et sa mère la matière.
Il la prit en aversion et fit l'éloge de Sophia et de sa fille Zoè.
Et Sophia (et Zoè) *l'enleva.*
Elle l'installa sur le septième ciel au-dessous du voile, entre le haut et le bas.
On le nomma : «Seigneur des Forces» (Ecr sT),
parce qu'il est au-dessus des Forces du chaos, puisque Sophia l'y a installé.
Alors, parce que cela est arrivé, il se créa un grand char de chérubins avec des anges nombreux, innombrables, *pour le servir et des harpes et des cithares.*
Et Sophia lui donna sa fille Zoè, pour qu'elle l'instruise de tout ce qui est dans l'ogdoade (Ecr sT).
Alors Sophia l'appela à sa droite (Ecr sT),
et Yaldabaoth, elle le plaça à sa gauche (Ecr sT).
Depuis ce jour, on a appelé la droite, justice (Ecr sT),
quant à la gauche, on l'a appelée, injustice (Ecr sT).

4. *Jalousie de Yaldabaoth et naissance de ses fils*

HypArch, p. 96,3-14	Ecr sT, p. 106,19-107,17
Mais lorsque Yaldabaoth le vit, établi *dans cette grande gloire* et cette prééminence,	*Cependant, lorsque l'Archigénétor du chaos vit son fils Sabaoth* et *la gloire* en qui il se trouvait parce qu'il est élu de préférence à toutes les Puissances du chaos,
il fut jaloux de lui.	*il fut jaloux de lui.*

[41] *Testament d'Abraham*, X (version longue), cf. M. DELCOR, *Le Testament d'Abraham* (*SVTP*, 2), Leyde, 1973, p. 71. Voir aussi *Vie grecque d'Adam et d'Ève*, XXII,3 où Dieu apparaît à Adam sur un char de Chérubins (ἐπὶ ἅρματος χερουβίμ ou χερουβικοῦ).

Et la jalousie fut une œuvre androgyne et telle fut l'origine de la jalousie.	
Et la jalousie engendra la mort;	Et dès qu'il se fut mis en colère, *il enfanta la mort* à partir de sa mort. Il fut établi au-dessus du sixième ciel; Sabaoth avait été enlevé de ce lieu-là.
puis la mort engendra ses fils. Elle les installa chacun sur son ciel. *Tous les cieux du chaos furent emplis de leur nombre.* Or c'est conformément à la volonté du Père du Tout, que tout cela fut produit sur le modèle de tout ce qui existe en haut, afin que le nombre du chaos soit complet.	*Et ainsi s'acheva le nombre des* six *Puissances du chaos.* *Alors la mort* qui est androgyne, se mélangea avec sa nature, *elle enfanta sept fils* androgynes. . . . .

Reconstitution

> *Mais lorsque Yaldabaoth le vit,*
> *établi dans cette grande gloire* et cette prééminence,
> *il fut jaloux de lui.* Et la jalousie fut une œuvre androgyne et telle fut l'origine de la jalousie.
> *Et la jalousie engendra la mort.*
> *Et la mort engendra ses fils.*
> Elle les installa chacun sur son ciel.
> *Tous les cieux du chaos furent emplis de leur nombre.*
> Or c'est conformément à la volonté du Père du Tout que tout cela fut produit sur le modèle de tout ce qui est en haut, afin que le nombre du chaos soit parfait.

Le panthéon de la deuxième partie du mythe s'organise de la façon suivante :

Sophia

à sa *droite*	à sa *gauche*
Sabaoth	*Yaldabaoth*
Seigneur des Forces du chaos	*Engendreur* des Forces du chaos
reçoit la *Vie*	Engendre la *Mort*
Justice	*Injustice*

Cette organisation bipolaire du monde archontique rappelle par certains côtés les spéculations philoniennes sur les deux hypostases divines les plus vénérables et les plus anciennes; le Créateur (ποιητής) et le Seigneur (κύριος). À propos des deux chérubins qui surmontent l'arche d'alliance, Philon nous explique qu'ils expriment allégoriquement « les deux facultés les plus vénérables et les plus hautes de *Celui* qui *Est*, la faculté *créatrice* (ποιητική) et la faculté *royale* (βασιλική).

Sa faculté créatrice est appelée *Dieu* (θεός), c'est grâce à elle qu'il a mis en place, créé et ordonné cet Univers. Sa faculté royale est appelée *Seigneur* (κύριος), par elle il commande ce qui existe et le gouverne avec justice et fermeté. En effet, puisque seul il est véritablement, il est indubitablement Créateur, car il a mené le néant à l'existence et, par nature, il est Roi, car personne n'aurait plus de droit à commander ce qui existe que son Créateur»[42]. Dans le *De Abrahamo*, il reprend le même thème à propos des trois hommes qui apparurent à Abraham (*Gn.*, 18) : «Lorsque l'âme, dit-il, comme au soleil de midi, est toute illuminée de Dieu, et que, comblée de part en part de la lumière spirituelle, elle est laissée sans ombre par les rayons diffusés autour, elle saisit une triple vision d'un seul objet, l'objet lui-même comme réalité, et d'autre part, comme deux ombres qui rayonneraient à partir de lui ... En fait, il y a au centre ... le Père de l'Univers et de chaque côté, les Forces les plus anciennes et les plus proches de l'Être, la Force créatrice (ποιητική) et la Force royale (βασιλική). Le nom de la force créatrice est Dieu (θεός), c'est par elle, en effet, qu'il a établi et organisé l'Univers. La force royale a comme nom Seigneur (κύριος), il est juste, en effet, que ce qui a fait, gouverne et domine ce qui est»[43]. Et il conclut : «Il y a trois rangs parmi les dispositions de l'âme de l'homme. À chacun d'eux revient l'une des visions que l'on a dites. Au meilleur la vision centrale, celle de l'Être qui est pleinement, au suivant la vision de l'être tourné vers la *droite*, celle du bienfaiteur dont le nom est Dieu; au troisième, la vision tournée vers *l'autre côté*, celle du Souverain qui a comme appellation, Seigneur»[44].

On peut résumer ainsi le schéma philonien :

au centre
Celui qui Est
Père de l'Univers

à sa droite	*à sa gauche*
la Force *créatrice*	la Force *royale*
Dieu	*Seigneur*
bienfaiteur	*juste*

La Force créatrice se nomme Dieu (θέος) car c'est sous ce nom que Dieu a créé le monde : «Au commencement, Dieu créa (ἐποίησεν ὁ θεός) le ciel et la terre» (LXX *Gn.*, 1,1). La Force royale, quant à elle, se nomme Seigneur (κύριος) car c'est sous ce nom que le Dieu de la

[42] PHILON, *De Vita Mosis II*, 99-100.
[43] ID., *De Abrahamo*, 119-121.
[44] ID., *ibid.*, 124.

Loi qui gouverne Israël s'est révélé à Moïse : «Tu diras aux enfants d'Israël : Seigneur (κύριος), le dieu d'Abraham, le dieu d'Isaac et le dieu de Jacob, m'a envoyé vers vous, tel est mon nom pour toujours» (LXX *Ex.*, 3,15). Si le Créateur siège *à droite* et le Seigneur *de l'autre côté* (Philon se refuse à dire : *à gauche*), c'est parce que la fonction créatrice est antérieure à la fonction royale.

Chez l'auteur de la source théogonique comme chez Philon deux puissances interviennent dans le monde. L'une d'elle est la puissance seigneuriale qui détient l'attribut de *Justice*, et est nommée κύριος, c'est-à-dire identifiée au dieu juif de la Loi. La seconde au contraire, celle que Philon nomme *créatrice* et la source théogonique *engendreur des Puissances* (= Yaldabaoth), est l'objet d'appréciations contradictoires. Identifiée par Philon à la *Bonté* de Dieu, elle devient, dans la source théogonique, synonyme d'*Injustice*, de *Jalousie* et de *Mort*. Cette description négative implique peut-être déjà que le monde soit considéré comme l'œuvre d'un démiurge mauvais; on notera cependant que le mythe théogonique ne s'intéresse qu'à l'origine des Puissances et non pas à celle du monde.

Le scénario du drame qui oppose Sabaoth à Yaldabaoth est le résultat d'une synthèse souvent audacieuse opérée à partir de thèmes connus par ailleurs. On en retiendra trois : celui de l'*exaltation du Seigneur* qui se trouve appliqué à Jésus dans l'hymne christologique de *Philippiens*[45] et au personnage d'Hénoch-Métatron dans la littérature

[45] *Ph.*, 2,5-11 : «Tendez à l'unanimité entre vous et avec le Christ Jésus qui, possédant forme de Dieu, *n'a pas regardé comme une prérogative d'être égal à Dieu*, mais s'est anéanti en prenant forme d'esclave, en devenant pareil aux hommes. Et quand il eut figure humaine, il s'est abaissé jusqu'à mourir et mourir en croix. Aussi Dieu l'a-t-il *exalté* et lui a-t-il accordé le nom qui est au-dessus de tout nom, pour qu'au nom de Jésus *tout genou plie, dans les cieux, sur terre et sous terre*, et que toute langue avoue que Jésus Christ est *seigneur*, à la gloire de Dieu le Père» (Traduction de la Pléiade). Sabaoth *condamne* son père qui s'est fait l'*égal de Dieu* et, pour cela, *est élevé* au-dessus du septième ciel, reçoit le titre de *Seigneur* et la *domination sur toutes les Forces* du chaos. Sur le thème de l'*exaltation*, cf. J. MAGNE, «L'exaltation de Sabaoth dans l'Hypostase des Archontes 143,1-31 et l'exaltation de Jésus dans *Philippiens* 2,6-11 ou la naissance de Jésus-Christ», *Cahiers du Cercle Ernest Renan* 83 (1973) 1-56. Voir aussi l'étude de F.T. FALLON, *The Enthronement of Sabaoth*. Jewish Elements in Gnostic Creation Myths (*NHS*, 10), Leyde, 1978. Cette étude importante est parue après le dépôt de notre manuscrit, il ne nous a pas en conséquence été possible d'en tenir compte. On y trouvera une riche documentation sur les traditions juives sur l'intronisation dans le ciel. Toutefois il ne nous semble pas exact de voir dans le mythe d'exaltation de Sabaoth une modification du mythe gnostique courant dans lequel l'Archonte maître du monde est le démiurge mauvais. Comme nous l'avons montré dans «Samaël-Saklas-Yaldabaoth. Recherche sur l'origine d'un mythe gnostique» in *Colloque international sur les Textes de Nag Hammadi* (*BCNH*, section «Etudes», 1), l'organisation du monde archontique en deux pouvoirs antagonistes reflète un état ancien de la mythologie gnostique.

mystique juive[46]; celui de la *description du char*, thème favori de la mystique juive de la Merkaba[47]; celui, enfin, de l'origine de la *mort liée à la jalousie du Diable*, attesté à Alexandrie dès le premier siècle avant J.-C. : «Par la jalousie du Diable, la mort est entrée dans le monde et la subissent ceux qui sont de son parti»[48]. De plus la relation de cause à effet entre l'exaltation du Seigneur et la jalousie du Diable a probablement son origine dans l'adamalogie juive[49].

2. Interprétation de la source théogonique

Il ressort de l'étude précédente que la source qu'ont réinterprétée l'HypArch et l'Ecr sT était elle-même une synthèse opérée à partir de traditions juives antérieures. Son noyau fondamental (p. 94,4-34) est une exégèse allégorisante du mythe de chute des anges et d'origine des démons; il a été complété par une relecture de la spéculation philonienne sur le Créateur et le Seigneur (p. 95,13-96,14). On peut proposer de l'ensemble la lecture suivante :

> Dans le monde céleste, la Sagesse (Sophia) créa les anges (les ressemblances célestes). L'un de ces anges quitta le monde céleste et après avoir traversé le voile qui sépare le monde supérieur du monde inférieur, apparut dans le monde inférieur. Cet ange est appelé Ombre car tel est le nom des réalités célestes manifestées dans ce monde[50]. Cette ombre, qui n'est autre que Samaël, fut projetée dans la matière et de son union avec la matière naquit un avorton auquel Samaël donna sa propre forme. Ce fils de Samaël n'est plus comme son père à la ressemblance céleste, mais à la ressemblance du lion, c'est-à-dire un être démoniaque. Il est hybride, à la fois spirituel par sa ressemblance céleste et matériel parce qu'engendré dans la matière.
>
> Alors Samaël s'enorgueillit de ce pouvoir créateur qu'il venait d'exercer et déclara à son fils : «Je suis Dieu, il n'y en a pas d'autre». En revendiquant la divinité, il s'érige en adversaire du Dieu céleste, il devient un anti-dieu; d'ombre-ressemblance il devient ombre-ténèbre, de ressemblance il devient contrefaçon. Alors la Voix (Dieu) condamna Samaël et la

[46] *Hénoch hébreu*, VI-XV (H. Odeberg, *3 Enoch or the Hebrew Book of Enoch*, New York, 1973, rééd. p. 19-45) et p. 79-90 : *The Conceptions of Metatron in 3 Enoch*.

[47] G. Scholem, *Les grands courants de la mystique juive*, Paris, 1968, p. 53-93.

[48] *Sg.*, 2,24 et *3 Baruch*, 4,8.

[49] *Vie latine d'Adam et d'Ève*, XII-XVII : Dieu exige des anges qu'ils adorent l'homme parce que celui-ci est *Image de Dieu*. Satan et ses anges refusent et sont expulsés du ciel. Jaloux de la gloire dont est revêtu Adam, ils provoqueront sa désobéissance en amenant Ève à manger du fruit de l'arbre et à en donner à son mari.

[50] Philon, *Legum Allegoriae*, III, 95 (cf. Introduction, note 30) et *De Abrahamo*, 119-121 (cf. Introduction, note 43).

> Sagesse exécuta la sentence, chassa Samaël de sa place éminente (sous le voile), le poursuivit jusqu'en bas, probablement jusqu'au monde souterrain des enfers, puis remonta dans le monde céleste.

Jusqu'ici, bien que la terminologie soit parfois étrange, le mythe demeure conforme aux récits traditionnels de chute des anges; tout au plus peut-on noter que Dieu n'intervient pas directement dans le monde inférieur, mais seulement par l'intermédiaire de sa Sagesse.

La nouveauté apparaît lorsqu'on identifie les deux fonctions philoniennes de Dieu avec les deux fils de Samaël, Sabaoth et Yaldabaoth. Dans la première partie, l'Ombre-Samaël avait exercé successivement les fonctions d'Engendreur en s'unissant à la matière et de Seigneur en se proclamant Dieu. Le fils de l'Ombre qui hérite globalement de ces deux fonctions, est divisé symboliquement et chacune de ses fonctions est personnifiée : la Seigneurie est Sabaoth, l'Engendrement, Yaldabaoth. Dans la pensée de l'auteur, ces deux personnages s'identifient respectivement au dieu juif Yahvé Sabaoth et au Diable. Le dieu juif n'est donc plus le Dieu véritable mais seulement l'une des Puissances qui agissent dans le monde.

> Lorsque Sabaoth vit la lumière introduite dans le monde par la Sagesse, il condamna l'Ombre qui l'avait engendré et adressa ses louanges à la Sagesse. Ayant ainsi renoncé à la fonction d'engendrement, il fut retiré de la matière, installé sous le voile à la place qu'occupait Samaël avant lui et reçut le titre de Seigneur. Zoè lui fit connaître le monde céleste et c'est pour imiter le Dieu céleste qu'il se fit un char et une cour angélique.
>
> Quant à Yaldabaoth, c'est-à-dire le principe d'Engendrement lié à la matière, il engendra par jalousie une cour démoniaque qui est une contrefaçon de celle de Sabaoth. Sabaoth avait reçu la Vie, Yaldabaoth engendra la Mort et la mort installa ses fils sur les cieux du chaos afin d'isoler Sabaoth de la terre et de le reléguer à la périphérie du monde inférieur.

Cette interprétation laisse volontairement dans l'ombre un certain nombre de questions faute de rencontrer dans la source des éléments de réponse suffisants. Y a-t-il déjà un mythe de chute de Sophia? Qui a créé le monde inférieur? Tire-t-on prétexte du fait qu'après sa chute, Samaël se trouve dans une situation analogue à celle de Yaldabaoth (réduit à la fonction d'Engendreur et lié à la matière) pour identifier les deux personnages? Si oui, quelle conclusion tire-t-on du fait que Sabaoth (le dieu juif) devienne par le fait même le fils de Yaldabaoth (le Diable)? Le char de Sabaoth et sa cour angélique sont-ils des imitations légales du monde céleste ou des contrefaçons interdites? C'est à ces questions que s'efforcera de répondre le rédacteur de l'Hyp Arch en remaniant sa source.

Ce drame aboutit à l'organisation suivante du cosmos :

monde céleste	8ème (Ogdoade)	Sophia
voile		– – – – – – – – – – – – – – – – – – – –
monde inférieur		Sabaoth Seigneur des Forces du chaos
	7e ciel	– – – – – – – – – – – – – – – –
	6^{e}	
	5^{e}	Les Forces du chaos :
	4^{e}	Jalousie,
	3^{e}	Mort,
	2^{e}	fils de la Mort.
	1er	
	chaos	Yaldabaoth (Samaël) Engendreur des Forces du chaos

3. Cadre narratif de la source théogonique (p. 92,18-94,3; 96,17-97,21)

Avant même d'être insérée dans la rédaction actuelle, la théogonie se présentait déjà sous la forme d'une révélation faite par un ange à un personnage féminin. Il est en effet aisé de constater qu'à partir de 92,18 (fin de l'anthropogonie) le style de l'écrit change; il devient plus descriptif, fait appel au procédé littéraire du parallélisme (p. 93,1-2 et 4-6), emploie une terminologie nouvelle pour désigner les personnages. Le genre littéraire de ce cadre narratif rappelle aussi bien par son style que par les thèmes qu'il aborde celui des apocalypses juives. L'histoire est classique : afin d'être délivrée des attaques des Archontes d'injustice, Noréa implore le secours du Saint (p. 92,18-93,2). Un ange descend et après s'être présenté solennellement à elle, lui annonce qu'il a été envoyé pour s'entretenir avec elle et la délivrer de ses persécuteurs (p. 93,2-12). Alors, à sa demande (p. 93,32-94,3) il lui révèle l'origine des Archontes et comment s'est instaurée leur domination sur les sept cieux du chaos (p. 94,4-96,17).

S'il est certain que le rédacteur de l'HypArch se sert ici d'un modèle plus ancien, il est par contre impossible de savoir si le personnage féminin qu'il identifie explicitement avec Noréa, fille d'Ève (p. 91,34-92,3), apparaissait déjà sous ce nom dans la source. Le même doute subsiste au sujet de l'ange : le rédacteur l'identifie à Élélèth «l'un des quatre luminaires qui se tiennent en présence du grand Esprit invisible» (p. 93,19-22), mais rien ne prouve que «le grand ange qui se tient debout en présence de l'Esprit Saint» dont parlait la source (p. 93,8-10), se soit déjà nommé Éléleth. Les mêmes incertitudes subsistent en ce qui concerne le dialogue qui s'instaure entre l'ange et Noréa avant et après la révélation. Pour les p. 93,23-32 et 96,18-97,21, cependant, l'étude conjointe du style, de la thématique et du vocabulaire permet de trancher en faveur d'une origine rédactionnelle.

C. La rédaction

L'hypothèse qui rend le mieux compte des résultats précédents est celle de deux rédactions successives du traité : la première rédaction serait un travail de synthèse opéré à partir de trois sources gnostiques juives; la seconde, un remaniement de cette synthèse en vue de la présenter à un public chrétien.

Parmi les indices de cette double rédaction on notera particulièrement des contradictions touchant l'organisation du monde archontique. Dans le *résumé théogonique* du début du traité (p. 86,27-87,11), il est dit qu'après le châtiment de Samaël, Sophia installa les fils de celui-ci, chacun selon son pouvoir. Cet enseignement est en accord avec la source théogonique[51] qui raconte que Sophia a installé Sabaoth à sa droite et Yaldabaoth à sa gauche, mais en contradiction avec la théogonie actuelle dans laquelle la seule installation opérée par Sophia est celle de Sabaoth. La contradiction s'explique si on admet que le rédacteur du résumé se réfère à la source théogonique sous sa forme première, avant son remaniement par un second rédacteur.

Une deuxième contradiction dans l'organisation du monde archontique apparaît entre l'anthropogonie et la théogonie. Dans la première, les Archontes sont divisés en deux clans[52] dès avant la création de l'homme. C'est aussi la doctrine de la source théogonique qui fait remonter aux origines la division du pouvoir entre Sabaoth d'une part et Yaldabaoth et ses Puissances d'autre part. En revanche, la théogonie actuelle enseigne que Sabaoth n'a succédé à Yaldabaoth qu'après le Déluge[53] et que les deux pouvoirs ne se sont opposés qu'à partir de ce moment. Là encore nous voyons une confirmation de la relecture de la théogonie par un second rédacteur.

[51] Cf. Introduction, p. 39-40.

[52] Cf. Introduction, p. 26-27.

[53] Le rédacteur considère probablement que Yaldabaoth a été détrôné au moment de la sortie d'Égypte et de la théophanie du Sinaï.
Cf. Commentaire sur p. 95,1-13.

On peut opérer le découpage entre première et deuxième rédaction de la façon suivante :

Sources	Premier rédacteur	Deuxième rédacteur
	Introduction (p. 86,26-27)	Introduction (p. 86,20-25)
	Résumé théogonique (p. 86,28-87,11)	
	ANTHROPOGONIE	
Schéma anthropogonique et Genèse « véritable »	Création d'Adam (p. 87,12-88,17)	(p. 87,14-23 et 88,7-11)
	Chute d'Adam (p. 88,18-89,11)	
	Salut d'Adam et origine de l'humanité (p. 89,11-91,7)	(p. 90,34-91,3 et 91,7-11)
	Les trois races (p. 91,11-92,4)	
	Le déluge (p. 92,4-18)	
	THÉOGONIE	
Source théogonique	Introduction (p. 92,18-94,3)	(p. 93,25-32)
	Source théogonique (p. 94,4-96,11)	relecture de la source théogonique (p. 94,4-96,17)
	Conclusion (p. 96,15-17)	
		Dialogue et Hymne (p. 96,17-97,21)
	Titre (p. 97,22-23)	

Pour le premier rédacteur, Adam, l'humanité et les Puissances qui interviennent dans le monde relèvent d'une même typologie. Les trois composantes d'Adam, corps — âme — esprit, correspondent dans l'humanité à trois races, Caïn, Abel et Seth, et dans le monde, à trois Puissances, Yaldabaoth (= les Archontes), Sabaoth (= le grand Archonte) et Sophia (= la Femme spirituelle, Ève), de sorte que les discours anthropologiques, sociologiques et théologiques se fondent ensemble à l'intérieur du discours mythologique.

Le mythe d'origine de l'humanité explique la nature de ces trois races. Caïn est matériel parce que né de la souillure de la femme charnelle par les Archontes ; quant à Abel, il est psychique parce qu'issu de l'union de la femme psychique avec le grand Archonte. Ces deux premières races ont été engendrées dans le monde inférieur et sont nées de la *femme*. Seth, au contraire, a été engendré dans le monde céleste et est né de l'union de l'*Homme* (Adam spirituel) et de la Femme spirituelle. Il est l'ancêtre de la race des spirituels, des séthiens.

L'histoire séthienne se divise en quatre périodes, celles d'Adam, de Seth, des protoséthiens (race des Hommes) et des séthiens. Chacune de ces générations fut assistée par l'Esprit. Adam eut le privilège d'être éveillé par la Femme spirituelle, c'est-à-dire l'Esprit lui-même, les générations suivantes reçurent l'aide d'une envoyée de l'Esprit, la fille d'Ève, Noréa. Elle fut la compagne de Seth; elle tenta d'arracher Noé à l'emprisonnement de l'arche; dans les derniers temps c'est elle qui reçut révélation de la véritable nature des Archontes et la transmit aux séthiens[54]. Tel est, dans ses grandes lignes, l'enseignement du premier rédacteur.

Le deuxième rédacteur ne retouche pas le récit anthropogonique mais se contente de le commenter. En revanche, il opère une relecture profonde de la théogonie en substituant, comme nous l'avons montré[55], à la bipolarité originelle du monde archontique l'idée d'une succession historique de deux pouvoirs, le dieu de la Loi se substituant au démiurge créateur. On notera de plus que cette relecture présente certaines modifications polémiques visant le judaïsme officiel et la Loi.

Son idée directrice est de montrer que l'histoire de l'humanité, de la création d'Adam jusqu'à la fin du monde des Puissances, se déroule conformément à un plan prévu dès les origines par «la volonté du Père du Tout», et que l'homme est au centre de ce plan. Si Adam a été créé, c'est afin «d'unir le Tout à la Lumière», c'est-à-dire de sauver la part de lumière céleste emprisonnée dans le monde de l'Archonte[56].

Depuis la venue de l'Homme véritable qui a instruit l'humanité de toute chose, le salut préfiguré par Adam est devenu réalité, l'issue victorieuse du combat contre les Puissances est proche[57]. La preuve en est apportée par le fait qu'histoire d'Adam et histoire de l'humanité désormais se confondent.

Histoire d'Adam	*Histoire de l'humanité*
	création
L'Adam matériel fut façonné par les Archontes (p. 87,25-33).	Caïn le charnel fut engendré par les Puissances (p. 91,11-12).
L'Adam psychique fut animé par le grand Archonte (p. 88,3-6).	Abel le psychique fut engendré par le chef des Puissances (p. 91,13-14).

[54] Cf. Commentaire sur p. 92,18-94,3.

[55] Cf. Commentaire sur p. 94,1-13.

[56] Cf. Commentaire sur p. 87,20-23.

[57] Pour le deuxième rédacteur, la venue de l'Homme parfait qui avait été annoncée à Noréa par Éléèth (p. 96,33-97,21) est déjà réalisée (p. 91,2-3).

L'Adam spirituel fut habité et nommé par l'Esprit (p. 88,11-17).	Seth le spirituel fut enfanté et nommé par la Femme spirituelle (p. 91,30-33).
chute	
Adam fut placé dans le Paradis (p. 88, 24-26).	Noé fut placé dans l'arche (p. 92, 8-14).
Les Archontes firent tomber sur lui le sommeil de l'ignorance (p. 89,3-10).	Les Archontes firent tomber sur lui l'eau du déluge (p. 92,4-8).
La Femme spirituelle vint auprès d'Adam pour l'éveiller (p. 89,11-15).	Oréa vint vers l'arche pour rejoindre Noé (p. 92,14-17).
Les Puissances s'efforcèrent de la souiller (p. 89,18-24).	Les Archontes s'efforcèrent de la séduire (p. 92,18-31).
Elle dut se cacher dans l'arbre de la connaissance (p. 89,25-26).	Elle ne put empêcher la reconstruction de l'arche (p. 92,17-18).
salut	
La Femme spirituelle entra dans le serpent (p. 89,31-32).	L'Homme véritable s'incarne dans un corps matériel (p. 96,33-35).
Elle l'instruisit et lui donna du fruit de l'arbre de la connaissance (p. 89,32-90,15).	Il les instruit de toute chose et leur donne l'huile de la vie éternelle (p. 97, 1-4).
Adam accéda alors à la connaissance et quitta le Paradis (p. 90,15-91,7).	Les hommes connaissent alors leur racine et remontent vers la Lumière (p. 97,7-9; 14-16).

Le deuxième rédacteur donne ainsi à l'histoire des origines une dimension cosmique. L'humanité en s'identifiant à Adam met fin à l'ère des Puissances et à leur monde et reconstitue le Tout jusque-là divisé.

TEXTE
ET
TRADUCTION *

* *Note préliminaire.*

Sauf en ce qui concerne la séparation des mots, notre texte copte respecte l'exacte disposition du papyrus.

Le signe ⁰ accompagnant un terme dans la traduction française indique que celui-ci est en grec dans le texte copte.

Les crochets encadrant le trait vocalique au-dessus d'une lettre indiquent sa restitution.

Nous avons indiqué la pagination du copte avec astérisque pour nous conformer aux normes de la collection : le Codex II ne comporte aucune pagination.

Éditions et travaux

Bullard : BULLARD (R. A.), *The Hypostasis of the Archons*, The Coptic Text with Translation and Commentary (*PTS*, 10), Berlin, 1970.

Kasser : KASSER (R.), «'L'Hypostase des Archontes'. Propositions pour quelques lectures et reconstitutions nouvelles», in *Essays on the Nag Hammadi Texts in Honour of* Alexander Böhlig (*NHS*, 3), Leyde, 1972, p. 22-35.

Krause : KRAUSE (M.), «Zur Hypostase der Archonten in Codex II von Nag Hammadi», *Enchoria* 2 (1972) 1-20.

Layton : LAYTON (B.), «The Hypostasis of the Archons or the Reality of the Rulers». Newly Edited from the Cairo Manuscript with a Preface, English Translation, Notes and Indexes, *HTR* 67 (1975) 351-425 et 69 (1976) 31-101.

Nagel : NAGEL (P.), *Das Wesen der Archonten*, Koptischer Text, Übersetzung und griechische Rückübersetzung, Konkordanz und Indizes (*Wiss. Beitr. Martin-Luther Univ.*, 1970/6), Halle, 1970.

Schenke : SCHENKE (H. M.), «Das Wesen der Archonten», *TLZ* 83 (1958) 661-670.

Abréviations de l'apparat critique

cod : codex

comm : notre commentaire

[ ] : lettre restituée

⟨ ⟩ : lettre ajoutée ou corrigée

Nous nous séparons de l'édition de Layton dans les cas suivants : p. 87,6.27.28; 88,23; 89,2.29.30.32; 90,16.33; 93,2.

ⲡⲋ*

ⲉⲧⲃⲉ ⲑⲩⲡⲟⲥⲧⲁⲥⲓⲥ ⲛ̄ⲛ̄ⲉⲝⲟⲩⲥⲓⲁ ϩⲙ̄ ⲡⲡ̅ⲛ̅ⲁ̅ ⲙ̄ⲡⲉⲓⲱⲧ` ⲛ̄ⲧⲙⲉ ⲁϥϫⲟⲟⲥ ⲛⲁⲛ ⲛ̄ϭⲓ ⲡⲛⲟϭ ⲛ̄ⲁⲡⲟⲥⲧⲟⲗⲟⲥ ⲉⲧⲃⲉ ⲛⲉⲝⲟⲩⲥⲓⲁ ⲙ̄ⲡⲕⲁⲕⲉ ϫⲉ ⲡⲛ̄ϣⲱϫⲉ ϣⲟⲟⲡ` ⲁⲛ ⲟⲩⲃⲉ ⲥⲁⲣⲝ ϩⲓ [ⲥⲛⲟ]ϥ ⲁⲗⲗⲁ ⲉϥ`ⲟⲩⲃⲉ ⲛⲉⲝⲟⲩⲥⲓⲁ ⲙ̄ⲡⲕⲟⲥ [ⲙⲟⲥ] ⲙ̣ⲛ̄ ⲙ̄ⲡⲛⲉⲩⲙⲁⲧⲓⲕⲟⲛ ⲛ̄ⲧⲡⲟⲛⲏⲣⲓⲁ [ⲁⲉⲓ]ϫ̣ⲉⲛⲉ ⲛⲁⲉⲓ ⲉⲕϣⲓⲛⲉ ⲉⲧⲃⲉ ⲑⲩⲡⲟⲥⲧⲁ [ⲥⲓⲥ ⲛ̄<ⲛ̄>]ⲉⲝⲟⲩⲥⲓⲁ ⲡⲟⲩⲛⲟϭ ⲇⲉ ⲟⲩⲃⲗ̄ⲗⲉ ⲡⲉ [ⲉⲧⲃⲉ] ⲧⲉ̣[ϥ]ϭⲟⲙ ⲙⲛ̄ ⲧⲉϥⲙ̅ⲛ̅ⲧ̅ⲁⲧⲥⲟⲟⲩⲛ [ⲙⲛ̄ ⲧⲉϥⲙ̅]ⲛ̣̅ⲧϫⲁⲥⲓϩⲏⲧ` ⲁϥϫⲟⲟⲥ ϩⲛ̄ ⲧⲉϥ` [ϭⲟⲙ ϫⲉ] ⲁⲛⲟⲕ` ⲡⲉ̣ ⲡ̣ⲛⲟⲩⲧⲉ ⲙⲛ̄ ⲗⲁⲁⲩ [ⲁϫⲛ̄ⲧ ⲛ̄ⲧ]ⲁ̣ⲣⲉϥϫⲉ ⲡⲁⲉⲓ ⲁϥⲣ̄ ⲛⲟⲃⲉ ⲉϩⲣⲁï [ⲉⲡⲧⲏⲣϥ̄] ⲁⲩⲱ ⲁⲡⲉⲉⲓϣⲁϫⲉ ⲡⲱϩ ϣⲁϩ

24 [ⲥⲛⲟ]ϥ cf. *Ep.*, 6,12 — 26 [ⲁⲉⲓ] Nagel // ϫ̣ⲉⲛⲉ Layton — 28 [ⲉⲧⲃⲉ] Schenke : [ⲕⲁⲧⲁ] Kasser — 30 [ϭⲟⲙ ϫⲉ] Layton (cf. 87,4.5) — 31 [ⲁϫⲛⲧ] cf. 94,22 — 32 [ⲉⲡⲧⲏⲣϥ] cf. 94,23.

TRADUCTION *

P. 86

De l'origine[0] des Puissances[0]. Sous l'inspiration[0] du Père de la Vérité, le grand apôtre[0] nous a dit, au sujet des Puissances[0] des ténèbres : «Nous ne combattons pas contre (des êtres de) chair[0] et [de sang], mais[0] contre les Puissances[0] du mon [de][0] et les Esprits[0] du mal[0]». [Je (t')ai] envoyé ce (traité) puisque tu t'enquiers de l'ori[gine][0] des Puissances[0]. Leur chef (+ δέ) est aveugle. [En raison de son] pouvoir et de son ignorance [et de son] arrogance, il dit à cause de son [pouvoir :] «Je suis Dieu, il n'y en a pas d'autre [en dehors de moi»]. Lorsqu'il dit cela, il pécha contre [le Tout]. Et cette déclaration parvint à

* Les paragraphes de la traduction correspondent aux divisions du commentaire.

ⲡⲍ*

ⲣⲁⲓ̈ ⲉⲧⲙ̄ⲛ̄ⲧ̄ʼⲁⲧⲧⲁⲕⲟ ⲉⲓⲥ ⲟⲩⲥⲙⲏ ⲇⲉ ⲁⲥⲉⲓ ⲉ̣
ⲃⲟⲗ ϩⲛ̄ ⲧⲙ̄ⲛ̄ⲧ̄ʼⲁⲧⲧⲁⲕⲟ ⲉⲥϫⲱ ⲙ̄ⲙⲟⲥ ϫⲉ̣
ⲕⲣ̄ ⲡⲗⲁⲛⲁⲥⲑⲉ ⲥⲁⲙⲁⲏⲗ ⲉⲧⲉ ⲡⲛⲟⲩⲧⲉ ⲡ[ⲉ]
ⲛ̄ⲃ̄ⲃ̄ⲗ̄ⲗⲉ ⲁⲛⲉϥⲙⲉⲉⲩⲉ ⲣ̄ ⲃ̄ⲗ̄ⲗⲉ ⲁϥⲛⲟⲩϫⲉ
ⲉⲃⲟⲗ ⲛ̄ⲧⲉϥϭⲟⲙ ⲉⲧⲉ ⲡⲟⲩⲁ ⲛ̄ⲧⲁϥϫⲟⲟϥʼ
ⲁ<ⲩ>ⲇⲓⲱⲕⲉ ⲙ̄ⲙⲟϥʼ ϣⲁⲡⲓⲧⲛ̄ ⲁⲡⲭⲁⲟⲥ ⲙⲛ̄
ⲡⲛⲟⲩⲛ ⲧⲉϥⲙⲁⲁⲩ ⲉⲃⲟⲗ ϩⲓⲧⲛ̄ ⲧⲡⲓⲥⲧⲓⲥ
ⲧⲥⲟⲫⲓⲁ ⲁⲩⲱ ⲁⲥⲕⲁⲑⲓⲥⲧⲁ ⲛ̄ⲛⲉϥʼϣⲏⲣⲉ
ⲡⲟⲩⲁ ⲡⲟⲩⲁ ⲕⲁⲧⲁ ⲧⲉϥϭⲟⲙʼ ⲕⲁⲧⲁ ⲡⲧⲩⲡⲟⲥ
ⲛ̄<ⲛ>ⲁⲓⲱⲛʼ ⲉⲧⲙ̄ⲡⲥⲁ ⲛⲧⲡⲉ ϫⲉ ⲉⲃⲟⲗ ϩⲛ̄ ⲛⲉ
ⲑⲏⲡʼ ⲁⲩϩⲉ ⲁⲛⲉⲧⲟⲩⲟⲛϩ ⲉⲃⲟⲗʼ ⲁⲧⲙ̄ⲛ̄ⲧ̄ʼ
ⲁⲧⲧⲉⲕⲟ ϭⲱϣⲧʼ ⲁⲡⲓⲧⲛ̄ ⲁⲙⲙⲉⲣⲟⲥ ⲛⲙ̄
ⲙⲟⲟⲩ ⲁⲡⲉⲥⲓⲛⲉ ⲟⲩⲱⲛϩ ⲉⲃⲟⲗ ϩⲛ̄ⲛ ⲙ̄
ⲙⲟⲟⲩ ⲁⲩⲱ ⲁⲛⲉⲝⲟⲩⲥⲓⲁ ⲙ̄ⲡⲕⲁⲕⲉ ⲙⲉⲣⲓⲧⲥ̄
ⲙ̄ⲡⲟⲩϣ ϭⲛ̄ϭⲟⲙ ⲇⲉ ⲛ̄ⲧⲉϩⲉ ⲡⲓⲛⲉ ⲉⲧⲙ̄ⲙⲁⲩ
ⲡⲉⲛⲧⲁϩⲟⲩⲱⲛ<ϩ> ⲉⲃⲟⲗ ⲛⲁⲩ ϩⲛ̄ⲛ ⲙ̄ⲙⲟⲟⲩ
ⲉⲧⲃⲉ ⲧⲟⲩⲙ̄ⲛ̄ⲧ̄ϭⲱⲃ ϫⲉ ⲙ̄ⲯⲩⲭⲓⲕⲟⲥ ⲛⲁϣ
ⲧⲉϩⲉ ⲙ̄ⲡⲛⲉⲩⲙⲁⲧⲓⲕⲟⲥ ⲁⲛ ϫⲉ ϩⲛ̄ⲛⲁ
ⲃⲟⲗ ⲛⲉ ⲙ̄ⲡⲥⲁ ⲙⲡⲓⲧⲛ ⲛ̄ⲧⲟϥ ⲇⲉ ⲟⲩⲉⲃⲟⲗ
ⲡⲉ ⲙ̄ⲡⲥⲁ ⲛⲧⲡⲉ ⲉⲧⲃⲉ ⲡⲁⲓ̈ ⲁⲧⲙ̄ⲛ̄ⲧ̄ⲁⲧ
ⲧⲁⲕⲟ ϭⲱϣⲧʼ ⲉⲃⲟⲗ ⲉⲡⲓⲧⲛ̄ ⲁⲙⲙⲉⲣⲟⲥ
ϣⲓⲛⲁ ϩⲙ̄ ⲡⲟⲩⲱϣ ⲙ̄ⲡⲉⲓⲱⲧʼ ⲉⲥⲛⲁϩⲁ
ⲧⲣ̄ ⲡⲧⲏⲣϥʼ ⲙⲛ̄ ⲡⲟⲩⲟⲉⲓⲛ ⲁⲛⲁⲣⲭⲱⲛ ϫⲓ ⲛ̄
ⲟⲩⲥⲩⲙⲃⲟⲩⲗⲓⲟⲛ ⲡⲉϫⲁⲩ ϫⲉ ⲁⲙⲏⲉⲓⲧⲛ̄
ⲛ̄ⲧⲛ̄ⲧⲁⲙⲓⲟ ⲛ̄ⲟⲩⲣⲱⲙⲉ ⲛ̄ⲛⲟⲩⲭⲟⲩⲥ ⲉ̣
ⲃⲟⲗ ϩⲙ̄ ⲡⲕⲁϩ ⲁⲩⲣ̄ ⲡⲗⲁⲥⲥⲉ ⲙ̄ⲡⲟⲩⲧ̣ⲁ̣[ⲙⲓⲟ]
ⲉⲩⲣⲙ̄ⲛ̄ⲕⲁϩ ⲧⲏⲣ<ϥ> ⲡⲉ ⲛⲓⲁⲣⲭⲱⲛ ⲇ[ⲉ ⲡⲥⲱ]
ⲙⲁ ⲡⲉⲧⲉⲩⲛ̄ⲧⲁⲩϥʼ ⲛ̄ⲥϩⲓⲙⲉ ⲟⲩϩ[ⲟⲩϩⲉ]
ⲡⲉ ⲛ̄ϩⲟ ⲛ̄ⲑⲏⲣⲓⲟⲛ ⲛⲉⲁⲩϥⲓ ⲛ̄ⲛⲟ̣[ⲩⲭⲟⲩⲥ]
ⲉⲃⲟⲗ ϩⲙ̄ ⲡⲕⲁϩ ⲁⲩⲣ̄ ⲡⲗⲁⲥⲥⲉ ⲙ̄ⲡ[ⲟⲩⲣⲱ]
ⲙⲉ ⲕⲁⲧⲁ ⲡⲟⲩⲥⲱⲙⲁ ⲁⲩⲱ ⲕ̣[ⲁⲧ]ⲁ̣ [ⲡⲓⲛⲉ]
ⲙ̄ⲡⲛⲟⲩⲧⲉ ⲛ̄ⲧⲁϩⲟⲩⲱⲛϩ ⲉ̣[ⲃⲟⲗ ⲛⲁⲩ]
ϩⲛ̄ⲛ ⲙⲙⲟⲟⲩ ⲡⲉϫⲁⲩ ϫⲉ ⲁ[ⲙⲏⲉⲓⲧⲛ̄ ⲙⲁ]
ⲣⲛ̄ⲧⲉϩⲟϥʼ ϩⲙ̄ ⲡⲛ̄ⲡⲗⲁⲥⲙⲁ ϫ̣[ⲉⲕⲁⲁⲥ]
ⲉϥⲛⲁⲛⲁⲩ ⲁⲡⲉϥϣⲃⲣ̄ⲉⲓ̣[ⲛⲉ . . . . . .]

P. 87

l'Incorruptibilité. Et° voici que sortit de l'Incorruptibilité une Voix qui disait : «Tu te trompes°, Samaël», (nom) qui signifie : le dieu des aveugles. Ses pensées devinrent aveugles. Ayant rejeté son pouvoir, c'est-à-dire le blasphème qu'il avait proféré, il fut poursuivi° jusqu'en bas, (jusqu') au chaos° et à l'abîme sa mère, par la Pistis-Sophia°. Et elle installa° les fils de celui-là chacun selon° son pouvoir, sur° le modèle° des Éons° d'en haut. En effet, le manifesté a été conçu à partir du caché.

L'Incorruptibilité regarda en bas, vers les régions° des eaux. Sa ressemblance apparut dans les eaux.

Et les Puissances° des ténèbres la désirèrent, mais° ne purent pas saisir cette ressemblance qui leur était apparue dans les eaux à cause de leur faiblesse — les psychiques° en effet, ne peuvent saisir les spirituels° — car elles sont d'en bas, alors° qu'elle est d'en haut. C'est pourquoi l'Incorruptibilité regarda en bas, vers les régions°, afin d'unir, selon la volonté du Père, le Tout à la Lumière. Les Archontes° tinrent conseil°, ils dirent : «Allons! faisons un homme (avec) de la poussière° du sol». Ils modelèrent° leur créa[ture] (de sorte) qu'elle est entièrement terrestre. Or° les Archontes°, [le cor]ps° qu'ils ont est femelle, c'est un avo[rton] à l'aspect animal°. Ayant pris de la [poussière] du sol, ils modelèrent° leur [homme] d'après° leur corps° et d'a[près la ressemblance] de Dieu qui [leur] était apparue dans les eaux. Ils dirent : «[Allons!] Saisissons-la au moyen de notre modelage°, (faisons) [en sorte] qu'elle voie sa co-ressembl[ance ......]

4 ⲛ̄ⲃ̄ⲃⲗ̄ⲗⲉ Schenke : ⲛ̄ⲃⲃⲗⲗⲉ cod — 6 ⲁ⟨ⲩ⟩ⲇⲓⲱⲕⲉ : ⲁϥⲇⲓⲱⲕⲉ cod cf. comm — 16 ⲟⲩⲱⲛ⟨ϩ⟩ Schenke : ⲟⲩⲱⲛ cod — 27 ⲧⲏⲣ⟨ϥ⟩ Bullard, Nagel : ⲧⲏⲣ̣ cod // ⲇ[ⲉ ⲡⲥⲱ]ⲙⲁ Layton (note) — 28 ⲟⲩϩ[ⲟⲩϩⲉ] ⲡⲉ Layton (note) — 29 ⲛ̄ⲛⲟ̣[ⲩⲭⲟⲩⲥ] cf. 87,25 — 31 ⲕ̣[ⲁⲧ]ⲁ̣ [ⲡⲓⲛⲉ] cf. 88,8 — 32 ⲉ[ⲃⲟⲗ ⲛⲁⲩ] cf. 88,9 — 33 ⲁ[ⲙⲏⲉⲓⲧⲛ̄ ⲙⲁ]ⲣⲛ̄- Nagel — 34 ϫ̣[ⲉⲕⲁⲁⲥ] Schenke — 35 ϣⲃⲣ̄ⲉⲓ̣[ⲛⲉ ... cf. 89,19 // ϣⲃⲣ̄ⲉⲓ̣[ⲛⲉ ⲛ̄ϥ̄ⲙⲉⲣⲓⲧϥ̄ ⲛ̄]ⲧⲛ̄ Nagel : ϣⲃⲣ̄ⲉⲓ̣[ⲛⲉ ⲛ̄ϥⲉⲓ ϣⲁⲣⲟϥ ⲛ̄]ⲧⲛ̄ Krause, Schenke.

ⲡⲏ*

[ⲛ̄]ⲧⲛ̄ⲉⲙⲁϩⲧⲉ ⲙ̄ⲙⲟϥ ϩⲙ̄ ⲡⲙ̄ⲡⲗⲁⲥⲙⲁ ⲉⲩⲣ̄ ⲛⲟ
[ⲉ]ⲓ̣ ⲁⲛ ⲛ̄ⲧⲇⲩⲛⲁⲙⲓⲥ ⲙ̄ⲡⲛⲟⲩⲧⲉ ⲉⲃⲟⲗ ϩⲛ̄
ⲧ̣ⲟⲩⲙⲛ̄ⲧⲁⲧ'ϭⲟⲙ ⲁⲩⲱ ⲁϥⲛⲓϥⲉ ⲉϩⲟⲩⲛ ϩⲙ̄
ⲡⲉϥϩⲟ ⲁⲩⲱ ⲁⲡⲣⲱⲙⲉ ϣⲱⲡⲉ ⲙ̄ⲯⲩⲭⲓⲕⲟⲥ
ϩⲓϫⲙ̄ ⲡⲕⲁϩ ⲛ̄ϩⲁϩ ⲛ̄ϩⲟⲟⲩ ⲙ̄ⲡⲟⲩϣ ϭⲛ̄ϭⲟⲙ'
ϭⲉ ⲛ̄ⲧⲟⲩⲛⲟⲥϥ' ⲉⲧⲃⲉ ⲧⲟⲩⲙⲛ̄ⲧⲁⲧ'ϭⲟⲙ ⲁⲩ
ⲡⲣⲟⲥⲕⲁⲣⲧⲉⲣⲉⲓ ⲛ̄ⲑⲉ ⲛ̄ⲛⲓϩⲁⲧⲏⲟⲩ ϫⲉ ⲉⲩⲛⲁ
ϭⲱⲣϭ ⲁⲡⲉⲓⲛⲉ ⲉⲧⲙ̄ⲙⲁⲩ ⲡⲁⲉⲓ ⲛ̄ⲧⲁϩⲟⲩⲱⲛϩ
ⲉⲃⲟⲗ ⲛⲁⲩ ϩⲛ̄ⲛ ⲙ̄ⲙⲟⲟⲩ ⲛⲉⲩⲥⲟⲟⲩⲛ ⲇⲉ ⲁⲛ'
ⲛ̄ⲧⲉϥϭⲟⲙ ϫⲉ ⲛⲓⲙ ⲡⲉ ⲛⲁⲉⲓ ⲇⲉ ⲧⲏⲣⲟⲩ ⲁⲩϣⲱ
ⲡⲉ ϩⲙ̄ ⲡⲟⲩⲱϣ' ⲙ̄ⲡⲉⲓⲱⲧ' ⲙ̄ⲡⲧⲏⲣϥ' ⲙ̄ⲙⲛ̄
ⲛ̄ⲥⲁ ⲛⲁⲉⲓ ⲁ<ⲡ>ⲡ̄ⲛ̄ⲁ̄ ⲛⲁⲩ ⲁⲡⲓⲣⲱⲙⲉ ⲛ̄ⲯⲩⲭⲓⲕⲟⲥ
ϩⲓϫⲙ̄ ⲡⲕⲁϩ ⲁⲩⲱ ⲁⲡ̄ⲛ̄ⲁ̄ ⲉⲓ ⲉⲃⲟⲗ ϩⲙ̄ ⲡⲕⲁϩ
ⲛ̄ⲁⲇⲁⲙⲁⲛⲧⲓⲛⲏ' ⲁϥⲉⲓ ⲉⲡⲓⲧⲛ̄ ⲁϥⲟⲩⲱϩ ⲛ̄
ϩⲏⲧϥ' ⲁⲡⲣⲱⲙⲉ ⲉⲧⲙ̄ⲙⲁⲩ ϣⲱⲡⲉ ⲁⲩⲯⲩⲭⲏ'
ⲉⲥⲟⲛϩ ⲁϥⲙⲟⲩⲧⲉ ⲉⲡⲉϥ'ⲣⲁⲛ ϫⲉ ⲁⲇⲁⲙ ϫⲉ
ⲁⲩϩⲉ ⲅⲁⲣ ⲉⲣⲟϥ' ⲉϥⲕⲉⲓⲙ' ϩⲓϫⲙ̄ ⲡⲕⲁϩ ⲁⲩⲥⲙⲏ
ⲉⲓ ⲉⲃⲟⲗ ϩⲛ̄ ⲧⲙⲛ̄ⲧⲁⲧⲧⲁⲕⲟ ⲉⲧⲃⲉ ⲧⲃⲟⲏⲑⲓⲁ
ⲛ̄ⲁⲇⲁⲙ' ⲁⲩⲱ ⲁⲛⲁⲣⲭⲱⲛ ⲥⲱⲟⲩϩ ⲉϩⲟⲩⲛ
ⲛ̄ⲛ̄ⲑⲏⲣⲓⲟⲛ ⲧⲏⲣⲟⲩ ⲙ̄ⲡⲕⲁϩ ⲙⲛ̄ ⲛ̄ϩⲁⲗⲁⲧⲉ
ⲧⲏⲣⲟⲩ ⲛ̄ⲧⲡⲉ ⲁⲩⲛ̄ⲧⲟⲩ ⲉϩⲟⲩⲛ' ϣⲁ ⲁⲇⲁⲙ'
ⲉⲛⲁⲩ ϫⲉ <ⲉ>ⲁⲇⲁⲙ' ⲛⲁⲙⲟⲩⲧⲉ ⲉⲣⲟⲟⲩ ϫⲉ ⲛⲓⲙ'
<ⲁⲩⲱ ⲁ>ϥϯ ⲣⲁⲛ ⲉⲡⲟⲩⲁ ⲡ̣ⲟⲩⲁ ϩⲛ̄ ⲛ̄ϩⲁⲗⲁⲧⲉ
ⲙⲛ̄ ⲛ̄ⲧⲃ̄ⲛⲟⲟⲩⲉ ⲧⲏⲣⲟⲩ ⲁⲩϥⲉⲓ ⲛ̄ⲁⲇⲁⲙ'
[ⲁ]ⲩⲕⲁ̣ⲁ̣ϥ' ϩⲙ̄ ⲡⲡⲁⲣⲁⲇⲉⲓⲥⲟⲥ ⲉⲧⲣⲉϥⲣ̄ ϩⲱⲃ'
[ⲉⲣⲟϥ] ⲛ̄ϥⲁⲣⲉϩ ⲉⲣⲟϥ' ⲁⲩⲱ ⲁⲛⲁⲣⲭⲱⲛ ϩⲱⲛ'
[ⲉⲧⲟ]ⲟ̣ⲧϥ' ⲉⲩϫⲱ ⲙ̄ⲙⲟⲥ ϫⲉ ⲉⲃⲟⲗ ϩⲛ̄ ϣⲏⲛ
[ⲛⲓⲙ] ⲉ̣ⲧϩⲙ̄ <ⲡ>ⲡⲁⲣⲁⲇⲓⲥⲟⲥ ⲉⲕⲛⲁⲟⲩⲱⲙ'
[ⲉⲃⲟⲗ] ⲇⲉ ϩⲙ̄ ⲡϣⲏⲛ ⲛ̄ⲥⲟⲩⲱⲛ ⲡⲉⲧⲛⲁ
[ⲛⲟⲩϥ] ⲙⲛ̣̄ ⲡⲉⲑⲟⲟⲩ ⲙ̄ⲡⲣ̄ⲟⲩⲱⲙ ⲟⲩⲇⲉ
[ⲙ̄ⲡⲣ̄ϫⲱϩ ⲉ]ⲣⲟϥ' ϫⲉ ⲫⲟⲟⲩ ⲉⲧⲉⲧⲛⲁⲟⲩⲱⲙ'
[ⲉⲃⲟⲗ ⲛ̄ϩⲏⲧ]ϥ' ϩⲛ̄ ⲟⲩⲙⲟⲩ ⲧⲉⲧⲛⲁⲙⲟⲩ ⲥⲉ
[ϫⲱ ⲛⲁϥ ⲙ]ⲡⲁϊ ⲥⲉⲥⲟⲟⲩⲛ ⲁⲛ' ϫⲉ ⲟⲩ ⲡⲉⲛ
[ⲧⲁⲩϫⲟⲟ]ϥ̣ ⲛⲁϥ' ⲁⲗⲗⲁ ϩⲙ̄ ⲡⲟⲩⲱϣ ⲙ̄ⲡⲉⲓ

P. 88

et que nous l'emprisonnions dans notre modelage^{0}», sans comprendre^{0} la puissance^{0} de Dieu du fait de leur impuissance. Et il souffla dans son visage et l'homme devint psychique^{0}, sur la terre pour longtemps. Mais ils ne purent pas le mettre debout en raison de leur impuissance.

Ils persévérèrent^{0}, semblables aux tourbillons, afin de capturer cette ressemblance qui leur était apparue dans les eaux, mais^{0} ils ne savaient pas quel était son pouvoir. Tout cela cependant^{0} arriva par la volonté du Père du Tout. Après cela l'Esprit^{0} vit l'homme psychique^{0} sur la terre. Et l'Esprit^{0} sortit de la terre adamantine^{0}, il descendit, il habita en lui. Cet homme devint (alors) âme^{0} vivante.

Il lui donna le nom d'Adam parce qu'il avait été trouvé remuant sur la terre.

Une Voix sortit de l'Incorruptibilité au sujet de l'Aide^{0} d'Adam. Et les Archontes^{0} rassemblèrent toutes les bêtes^{0} de la terre et tous les oiseaux du ciel, ils les amenèrent à Adam pour voir comment Adam les appellerait ⟨et il⟩ donna un nom à chacun des oiseaux et à tous les animaux. Ils prirent Adam, ils le placèrent dans le Paradis^{0}, pour qu'il [le] travaille et pour qu'il le garde. Et les Archontes^{0} lui donnèrent un ordre en disant : « De [tous] les arbres qui sont dans le Paradis^{0}, tu mangeras, mais^{0} [de] l'arbre de la connaissance du bi[en] et du mal, n'(en) mange pas et [n'y touche pas] non plus^{0}, car le jour où vous [en] mangerez vous mourrez de mort ». Ils [lui disent] cela sans comprendre ce qu'ils lui [ont dit]. Mais^{0} c'est par la volonté du Père

22 ⟨ⲉ⟩ⲁⲇⲁⲙ Layton — 23 ⟨ⲁⲩⲱ ⲁ⟩ϥϯ ⲣⲁⲛ : ⲉⲧⲣⲉϥϯ ⲣⲁⲛ cod cf. comm — 28 [ⲛⲓⲙ] cf. 89,34 et *Gn.*, 2,15 — 29 [ⲉⲃⲟⲗ] cf. 89,35 et *Gn.*, 2,17 — 29-30 ⲛⲁ[ⲛⲟⲩϥ] cf. 90,1 et *Gn.*, 2,17 — 31 [ⲙ̄ⲡⲣ̄ϫⲱϩ ⲉ]ⲣⲟϥ Bullard (cf. 90,4 et *Gn.*, 3,3) — 32 [ⲉⲃⲟⲗ ⲛ̄ϩⲏⲧ]ϥ cf. 90,5 et *Gn.*, 2,17 — 33 ⲥⲉ[ϫⲱ ⲛⲁϥ ⲙ̄]ⲡⲁï Schenke (cf. 89,1) — 33-34 ⲡⲉⲛ-[ⲧⲁⲩϫⲟⲟ]ϥ Schenke.

ⲡⲑ*

ⲱⲧ' ⲛ̄ⲧⲁⲩϫⲉ ⲡⲁⲉⲓ ⲛ̄ⲧⲉⲉⲓϩⲉ ϫⲉⲕⲁⲁⲥ ⲉϥ ⲛⲁⲟⲩⲱⲙ ⲛ̄ⲧⲉⲁⲇⲁⲙ' ⲛⲁⲩ ⲉⲣⲟⲟⲩ ⲉϥⲟ ⲧⲏ̣ⲣ̣[ϥ] ⲛ̄ϩⲩⲗⲓⲕⲟⲥ ⲁⲛⲁⲣⲭⲱⲛ ϣⲟϫⲛⲉ ⲙⲛ̄ ⲛⲟⲩ ⲉⲣⲏⲩ ⲡⲉϫⲁⲩ ϫⲉ ⲁⲙⲏⲉⲓⲧⲛ̄ ⲛ̄ⲧⲛ̄ⲉⲓⲛⲉ ⲛ̄ ⲟⲩⲃϣⲉ ⲉϩⲣⲁ̈ⲓ̈ ⲉϫⲛ̄ ⲁⲇⲁⲙ ⲁⲩⲱ ⲁϥϩⲱⲣⲡ' ⲧ̄ⲃϣⲉ ⲇⲉ ⲧⲉ ⲧⲙ̄ⲛ̄ⲧⲁⲧⲥⲟⲟⲩⲛ' ⲧⲁⲉⲓ ⲛ̄ⲧⲁⲩ ⲛ̄ⲧⲥ̄ ⲉϩⲣⲁ̈ⲓ̈ ⲉϫⲱϥ' ⲁⲩⲱ ⲁϥϩⲱⲣⲡ' ⲁⲩⲟⲩⲉⲛ ⲙ̄ⲡⲉϥⲥⲡⲓⲣ' ⲛ̄ⲑⲉ ⲛ̄ⲛⲟⲩⲥϩⲓⲙⲉ ⲉⲥⲟⲛϩ ⲁⲩⲱ ⲁⲩⲕⲱⲧ' ⲙ̄ⲡⲉϥ'ⲥⲡⲓⲣ' ⲛ̄ⲛⲟⲩⲥⲁⲣⳅ ⲉⲡⲉⲥⲙⲁ ⲁⲩⲱ ⲁⲁⲇⲁⲙ' ϣⲱⲡⲉ ⲙ̄ⲯⲩⲭⲓ ⲕⲟⲥ ⲧⲏⲣϥ' ⲁⲩⲱ ⲧⲥϩⲓⲙⲉ ⲙ̄ⲡⲛⲉⲩⲙⲁⲧⲓⲕⲏ ⲁⲥⲓ ϣⲁⲣⲟϥ' ⲁⲥϣⲁϫⲉ ⲛⲙ̄ⲙⲁϥ' ⲡⲉϫⲁⲥ ϫⲉ ⲧⲱⲟⲩⲛ ⲁⲇⲁⲙ ⲁⲩⲱ ⲛ̄ⲧⲁⲣⲉϥⲛⲁⲩ ⲉⲣⲟⲥ ⲡⲉϫⲁϥ ϫⲉ ⲛ̄ⲧⲟ ⲡⲉⲛⲧⲁϩϯ ⲛⲁⲉⲓ ⲙ̄ⲡⲱⲛϩ ⲥⲉⲛⲁⲙⲟⲩⲧⲉ ⲉⲣⲟ ϫⲉ ⲧⲙⲁⲁⲩ ⲛ̄ⲛⲉⲧⲟⲛϩ ϫⲉ ⲛ̄ⲧⲟⲥ ⲡⲉ ⲧⲁⲙⲁⲁⲩ ⲛ̄ⲧⲟⲥ ⲧⲉ ⲧⲥⲟⲉⲓⲛ' ⲁⲩⲱ ⲧⲥϩⲓⲙⲉ ⲁⲩⲱ ⲧⲉⲛⲧⲁϩⲙⲓⲥⲉ ⲁⲛⲉ ⳅⲟⲩⲥⲓⲁ ⲇⲉ ⲉⲓ ⲉϩⲟⲩⲛ ϣⲁ ⲡⲟⲩⲁⲇⲁⲙ' ⲛ̄ⲧⲁ ⲣⲟⲩⲛⲁⲩ ⲇⲉ ⲁⲧⲉϥ'ϣⲃⲣ̄ⲉⲓⲛⲉ ⲉⲥϣⲁϫⲉ ⲛⲙ̄. ⲙⲁϥ' ⲁⲩϣⲧⲟⲣⲧⲣ̄ ϩⲛ̄ ⲟⲩⲛⲟϭ ⲛ̄ϣⲧⲟⲣⲧⲣ̄ ⲁⲩⲱ ⲁⲩⲙⲉⲣⲉⲓⲧⲥ̄ ⲡⲉϫⲁⲩ ⲛ̄ⲛⲟⲩⲉⲣⲏⲩ ϫⲉ ⲁⲙⲏⲉⲓⲧⲛ̄ ⲛ̄ⲧⲛ̄ⲛⲟⲩϫⲉ ⲙ̄ⲡⲛ̄ⲥⲡⲉⲣ' ⲙⲁ ⲉϩⲣⲁ̈ⲓ̈ ⲉϫⲱⲥ' ⲁⲩⲣ̄ ⲇⲓⲱⲕⲉ ⲙ̄ⲙⲟⲥ ⲁⲩⲱ ⲁⲥⲥⲱⲃⲉ ⲛ̄ⲥⲱⲟⲩ ⲉⲃⲟⲗ ϩⲛ̄ ⲧⲟⲩⲙ̄ⲛ̄ⲧⲁⲧ' ⲑⲏⲧ ⲙⲛ̄ ⲧⲟⲩⲙ̄ⲛ̄ⲧⲃ̄ⲗⲗⲉ ⲁⲩⲱ ⲁⲥⲣ̄ ⲟⲩϣⲏⲛ ⲛ̄ⲧⲟⲟⲧⲟⲩ ⲁⲥⲕⲱ ⲛⲧⲉⲥϩⲁ̈ⲓ̈ⲃⲉⲥ ⲉ[ⲥ]ⲉⲓⲛⲉ ⲙ̄ⲙⲟⲥ ϩⲁⲧⲟⲟⲧⲟⲩ ⲁⲩⲱ ⲁⲩϫⲟϩⲙ[ⲉⲥ] ϩⲛ̄ ⲟⲩⲥⲱϥ' ⲁⲩⲱ ⲁⲩϫⲱϩⲙ̄ ⲛ̄ⲧⲥⲫⲣⲁⲅⲓ̣[ⲥ] ⲛ̄ ⲧⲉⲥⲥⲙⲏ ϣⲓⲛⲁ ⲉⲩⲛⲁⲣ̄ ⲕⲁⲧⲁⲕⲣⲓⲛ̣[ⲉ] ⲙ̣̄ ⲙⲟⲟⲩ ⲟⲩⲁⲁⲩ ϩⲙ̄ ⲡⲟⲩⲡⲗⲁⲥⲙⲁ ⲙ̣[ⲛ̄ ⲡⲉⲥ] ⲉⲓⲛⲉ ⲁⲥⲉⲓ ⲇⲉ ⲛ̄ϭⲓ ϯⲡⲛⲉⲩⲙⲁⲧⲓⲕ̣[ⲏ ϩⲙ̄] ⲫⲁϥ' ⲡⲣⲉϥⲧⲁⲙⲟ' ⲁⲩⲱ ⲁϥⲧⲁ̣[ⲙⲟⲥ ⲉϥ] ϫⲱ ⲙ̄ⲙⲟⲥ ϫⲉ ⲟⲩ ⲡⲉⲛ̄ⲧⲁϥ̣[ϫⲟⲟϥ ⲛⲏ] ⲧⲛ̄ ϫⲉ ⲉⲃⲟⲗ ϩⲛ̄ ϣⲏⲛ ⲛⲓⲙ <ⲉⲧ>ϩ[ⲙ̄ ⲡⲡⲁⲣⲁ] ⲇⲉⲓⲥⲟⲥ ⲉⲕⲛⲁⲟⲩⲱⲙ' ⲉⲃⲟⲗ̣ ⲇ̣[ⲉ ϩⲙ̄ ⲡϣⲏⲛ]

P. 89

qu'ils ont dit cela de cette façon afin qu'il mange, — et qu'Adam les voie, étant devenu entièrement matériel° —. Les Archontes° tinrent conseil les uns avec les autres, ils dirent : «Allons! faisons tomber un sommeil sur Adam». Et il s'endormit. Or° le sommeil, c'est l'ignorance qu'ils ont amenée sur lui; et il s'endormit. Ils séparèrent son côté semblable à une femme vivante et ils construisirent son côté en chair°, pour la remplacer. Et Adam devint entièrement psychique°. Et la Femme spirituelle° vint vers lui, elle parla avec lui, elle dit : «Lève-toi, Adam!» Et lorsqu'il la vit, il dit : «Tu es celle qui m'as donné la vie; on t'appellera la Mère des vivants».

«Car elle est ma mère, elle est la sage-femme, et la femme, et celle qui a enfanté».

Alors° les Puissances° s'approchèrent de leur Adam. Mais° lorsqu'elles virent sa co-ressemblance parlant avec lui, elles furent saisies d'un grand trouble et la désirèrent. Elles se dirent les unes aux autres : «Allons! jetons notre semence° sur elle». Elles la poursuivirent° et elle se moqua d'elles à cause de leur stupidité et de leur aveuglement et elle devint arbre à cause d'elles. Elle leur présenta son ombre qui lui ressemble et elles [la] souillèrent abominablement et souillèrent l'empreinte° de sa Voix afin qu'elles se condamnent elles-mêmes dans leur créature et (dans) [sa] ressemblance. Alors° la (Femme) spirituelle° entra [dans] le serpent, l'Instructeur, et il [l']instruisit (la femme charnelle) en disant : «Que [vous] a-t-il [dit]? 'De tous les arbres qui sont dans [le Para]dis° tu mangeras, mais° [de l'arbre]

2 ⲛⲁⲩ ⲉⲣⲟⲟⲩ cod après correction : ⲱⲡ ⲉⲣⲟⲟⲩ cod avant correction // ⲧⲏ̣ⲣ[ϥ] Layton — 26 ⲉ̣[ⲥ]ⲉⲓⲛⲉ̣ Nagel — 27 ⲁⲩϫⲟϩⲙ[ⲉⲥ] Nagel : ⲁⲩϫⲟϩⲙ[ⲟⲩ] Schenke — 28-29 ⲛ̄ⲧⲉⲥⲥⲙⲏ : ⲙⲡⲉⲥⲥⲙⲟⲧ Layton (cf. comm) — 30 ⲙ̣[ⲛ̄ ⲡⲉⲥ]ⲉⲓⲛⲉ cf. 89,26 : ⲙ̣[ⲛ̄ ⲡⲟⲩ]ⲉⲓⲛⲉ Layton (cf. comm) — 32 ⲁϥⲧⲁ̣[ⲙⲟⲥ] Nagel (cf. *Gn.*, 3,1) : ⲁϥⲧⲁ̣[ⲙⲟⲟⲩ] Layton — 33-35 cf. *Gn.*, 3,1-2 — 34 ⟨ⲉⲧ⟩ϩⲙ Layton.

ϥ*

ⲛ̅ⲥⲟⲩⲱⲛ ⲡⲉⲑⲟⲟⲩ ⲙⲛ̅ ⲡⲉⲧⲛⲁⲛⲟⲩϥ`
ⲙ̅ⲡⲣ̅ⲟⲩⲱⲙ` ⲡⲉϫⲉ ⲧⲥϩⲓⲙⲉ ⲛ̅ⲥⲁⲣⲕⲓⲕⲏ ϫⲉ
ⲟⲩ ⲙⲟⲛⲟⲛ` ⲡⲉϫⲁϥ ϫⲉ ⲙⲛ̅ⲟⲩⲱⲙ ⲁⲗⲗⲁ
ⲙ̅ⲡⲣ̅ϫⲱϩ ⲉⲣⲟϥ ϫⲉ ϩⲙ̅ ⲡϩⲟⲟⲩ ⲉⲧⲉⲧⲛⲁⲟⲩ
ⲱⲙ ⲉⲃⲟⲗ ⲛ̅ϩⲏⲧϥ` ϩⲛ̅ⲛ ⲟⲩⲙⲟⲩ ⲧⲉⲧⲛⲁⲙⲟⲩ
ⲁⲩⲱ ⲡⲉϫⲉ ⲫⲁϥ` ⲡⲣⲉϥⲧⲁⲙⲟ ϫⲉ ϩⲛ̅ ⲟⲩⲙⲟⲩ
ⲉⲧⲉⲧⲛⲁⲙⲟⲩ ⲁⲛ ⲛ̅ⲧⲁϥϫⲉ ⲡⲁⲉⲓ ⲅⲁⲣ ⲛⲏⲧⲛ̅
ⲉϥⲣ̅ ⲫⲑⲟⲛⲉⲓ ⲙⲁⲗⲗⲟⲛ ⲉⲛⲉⲧⲛ̅ⲃⲁⲗ ⲛⲁⲟⲩ
ⲉⲛ ⲛ̅ⲧⲉⲧⲛ̅ϣⲱⲡⲉ ⲛ̅ⲑⲉ ⲛ̅ⲛⲓⲛⲟⲩⲧⲉ ⲉⲧⲉ
ⲧⲛ̅ ⲥⲟⲟⲩⲛ ⲙ̅ⲡⲡⲉⲑⲟⲟⲩ ⲙⲛ̅ ⲡⲉⲧⲛⲁⲛⲟⲩϥ`
ⲁⲩⲱ ⲧⲣⲉϥⲧⲁⲙⲟ ⲁⲩϥⲓⲧⲥ̅ ⲛ̅ⲧⲟⲟⲧϥ` ⲙ̅ⲫⲁϥ`
ⲁⲩⲱ ⲁⲥⲕⲱ ⲙ̅ⲙⲟϥ` ⲟⲩⲁⲁϥ` ⲉϥⲟ ⲛ̅ⲣⲙⲛ̅ⲕⲁϩ
ⲁⲩⲱ ⲧⲥϩⲓⲙⲉ ⲛ̅ⲥⲁⲣⲕⲓⲕⲏ ⲁⲥϫⲓ ⲉⲃⲟⲗ ϩⲙ̅ ⲡϣⲏⲛ
ⲁⲥⲟⲩⲱⲙ ⲁⲩⲱ ⲁⲥϯ ⲙ̅ⲡⲉⲥϩⲁⲓ̈ ⲛⲙ̅ⲙⲁⲥ ⲁⲩ
ⲱ ⲁⲙⲯⲩⲭⲓⲕⲟⲥ ⲟⲩⲱⲙ ⲁⲩⲱ ⲁⲧⲟⲩⲕⲁⲕⲓⲁ
ⲟⲩⲉⲛ` ⲉⲃⲟⲗ ϩⲛ̅ ⲧⲟⲩⲙⲛ̅ⲧⲁⲧⲥⲟⲟⲩⲛ ⲁⲩⲱ
ⲁⲩⲉⲓⲙⲉ ϫⲉ ⲛⲉⲩⲕⲏⲕ ⲁϩⲏⲩ ⲁⲡⲡⲛⲉⲩⲙⲁ
ⲧⲓⲕⲟⲛ ⲁⲩϥⲓ ϩⲛ̅ϭⲱⲃⲉ ⲛ̅ⲕⲛ̅ⲧⲉ ⲁⲩⲙⲟⲣⲟⲩ
ⲉϫⲛ̅ ⲧⲟⲩϯⲡⲉ ⲧⲟⲧⲉ ⲁϥⲉⲓ ⲛ̅ϭⲓ ⲡⲛⲟϭ ⲛ̅ⲁⲣ
ⲭⲱⲛ ⲁⲩⲱ ⲡⲉϫⲁϥ ϫⲉ ⲁⲇⲁⲙ` ⲉⲕⲧⲱⲛ ⲛⲉϥ
ⲥⲟⲟⲩⲛ ⲅⲁⲣ ⲁⲛ ϫⲉ ⲛ̅ⲧⲁⲟⲩ ϣⲱⲡⲉ ⲁⲩⲱ ⲡⲉ
ϫⲉ ⲁⲇⲁⲙ ϫⲉ ⲁⲉⲓⲥⲱⲧⲙ̅ ⲁⲧⲉⲕ`ⲥⲙⲏ ⲁⲉⲓⲣ̅
ϩⲟⲧⲉ ϫⲉ ⲛⲉⲉⲓⲕⲏⲕ ⲁϩⲏⲩ ⲁⲩⲱ ⲁⲉⲓⲕⲱⲡ`
ⲡⲉϫⲉ ⲡⲁⲣⲭⲱⲛ ϫⲉ ⲉⲧⲃⲉ ⲟⲩ` ⲁⲕⲕⲱⲡ ⲉⲓ
ⲙⲏⲧⲓ ϫⲉ ⲁⲕ`ⲟⲩⲱⲙ` ⲉⲃⲟⲗ ϩⲙ̅ ⲡϣⲏⲛ
ⲛ̅ⲧ[ⲁ]ⲉⲓϩⲟⲛϥ ⲉⲧⲟⲟⲧⲕ ϫⲉ ⲙ̅ⲡⲣ̅ⲟⲩⲱⲙ` ⲉ
ⲃⲟ[ⲗ] ⲛ̅ϩⲏⲧϥ` ⲟⲩⲁⲁⲧϥ̅ ⲁⲩⲱ ⲁⲕⲟⲩⲱⲙ ⲡⲉ
ϫ[ⲉ ⲁ]ⲇⲁⲙ ϫⲉ ⲧⲥϩⲓⲙⲉ ⲛ̅ⲧⲁⲕ`ⲧⲁⲁⲥ ⲛⲁⲉⲓ
[ⲁⲥϯ] ⲛⲁⲉⲓ ⲁⲉⲓⲟⲩⲱⲙ` ⲁⲩⲱ ⲁⲡⲁⲩⲑⲁⲇⲏⲥ
[ⲛ̅ⲁⲣⲭ]ⲱⲛ ⲥϩⲟⲩⲟⲣ ⲧⲥϩⲓⲙⲉ ⲡⲉϫⲉ ⲧⲥϩⲓⲙⲉ
[ϫⲉ ⲫ]ⲟ̣ϥ ⲡⲉⲧⲁ<ϩ>ⲣ̅` ⲁⲡⲁⲧⲁ ⲙ̅ⲙⲟⲉⲓ ⲁⲉⲓⲟⲩⲱⲙ`
[ⲁⲩⲕⲟⲧⲟ]ⲩ̣ ⲁⲫⲟϥ ⲁⲩⲥⲟⲩϩⲱⲣ` ⲧⲉϥϩⲁⲓ̈ⲃⲉⲥ
[ϩⲱⲥⲧⲉ ⲟ]ⲩⲁⲧϭⲟⲙ ⲡⲉ ⲉⲩⲥⲟⲟⲩⲛ ⲁⲛ
[ϫⲉ ⲡⲟ]ⲩⲡⲗⲁⲥⲙⲁ ⲡⲉ ϫⲓⲙ ⲫⲟⲟⲩ ⲉⲧⲙ̅

P. 90

de la connaissance du mal et du bien n'(en) mange pas?'» La femme charnelle° dit : «Non seulement° il a dit : 'N'(en) mange pas', mais aussi° : 'N'y touche pas, car le jour où vous en mangerez vous mourrez de mort'». Et le serpent, l'Instructeur, dit : «Vous ne mourrez pas de mort, en effet° il vous a dit cela parce qu'il est jaloux°. Au contraire°, vos yeux s'ouvriront et vous deviendrez semblables aux Dieux, connaissant le mal et le bien». Et l'Instructrice fut retirée du serpent et elle le laissa seul, (n')étant (plus que) terrestre. Et la femme charnelle° prit (du fruit) de l'arbre, elle (en) mangea, et elle (en) donna à son mari en même temps qu'à elle et les psychiques° mangèrent. Et leur malice° s'ouvrit (elle qui provenait) de leur ignorance, et ils comprirent qu'ils étaient nus du spirituel°. Ils prirent des feuilles de figuier (et) s'en ceignirent les reins. Alors° le grand Archonte° vint et il dit : «Adam, où es-tu?» car° il ne savait pas ce qui était arrivé. Et Adam dit : «J'ai entendu ta Voix, j'ai eu peur car j'étais nu et je me suis caché». L'Archonte° dit : «Pourquoi t'es-tu caché, si ce n'est° parce que tu as mangé (du fruit) de l'arbre au sujet duquel je t'avais ordonné : 'De lui seul ne mange pas', et (que) tu (en) as mangé?» Adam dit : «La Femme que tu m'as donnée m'(en) [a donné], j'ai mangé». Et le présomptueux° [Arch]onte maudit la femme. La femme dit : «C'est [le serp]ent qui m'a trompée°, j'ai mangé». [Ils se tournèrent] vers le serpent, ils maudirent son ombre, [de sorte qu']il soit sans puissance, sans savoir qu'il (n')était (que) [leur] créature°. Depuis ce jour

16 ⲟⲩⲉⲛ : ⲟⲩⲱⲛϩ Layton — 29 [ⲁⲥϯ] cf. 90,14 et *Gn.*, 3,12 — 31 ⲡⲉⲧⲁ⟨ϩ⟩ⲣ̄ ⲁⲡⲁⲧⲁ Nagel : ⲡⲉⲧⲁⲣ ⲁⲡⲁⲧⲁ cod — 32 [ⲁⲩⲕⲟⲧⲟ]ⲩ Schenke (cf. 91,3) — 35 [ϩⲱⲥⲧⲉ ⲟ]ⲩⲁⲧϭⲟⲙ Schenke.

ϥⲁ*

ⲙⲁⲩ ⲁϥⲟϥˋ ϣⲱⲡⲉ ϩⲁ ⲡⲥⲁϩⲟⲩⲉ ⲛ̄<ⲛ>ⲉⲝⲟⲩⲥⲓ̣[ⲁ] ϣⲁⲛⲧⲉϥˋⲉⲓ ⲛ̄ϭⲓ ⲡⲧⲉⲗⲉⲓⲟⲥ ⲛ̄ⲣⲱⲙⲉ ⲡⲥ̣[ⲁ] ϩⲟⲩ ⲉⲧⲙ̄ⲙⲁⲩ ⲁϥⲉⲓ ⲉϫⲛ̄ ⲫⲁϥˋ ⲁⲩⲕⲟⲧⲟⲩ ⲁ ⲡⲟⲩⲁⲇⲁⲙˋ ⲁⲩϥⲓⲧϥˋ ⲁⲩⲛⲟϫϥˋ ⲉⲃⲟⲗ ϩⲙ ⲡⲡⲁ ⲣⲁⲇⲉⲓⲥⲟⲥ ⲙⲛ̄ ⲧⲉϥϩⲓⲙⲉ ϫⲉ ⲙⲛ̄ ⲗⲁⲁⲩ ⲛ̄ⲥ ⲙⲟⲩ ⲛ̄ⲧⲟⲟⲧⲟⲩ ϫⲉ ⲛ̄ⲧⲟⲟⲩ ϩⲱⲟⲩ ⲥⲉϣⲟⲟⲡ ϩⲁ ⲡⲥⲁϩⲟⲩⲉ ⲁⲩⲛⲟⲩϫˋ ⲣ̄ⲣⲱⲙⲉ ⲇⲉ ⲉϩⲣⲁⲓ̈ ⲁϩⲛ̄ⲛⲟϭ ⲙ̄ⲡⲡⲉⲣⲓⲥⲡⲁⲥⲙⲟⲥ ⲙⲛ̄ ϩⲛ̄ⲙ̄ⲕⲁϩ ⲛ̄ⲧⲉ ⲡⲃⲓⲟⲥ ϣⲓⲛⲁ ⲉⲛⲟⲩⲣⲱⲙⲉ ⲛⲁϣⲱⲡⲉ ⲛ̄ⲃⲓⲱⲧⲓⲕⲟⲥ ⲛ̄ⲥⲉⲧⲙ̄ⲣ̄ ⲥⲭⲟⲗⲁⲍⲉ ⲁⲣ̄ ⲡⲣⲟⲥ ⲕⲁⲣⲧⲉⲣⲉⲓ ⲉⲡⲡ̄ⲛ̄ⲁ̄ ⲉⲧⲟⲩⲁⲁⲃ ⲙⲛ̄ⲛ̄ⲥⲁ ⲛⲁⲓ̈ ⲇⲉ ⲁⲥϫⲡⲟ ⲛ̄ⲕⲁⲓ̈ⲛ ⲡⲟⲩϣⲏⲣⲉ ⲕⲁⲓ̈ⲛ ⲇⲉ ⲛⲉϥⲣ̄ ϩⲱⲃ ⲉⲡⲕⲁϩ ⲡⲁⲗⲓⲛˋ ⲁϥⲥⲟⲩⲱⲛ ⲧⲉϥ ϩⲓⲙⲉ ⲉⲧⲓ ⲁⲥⲱ ⲁⲥϫⲡⲟ ⲛ̄ⲁⲃⲉⲗ ⲁⲃⲉⲗ ⲇⲉ ⲛⲉⲩϣⲱⲥ ⲡⲉ ⲙ̄ⲙⲁⲛⲉⲥⲟⲟⲩ ⲕⲁⲓ̈ⲛ ⲇⲉ ⲁϥⲉⲓ ⲛⲉ ⲉϩⲟⲩⲛ ϩⲛ̄ ⲛ̄ⲕⲁⲣⲡⲟⲥ ⲛ̄ⲧⲉϥⲥⲱϣⲉˋ ⲁ ⲃⲉⲗ ⲇⲉˋ ⲁϥⲉⲓⲛⲉ ⲉϩⲟⲩⲛ ⲛ̄ⲛ ⲟⲩⲑⲩⲥⲓⲁ ϩⲛ̄ ⲛⲉϥϩⲓⲉⲓⲃˋ ⲁⲡⲛⲟⲩⲧⲉ ϭⲱϣⲧ ⲉϫⲛ̄ ⲛ̄ ⲇⲱⲣⲟⲛ ⲛ̄ⲛⲁⲃⲉⲗ ⲙ̄ⲡⲉϥϫⲓ ⲇⲉ ⲛ̄ⲛ̄ⲇⲱ ⲣⲟⲛ ⲛ̄ⲛⲕⲁⲓ̈ⲛ ⲁⲩⲱ ⲕⲁⲓ̈ⲛ ⲛ̄ⲥⲁⲣⲕⲓⲕⲟⲥ ⲁϥ ⲇⲓⲱⲕⲉ ⲛ̄ⲁⲃⲉⲗˋ ⲡⲉϥⲥⲟⲛ ⲁⲩⲱ ⲡⲉϫⲉ ⲡⲛ[ⲟⲩ] ⲧⲉ ⲛ̄ⲕⲁⲓ̈ⲛ ϫⲉ ⲉϥⲧⲱⲛˋ ⲁⲃⲉⲗˋ ⲡⲉⲕⲥⲟⲛ ⲁϥⲟⲩⲱϣⲃ̄ ⲡⲉϫⲁϥ ϫⲉ ⲙⲏ ⲉⲉⲓϣⲟⲟⲡˋ ⲙ̄ⲫⲩⲗⲁⲝ ⲙ̄ⲡⲁⲥⲟⲛ ⲡⲉϫⲉ ⲡⲛⲟⲩⲧⲉ ⲛ ⲕⲁⲓ̈ⲛ ϫⲉ ⲉⲓⲥ ⲧⲉⲥⲙⲏ ⲙ̄ⲡⲉⲥⲛⲟϥ ⲙ̄ⲡⲉⲕ ⲥⲟⲛ ϥ<ⲁ>ϣⲕⲁⲕˋ ⲉϩⲣⲁⲓ̈ ⲉⲣⲟⲉⲓ ⲁⲕⲣ̄ ⲛ̣[ⲟ]ⲃⲉ ⲛ̄ ⲣⲱⲕˋ ϥⲛⲁⲕⲟⲧϥˋ ⲉⲣⲟⲕ ⲟⲩⲟⲛ ⲛⲓⲙ [ⲉⲧ]ⲛⲁ ⲙⲟⲩⲟⲩⲧˋ ⲛ̄ⲕⲁⲉⲓⲛ ϥⲛⲁⲃⲱⲗ ⲉⲃⲟⲗ [ⲛ̄]ⲥⲟϣ̣[ϥ] ⲛ̄ϫⲓ ⲕⲃⲁ ⲕⲛⲁϣⲱⲡⲉ ⲇⲉ ⲉⲕⲉϣ̣ ⲉϩ[ⲟⲙ] ⲁ̣ⲩ ⲱ ⲉⲕⲥⲧⲱⲧˋ ϩⲓϫⲛ̄ ⲡⲕⲁϩ <ⲁ>ⲁⲇⲁⲙ ⲇⲉ [ⲥⲟⲟⲩⲛ] ⲛ̄ⲧⲉϥϣⲃⲣ̄ⲉⲓⲛⲉ ⲉⲩϩⲁ ⲁⲥⲱ ⲁⲥϫⲡⲉ̣ [ⲥⲏⲑ] ⲛ̄ⲁⲇⲁⲙ ⲁⲩⲱ ⲡⲉϫⲁⲥ ϫⲉ ⲁⲓ̈ϫⲡ̣ⲟ̣ ⲛ̣̄[ⲕⲉ] ⲣⲱⲙⲉ ϩⲙ̄ ⲡⲛⲟⲩⲧⲉ ⲉⲡⲙⲁ [ⲛ̄ⲛⲁⲃⲉⲗ] ⲡⲁⲗⲓⲛ ⲁⲥⲱ ⲛ̄ϭⲓ ⲉⲩϩⲁ ⲁⲥϫⲡ[ⲉ ⲛⲱⲣⲉⲁ] ⲁⲩⲱ ⲡⲉϫⲁⲥ ϫⲉ ⲁϥϫⲡⲟ ⲛⲁ̣[ⲉⲓ ⲛ̄ⲟⲩⲡⲁⲣ]

P. 91

le serpent fut sous la malédiction des Puissances^{0}. Jusqu'à ce que vienne l'Homme parfait^{0} cette malédiction a pesé sur le serpent. Ils se tournèrent vers leur Adam, ils le prirent (et) ils le jetèrent hors du Paradis^{0} avec sa Femme, car il n'y a pas de bénédiction auprès d'eux, puisqu'ils sont eux-mêmes sous la malédiction. Alors^{0} ils jetèrent les hommes dans de grandes tribulations^{0} et dans les soucis de l'existence^{0}, afin que^{0} leurs hommes soient (accaparés par) la vie matérielle^{0} et n'aient pas le loisir^{0} de s'attacher^{0} à l'Esprit^{0} Saint. Après cela elle enfanta Caïn, leur fils; et^{0} Caïn cultivait la terre. Ensuite^{0} il connut sa femme, elle conçut encore^{0}, elle enfanta Abel; et^{0} Abel était berger de bétail. Or^{0} Caïn présenta des fruits^{0} de son champ, alors^{0} qu'Abel présenta un sacrifice^{0} de ses agneaux. Dieu se pencha sur les offrandes^{0} d'Abel mais^{0} il n'accepta pas les offrandes^{0} de Caïn. Et Caïn le charnel^{0} poursuivit^{0} Abel, son frère. Alors Dieu dit à Caïn : «Où est Abel, ton frère?» Il répondit, il dit : Suis-je le gardien^{0} de mon frère!» Dieu dit à Caïn : «Voici que la voix du sang de ton frère crie vers moi. Tu as péché^{0} par ta bouche, elle se tournera vers toi. Quiconque tuera Caïn déchaînera sept vengeances. Tu seras donc^{0} [soupirant] et tremblant sur la terre». Alors^{0} Adam [connut] sa co-ressemblance Ève. Elle conçut (et) elle enfanta [Seth] à Adam. Et elle dit : «J'ai enfanté un [autre] homme, de Dieu, à la place [d'Abel»]. Ensuite^{0} Ève conçut, elle enfanta [Noréa] et elle dit : «Il m'a engendré [une vi]erge^{0}

26 ϥ⟨ⲁ⟩ϣⲕⲁⲕ Kasser : ϥϣⲕⲁⲕ cod — 30 ⟨ⲁ⟩ⲁⲇⲁⲙ Nagel : ⲁⲇⲁⲙ cod — 31 [ⲥⲏⲑ] Krause — 32 ⲛ̣̄[ⲕⲉ] Schenke — 33 [ⲛ̄ⲛⲁⲃⲉⲗ] cf. *Gn.*, 4,25 — ⲁⲥϫⲡ[ⲉ ⲛⲱⲣⲉⲁ] Krause (cf. 92,18-26) — 91,35-92,1 ⲛⲁ̣[ⲉⲓ ⲛ̄ⲟⲩⲡⲁⲣⲑⲉ]ⲛⲟⲥ Schenke (cf. 92,2).

ϥⲃ*

[ⲑⲉ]ⲛⲟⲥ ⲛ̄ⲃⲟⲏⲑⲉⲓ̣ⲁ [ϩⲛ̄] ⲛ̣̄ⲅⲉⲛⲉⲁ ⲛ̄ⲅⲉⲛⲉⲁ
ⲛ̣̄ⲣ̄ⲣⲱⲙⲉ ⲧⲁⲉⲓ ⲧⲉ ⲧⲡⲁⲣⲑⲉⲛⲟⲥ ⲉⲧⲉ ⲙ̄ⲡⲉⲛ
ⲇⲩⲛⲁⲙⲓⲥ ϫⲁϩⲙⲉⲥ ⲧⲟⲧⲉ ⲁⲛⲣⲱⲙⲉ ⲣ̄ ⲁⲣⲭⲉⲓ
ⲛⲛⲣ̄ ⲁⲩⲝⲁⲛⲉ ⲁⲩⲱ ⲛ̄ⲥⲉⲁⲛⲁⲉⲓ ⲁⲛⲁⲣⲭⲱⲛ ϣⲟ
ϫⲛⲉ ⲙⲛ̄ ⲛⲟⲩⲉⲣⲏⲩ ⲡⲉϫⲁⲩ ϫⲉ ⲁⲙⲏⲉⲓⲧⲛ̄ ⲛ̄
ⲧⲛ̄ⲧⲁⲙⲓⲟ ⲛ̄ⲛⲟⲩⲕⲁⲧⲁⲕⲗⲩⲥⲙⲟⲥ ⲉⲃⲟⲗ ϩⲛ̄ <ⲛ>ⲛ̄
ϭⲓϫ ⲛ̄ⲧⲛ̄ϥⲱⲧⲉ ⲉⲃⲟⲗ` ⲛ̄ⲥⲁⲣⲝ ⲛⲓⲙ ϫⲓⲛ ⲣⲱⲙⲉ`
ϣⲁ ⲧⲃⲛⲏ ⲡⲁⲣⲭⲱⲛ ⲇⲉ ⲛ̄ⲛ̄ⲇⲩⲛⲁⲙⲓⲥ ⲛ̄ⲧⲁ
ⲣⲉϥ`ⲉⲓⲙⲉ <ⲉ>ⲛ̣̄ⲟⲩϣⲟϫⲛⲉ ⲡⲉϫⲁϥ ⲛ̄ⲛⲱϩⲉ ϫⲉ
ⲧⲁⲙⲓⲟ ⲛⲁⲕ` ⲛ̄ⲛⲟⲩⲕⲓⲃⲱⲧⲟⲥ ⲉⲃⲟⲗ ϩⲛ̄ⲛ ⲟⲩϣⲉ
ⲉⲙⲁϥ`ⲣ̄ ϫⲟⲗⲉⲥ ⲛ̄ϩⲱⲡ` ⲛ̄ϩⲟⲩⲛ ⲛ̄ϩⲏⲧⲥ̄ ⲛ̄
ⲧⲟⲕ` ⲙⲛ̄ ⲛⲉⲕ`ϣⲏⲣⲉ ⲙⲛ̄ ⲛ̄ⲧⲃⲛⲟⲟⲩⲉ ⲙⲛ̄ ⲛ̄
ϩⲁⲗⲁⲧⲉ ⲛ̄ⲧⲡⲉ ϫⲓⲛ` ⲕⲟⲩⲉⲓ ϣⲁ ⲛⲟϭ ⲛ̄ⲅⲥⲉϩⲱⲥ
ⲉⲣⲁⲧⲥ̄ ϩⲓϫⲙ̄ ⲡⲧⲟⲟⲩ ⲛ̄ⲥⲓⲣ` ⲁⲥⲉⲓ ⲇⲉ ⲛ̄ϭⲓ ⲱⲣⲉⲁ
ϣⲁⲣⲟϥ ⲉⲥⲟⲩⲱϣ ⲉⲧⲉⲗⲟ ⲉϩⲣⲁï ⲉⲧⲕⲓⲃⲱⲧⲟⲥ
ⲁⲩⲱ ⲙ̄ⲡⲉϥⲕⲁⲁⲥ ⲁⲥⲛⲓϥⲉ ⲉϩⲟⲩⲛ ⲉϩⲣⲉ ⲧⲕⲓ
ⲃⲱⲧⲟⲥ ⲁⲥⲣⲟⲕϩⲥ̄ ⲡⲁⲗⲓⲛ ⲁϥⲧⲁⲙⲓⲟ ⲛ̄ⲧⲕⲓ
ⲃⲱⲧⲟⲥ ⲙ̄ⲡⲙⲁϩⲥⲉⲡ` ⲥⲛⲁⲩ ⲁⲩⲧⲱⲙⲧ` ⲉⲣⲟⲥ
ⲛ̄ϭⲓ ⲛⲁⲣⲭⲱⲛ ⲉⲩⲟⲩⲱϣ ⲁⲣ̄ ⲁⲡⲁⲧⲁ ⲙ̄ⲙⲟⲥ ⲡⲉ
ϫⲉ ⲡⲟⲩⲛⲟϭ ⲉⲧⲛ̄ϩⲏⲧⲟⲩ ⲛⲁⲥ ϫⲉ ⲧⲉⲙⲁⲁⲩ
ⲉⲩϩⲁ ⲁⲥⲉⲓ ϣⲁⲣⲟⲛ ⲁⲛⲱⲣⲉⲁ ⲇⲉ ⲕⲟⲧⲥ̄ ⲉⲣⲟ
ⲟⲩ ⲡⲉϫⲁⲥ ⲛⲁⲩ ϫⲉ ⲛ̄ⲧⲱⲧⲛ̄ ⲛⲉ ⲛⲁⲣⲭⲱⲛ ⲙ̄
ⲡⲕⲁⲕⲉ ⲧⲉⲧⲛ̄ⲥϩⲟⲩⲟⲣⲧ` ⲟⲩⲧⲉ ⲙ̄ⲡⲉⲧⲛ̄ⲥⲟⲩ
ⲱⲛ ⲧⲁⲙⲁⲁⲩ ⲁⲗⲗⲁ ⲛ̄ⲧⲁⲧⲉⲧⲛ̄ⲥⲟⲩⲱⲛ ⲧⲉⲧⲛ̄
ϣⲃⲣ̄ⲉⲓⲛⲉ ⲁⲛⲟⲕ` ⲟⲩⲉⲃⲟⲗ ⲅⲁⲣ ⲁⲛ` ϩⲛ̄ ⲧⲏ
ⲛ̣ⲉ ⲁ̣[ⲗ]ⲗⲁ ⲛⲧⲁⲉⲓ<ⲉⲓ> ⲉⲃⲟⲗ ϩⲛ̄ ⲛⲁⲡⲥⲁ ⲛⲧⲡⲉ
ⲁⲡ[ⲁⲩ]ⲑⲁⲇⲏⲥ ⲛ̄ⲁⲣⲭⲱⲛ ⲕⲟⲧϥ` ϩⲛ̄ ⲧⲉϥϭⲟⲙ`
ⲁ̣ⲩⲱ̣ [ⲁ]ⲡⲉϥ`ⲡⲣⲟⲥⲱⲡⲟⲛ ϣⲱⲡⲉ ⲛ̄ⲑⲉ ⲛ̄
[ⲟⲩ. .]ϩⲧ` ⲉϥⲕⲏⲙ` ⲁϥⲧⲟⲗⲙⲁ ⲉϩⲟⲩⲛ` ⲉⲣⲟⲥ
[ⲡⲉϫ]ⲁ̣ϥ ⲛⲁⲥ ϫⲉ ϩⲁⲡⲥ ⲡⲉ ⲉⲧⲣⲉⲣ̄ ⲃⲱⲕ` ⲛⲁⲛ
[ⲛ̄ⲑⲉ] ⲛ̄ⲧⲉⲕⲉⲙⲁⲁⲩ ⲉⲩϩⲁ ⲁⲩϯ ⲛⲁⲉⲓ ⲅⲁⲣ` ⲙ̄
[. . . . . . ⲁ]ⲛ̣ⲱⲣⲉⲁ ⲇⲉ ⲕⲟⲧⲥ̄ ϩⲛ̄ ⲧϭⲟⲙ ⲙ̄ⲡ
[. . . . ⲁⲥⲁ]ϣ̣ⲕⲁⲕ` ⲉⲃⲟⲗ ϩⲛ̄ ⲟⲩⲛⲟϭ ⲛ̄ⲥⲙⲏ
[ⲉϩⲣⲁï ⲉ]ⲡ̣ⲡⲉⲧⲟⲩⲁⲁⲃ ⲡⲛⲟⲩⲧⲉ ⲙ̄ⲡⲧⲏⲣϥ`

P. 92

comme Aide[0] pour les générations[0] de (la) race[0] des Hommes. C'est la vierge[0] que les Forces[0] n'ont pas souillée». Alors[0] les Hommes commencèrent[0] à se multiplier[0] et à devenir beaux. Les Archontes[0] tinrent conseil les uns avec les autres, ils dirent : «Allons! provoquons un déluge[0] de nos propres mains et anéantissons toute chair[0], de l'homme jusqu'à l'animal». Mais[0] lorsque l'Archonte[0] des Forces[0] eut connaissance de leur délibération, il dit à Noé : «Fais-toi une arche[0] d'un bois imputrescible et cache-toi en elle, toi, tes fils, les animaux et les oiseaux du ciel, du plus petit au plus grand et dresse-la sur la montagne de Sir». Alors[0] Oréa vint vers lui, désireuse de monter dans l'arche[0], et il ne la laissa pas (monter). Elle souffla sur l'arche[0], elle la brûla. De nouveau[0] il construisit[0] l'arche[0] une seconde fois. Les Archontes[0] vinrent à sa rencontre désireux de la tromper[0]. Leur chef suprême lui dit : «Ta mère Ève est venue vers nous». Mais[0] Noréa se tourna vers eux (et) leur dit : «Vous êtes les Archontes[0] des ténèbres, vous êtes maudits. Vous n'avez pas connu ma mère, mais c'est votre co-ressemblance que vous avez connue. Car[0] moi je ne suis pas issue de vous, mais[0] c'est du monde céleste que je suis venue». L'Archonte[0] arrogant[0] fit appel à toute sa puissance et son visage[0] devint semblable à un [......] noir. Il se montra audacieux[0] envers elle (et) lui [dit] : «Il faut que tu nous serves [comme] ta mère Ève (l'a fait); car[0] on m'a donné [......»]. Alors[0] Noréa fit appel à la puissance de [..., elle] cria d'une voix forte [vers] le Saint, le Dieu du Tout :

26 ⲛⲧⲁⲉⲓ⟨ⲉⲓ⟩ Krause — 29 [ⲟⲩ̣. .]ϩⲧ : [ⲟⲩⲕⲱ]ϩⲧ Schenke : [ⲟⲩⲧⲁ]ϩⲧ Layton (note) — 33 ⲙ̄ⲡ[. . . ⲁⲥⲁ]ϣⲕⲁⲕ : ⲙ̄ⲡ[ⲛⲟⲩⲧⲉ ⲁⲥ] Schenke : ⲙ̄ⲡ[ⲟⲩⲟⲉⲓⲛ ⲁⲥ] Bullard : ⲙ̄ⲡ[ⲡ̄ⲛ̄ⲁ̄ ⲁⲥⲁ] Kasser — 34 [ⲉϩⲣⲁï ⲉ] Layton.

ϥⲅ*

ϫⲉ ⲉⲣⲓ ⲃⲟⲏⲑⲉⲓ ⲛⲁⲉⲓ ⲁⲛⲁⲣⲭⲱⲛ ⲛ̅ⲧⲁⲇⲓⲕⲉⲓ
ⲁ ⲛ̅ⲅⲛⲁϩⲙⲉⲧʼ ⲁⲛⲟⲩϭⲓϫ ⲛ̅ⲧⲉⲩⲛⲟⲩ ⲁⲡⲁⲅʼ
ⲅⲉⲗⲟⲥ ⲉⲓ ⲉⲃⲟⲗ ϩⲛ̅ⲛ ⲙ̅ⲡⲏⲩⲉ ⲉⲡⲉⲥⲏⲧʼ
ⲡⲉϫⲁϥ ⲛⲁⲥ ϫⲉ ⲉⲧⲃⲉ ⲟⲩ ⲧⲉⲱϣ ⲉϩⲣⲁ̈ⲓ
ⲉⲡⲛⲟⲩⲧⲉ ⲉⲧⲃⲉ ⲟⲩ ⲧⲉⲣ̅ ⲧⲟⲗⲙⲁ ⲉϩⲣⲁ̈ⲓ ⲉⲡ
ⲡ̅ⲛ̅ⲁ̅ ⲉⲧⲟⲩⲁⲁⲃ ⲡⲉϫⲉ ⲛⲱⲣⲉⲁ ϫⲉ ⲛⲧⲕⲛⲓⲙ
ⲛⲉⲁⲛⲁⲣⲭⲱⲛ ⲛ̅ⲧⲁⲇⲓⲕⲓⲁ ⲥⲉϩⲱⲟⲩ ⲉⲃⲟⲗ
ⲙ̅ⲙⲟⲥ ⲡⲉϫⲁϥ ϫⲉ ⲁⲛⲟⲕʼ ⲡⲉ ⲉ̅ⲗ̅ⲉ̅ⲗ̅ⲏ̅ⲑ̅
ⲧ̅ⲙ̅ⲛ̅ⲧ̅ⲥⲁⲃⲉ ⲡⲛⲟϭ ⲛ̅ⲁⲅʼⲅⲉⲗⲟⲥ ⲡⲉⲧⲁϩⲉ
ⲣⲁⲧϥʼ ⲙ̅ⲡⲉⲙⲧⲟ ⲉⲃⲟⲗ ⲙ̅ⲡ̅ⲡ̅ⲛ̅ⲁ̅ ⲉⲧⲟⲩⲁⲁⲃʼ
ⲛ̅ⲧⲁⲩⲧⲛ̅ⲛⲟⲟⲩⲧʼ ⲉⲧⲣⲁϣⲁϫⲉ ⲛⲙ̅ⲙⲉ ⲛ̅ⲧⲁ
ⲛⲁϩⲙⲉ ⲉⲧϭⲓϫʼ ⲛ̅ⲛⲓⲁⲛⲟⲙⲟⲥ ⲁⲩⲱ ϯⲛⲁⲧⲁ
ⲙⲟ ⲉⲧⲉⲛⲟⲩⲛⲉ ⲡⲁⲅʼⲅⲉⲗⲟⲥ ⲇⲉ ⲉⲧⲙ̅ⲙⲁⲩ
ϯⲛⲁϣ ϫⲱ ⲁⲛ ⲛ̅ⲧⲉϥϭⲟⲙ ⲡⲉϥⲉⲓⲛⲉ ⲛ̅ⲑⲉ
ⲙ̅ⲡⲛⲟⲩⲃ ⲉⲧʼⲥⲟⲧⲡʼ ⲁⲩⲱ ⲧⲉϥϩⲃ̅ⲥⲱ ⲛ̅ⲑⲉ
ⲙ̅ⲡⲭⲓⲱⲛ ⲧⲁⲧⲁⲡⲣⲟ ⲅⲁⲣ ⲛⲁϣ ϣⲟⲡϥʼ ⲁⲛ
ⲉⲧⲣⲁϫⲱ ⲛ̅ⲧⲉϥϭⲟⲙ ⲙⲛ̅ ⲡⲉⲓⲛⲉ ⲙ̅ⲡⲉϥϩⲟ
ⲡⲉϫⲁϥ ⲛⲁⲉⲓ ⲛ̅ϭⲓ ⲉ̅ⲗ̅ⲉ̅ⲗ̅ⲏ̅ⲑ̅ ⲡⲛⲟϭ ⲛ̅ⲁⲅʼ
ⲅⲉⲗⲟⲥ ⲁⲛⲟⲕʼ ⲡⲉϫⲁϥ ⲧⲉ ⲧⲙⲛⲧⲣⲙⲛ̅ϩⲏⲧʼ
ⲁⲛⲟⲕʼ ⲟⲩⲉⲃⲟⲗ ϩⲙ̅ ⲡⲉϥⲧⲟⲟⲩ ⲙ̅ⲫⲱⲥⲧⲏⲣʼ
ⲛⲁⲉⲓ ⲉⲧⲁϩⲉⲣⲁⲧⲟⲩ ⲙ̅ⲡⲙ̅ⲧⲟ ⲉⲃⲟⲗ ⲙ̅ⲡⲛⲟϭ
ⲙ̅ⲡ̅ⲛ̅ⲁ̅ ⲛ̅ⲁϩⲟⲣⲁⲧⲟⲛ ⲉⲣⲉⲙⲉⲉⲩⲉ ϫⲉ ⲟⲩⲛ
ϭⲟⲙʼ ⲛ̅ⲛⲉⲉⲓⲁⲣⲭⲱⲛ ⲉϩⲟⲩⲛ ⲉⲣⲟ ⲙⲛ̅ ⲗⲁⲁⲩ
ⲛ̅ϩⲏⲧⲟⲩ ⲛⲁϣ ϭⲙ̅ϭⲟⲙ ⲉϩⲟⲩⲛ ⲉⲧⲛⲟⲩ
ⲛⲉ ⲛ̅ⲧⲙⲉ ⲉⲧⲃⲏⲧⲥ̅ ⲅⲁⲣ ⲁϥⲟⲩⲱⲛϩ ⲉⲃⲟⲗ
ϩⲛ̅ ⲛ̅ϩⲁⲉⲉⲩ ⲛ̅ⲕⲁⲓⲣⲟⲥʼ ⲁⲩⲱ ⲥⲉⲛⲁⲣ̅ ⲣ̅ⲣⲟ ⲉ
ϫⲛ̅ ⲛⲉⲉⲓⲉⲝⲟⲩⲥⲓⲁ ⲁⲩⲱ ⲛⲉⲉⲓⲉⲝⲟⲩⲥⲓⲁ
ⲛⲁϣ ϫⲁϩⲙⲉ ⲁⲛ ⲙⲛ̅ ⲧⲅⲉⲛⲉⲁ ⲉⲧⲙ̅ⲙⲁⲩ
ⲧⲉⲧⲙ̅ⲙⲟⲛⲏ ⲅⲁⲣʼ ⲉⲥϣⲟⲟⲡʼ ϩⲛ̅ ⲧⲙ̅ⲛ̅ⲧ̣ⲁⲧʼ
ⲧⲁⲕⲟ ⲡⲙⲁ ⲉⲧⲉ ⲡ̅ⲡ̅ⲛ̅ⲁ̅ ⲙ̅ⲡⲁⲣⲑⲉⲛⲓⲕⲟⲛ
ⲙ̅ⲙⲁⲩ ⲡⲉⲧϩⲓϫⲛ̅ ⲛ̅ⲉⲝⲟⲩⲥⲓⲁ ⲙ̅ⲡⲭⲁⲟⲥ
ⲙⲛ̅ ⲡⲟⲩⲕⲟⲥⲙⲟⲥ ⲁⲛⲟⲕʼ ϩⲱ ⲡ̣ⲉ̣ϫⲁⲉⲓ
ϫⲉ ⲡϫⲟⲉⲓⲥ ⲙⲁⲧⲥⲉⲃⲉⲉⲓ ⲁⲧϭ̣[ⲟⲙ ⲛ̅ⲛⲉ]
ⲉⲓⲉⲝⲟⲩⲥⲓⲁ ϫⲉ ⲛ̅ⲧⲁⲩϣⲱⲡⲉ [ⲛ̅ⲁϣ ⲛ̅ϩⲉ]
ⲁⲩⲱ ⲉⲃⲟⲗ ϩⲛ̅ ⲁϣ ⲛ̅ϩⲩⲡⲟⲥⲧ[ⲁⲥⲓⲥ ⲁⲩⲱ ⲉ]

P. 93

« Porte-moi secours^{0} contre les Archontes^{0} de l'injustice^{0} et sauve-moi de leurs mains ». Alors l'ange^{0} descendit des cieux (et) lui dit : « Pourquoi cries-tu vers Dieu ? Pourquoi te montres-tu audacieuse^{0} envers l'Esprit^{0} Saint ? » Noréa dit : « Qui es-tu ? » Les Archontes^{0} de l'injustice^{0} s'étaient éloignés d'elle. Il dit : « Je suis Élélèth, la sagesse, le grand ange^{0} qui se tient debout en présence de l'Esprit^{0} Saint. J'ai été envoyé pour m'entretenir avec toi et te délivrer de la main de ces (êtres) sans loi^{0}. Et je t'enseignerai ta racine ». Cet ange^{0}, je ne pourrai pas dire sa puissance ; son apparence est comparable à l'or de choix et son habit comparable à la neige^{0}, mais^{0} ma bouche ne pourra pas supporter que je dise sa puissance et l'apparence de son visage.

Élélèth, le grand ange^{0}, me dit : « Moi, dit-il, je suis l'intelligence, je suis l'un des quatre luminaires^{0} qui se tiennent debout en présence du grand Esprit^{0} invisible^{0}. Penses-tu que ces Archontes^{0} aient pouvoir contre toi ? Aucun d'entre eux n'aura pouvoir contre la racine de la vérité — car^{0} c'est à cause d'elle qu'il s'est manifesté dans les derniers temps^{0} — et ces Puissances^{0} seront dominées. Et ces Puissances^{0} ne pourront pas te souiller, (toi) et cette génération^{0}-là, car^{0} votre demeure^{0} est dans l'Incorruptibilité, là où habite l'Esprit^{0} virginal^{0}, lui qui est au-dessus des Puissances^{0} du chaos^{0} et de leur monde^{0} ». Alors je dis : « Seigneur ! Instruis-moi du pou[voir de] ces Puissances^{0}. [Comment] vinrent-elles à l'existence ? Et à partir de quelle ori[gine^{0} et]

2 ⲁⲡⲁⲅⲅⲉⲗⲟⲥ : ⲁⲡ⟨ⲛⲟϭ ⲛ̄⟩ⲁⲅⲅⲉⲗⲟⲥ Layton — 33 ⲧϭ[ⲟⲙ ⲛ̄ⲛⲉ]ⲉⲓⲉⲝⲟⲩⲥⲓⲁ Schenke — 35 [ⲛⲁϣ ⲛ̄ϩⲉ] Schenke.

ϥⲁ*

ⲃⲟⲗ ϩⲛ̄ ⲁϣ ⲛ̄ϩⲩⲗⲏ ⲁⲩⲱ̣ ⲛⲓⲙ ⲡⲉⲛⲧⲁϥⲧⲁ
ⲙⲓⲟⲟⲩ ⲙⲛ̄ ⲧⲟⲩⲇⲩⲛⲁⲙⲓⲥ ⲁⲩⲱ ⲡⲉϫⲁϥ ⲛⲁⲉⲓ
ⲛ̄ϭⲓ ⲡⲛⲟϭ ⲛ̄ⲁⲅ`ⲅⲉⲗⲟⲥ ⲉⲗⲉⲗⲏⲑ ⲧⲙⲛⲧⲣⲙ̄
ⲛ̄ϩⲏⲧ` ϩⲣⲁ̈ⲓ ϩⲛ̄ⲛⲁⲓⲱⲛ ⲉⲙⲛ̄ⲧⲁⲩ ⲁⲣⲏϫϥ̄
ⲉⲥϣⲟⲟⲡ` ⲛ̄ϭⲓ ⲧⲙⲛ̄ⲧⲁⲧⲧⲁⲕⲟ ⲧⲥⲟⲫⲓⲁ ⲧⲁⲉⲓ
ⲉⲧⲟⲩⲙⲟⲩⲧⲉ ⲉⲣⲟⲥ ϫⲉ ⲧⲡⲓⲥⲧⲓⲥ ⲁⲥⲟⲩⲱϣ`
ⲉⲧⲉⲛⲉ ⲟⲩϩⲱⲃ` ⲟⲩⲁⲁⲥ ⲁϫⲛ̄ ⲡⲉⲥϩⲱⲧⲣ̄ ⲁⲩ
ⲱ ⲡⲉⲥⲉⲣⲅⲟⲛ ⲁϥϣⲱⲡⲉ ⲛ̄ⲛⲓⲛⲉ ⲙ̄ⲡⲉ ⲟⲩⲛ̄
ⲟⲩⲕⲁⲧⲁⲡⲉⲧⲁⲥⲙⲁ ϣⲟⲟⲡ` ⲟⲩⲧⲉ ⲛⲁⲡⲥⲁ ⲛ̄
ⲧⲡⲉ ⲙⲛ̄ ⲛⲁⲓⲱⲛ ⲉⲧⲙ̄ⲡⲥⲁ ⲙⲡⲓⲧⲛ̄ ⲁⲩⲱ ⲁⲩ
ϩⲁ̈ⲓⲃⲉⲥ ϣⲱⲡⲉ ϩⲁ ⲡⲉⲥⲏⲧ ⲙ̄ⲡⲕⲁⲧⲁⲡⲉⲧⲁⲥ
ⲙⲁ ⲁⲩⲱ ⲁⲑⲁⲉⲓⲃⲉⲥ ⲉⲧⲙ̄ⲙⲁⲩ ϣⲱⲡⲉ ⲛ̄ϩⲩ
ⲗⲏ ⲁⲩⲱ ⲑⲁⲉⲓⲃⲉ ⲉⲧⲙ̄ⲙⲁⲩ ⲁⲩⲛⲟϫⲥ̄ ⲁⲩⲥⲁ
ⲛ̄ⲟⲩⲙⲉⲣⲟⲥ ⲁⲩⲱ ⲡⲉⲥⲙⲟⲩⲟⲩⲅ` ⲁϥϣⲱⲡⲉ
ⲛ̄ⲛⲟⲩⲉⲣⲅⲟⲛ ϩⲛ̄ ⲑⲩⲗⲏ ⲛ̄ⲑⲉ ⲛ̄ⲛⲟⲩϩⲟⲩϩⲉ
ⲁϥϫⲓ ⲧⲩⲡⲟⲥ ⲉⲃⲟⲗ ϩⲛ̄ ⲑⲁⲉⲓⲃⲉⲥ ⲁϥϣⲱⲡⲉ
ⲛ̄ⲟⲩⲑⲏⲣⲓⲟⲛ ⲛ̄ⲁⲩⲑⲁⲇⲏⲥ ⲛ̄ⲛⲓⲛⲉ ⲙ̄ⲙⲟⲩⲉⲓ
ⲟⲩϩⲟⲩⲧⲥϩⲓⲙⲉ ⲡⲉ ⲛ̄ⲑⲉ ⲛ̄ⲧⲁϩⲓϣⲣ̄ⲡ̄ ⲛ̄ϫⲟⲟⲥ
ϫⲉ ⲛ̄ⲧⲁϥⲉⲓ ⲉⲃⲟⲗ ϩⲛ̄ ⲑⲩⲗⲏ ⲁϥⲟⲩⲉⲛ ⲁⲛⲉϥ`
ⲃⲁⲗ ⲁϥⲛⲁⲩ ⲁⲩⲛⲟϭ ⲛ̄ϩⲩⲗⲏ ⲉⲙⲛⲧⲥ ⲁⲣⲏϫϥ̄
ⲁⲩⲱ ⲁϥⲣ̄ ϫⲁⲥⲓϩⲏⲧ ⲉϥϫⲱ ⲙ̄ⲙⲟⲥ ϫⲉ ⲁⲛⲟⲕ`
ⲡⲉ ⲡⲛⲟⲩⲧⲉ ⲁⲩⲱ ⲙⲛ̄ ϭⲉ ⲁϫⲛ̄ⲧ ⲛ̄ⲧⲁⲣⲉϥ`
ϫⲉ ⲡⲁⲉⲓ ⲁϥⲣ̄ ⲛⲟⲃⲉ ⲉϩⲣⲁ̈ⲓ ⲉⲡⲧⲏⲣϥ` ⲟⲩⲥⲙⲏ
ⲇⲉ ⲁⲥⲉⲓ ⲉⲃⲟⲗ ⲙ̄ⲡⲥⲁ ⲛϩⲣⲉ ⲛ̄ⲧⲁⲩⲑⲉⲛⲧⲉⲓⲁ
ⲉⲥϫⲱ ⲙ̄ⲙⲟⲥ ϫⲉ ⲕⲣ̄ ⲡⲗⲁⲛⲁⲥⲑⲉ ⲥⲁⲙⲁ
ⲏⲗ ⲉⲧⲉ ⲡⲁⲉⲓ ⲡⲉ ⲡⲛⲟⲩⲧⲉ ⲛ̄ⲃⲃ̄ⲗ̄ⲗⲉ ⲁⲩ
ⲱ ⲡⲉϫⲁϥ ϫⲉ ⲉ\ⲟ/ϣϫⲉ ⲟⲩⲛ̄ ϭⲉ ϣⲟⲟⲡ ϩⲓ ⲧⲁ
ⲉϩⲏ` ⲙⲁⲣⲉϥ`ⲟⲩⲱⲛϩ ⲉⲃⲟⲗ ⲛⲁⲉⲓ ⲁⲩⲱ ⲛ̄
ⲧⲉⲩⲛⲟⲩ ⲁⲧⲥⲟⲫⲓⲁ ⲥⲱⲧ` ⲉⲃⲟⲗ ⲙ̄ⲡⲉⲥⲧⲏ
ⲏⲃⲉ ⲁⲥⲓⲛⲉ ⲉϩⲟⲩⲛ ⲙ̄ⲡⲟⲩⲟⲉⲓⲛ ⲉϩⲟⲩⲛ
ⲉⲑⲩⲗⲏ ⲁⲩⲱ ⲁⲥⲡⲱⲧ` ⲛ̄ⲥⲱϥ` ϣⲁ ⲡⲉⲥⲏⲧ`
ⲁⲙⲙⲉⲣⲟⲥ ⲙ̄ⲡⲭⲁⲟⲥ ⲁⲩⲱ ⲁⲥⲣ̄ ⲁⲛⲁⲭⲱⲣⲉⲓ
ⲉϩⲣ̣[ⲁ̈ⲓ ⲉⲡⲉ]ⲥⲟⲩⲟⲉⲓⲛ` ⲡⲁⲗⲓⲛ ⲁⲡⲕⲁⲕⲉ
[. . . . . .]ⲛ̄ⲑⲩⲗⲏ ⲡⲓⲁⲣⲭⲱⲛ ⲉϥⲟ ⲛ̄ϩⲟⲟⲩⲧ`
[ⲥϩⲓⲙⲉ ⲁϥ]ⲧ̣ⲁⲙⲓⲟ ⲛⲁϥ` ⲛ̄ⲟⲩⲛⲟϭ ⲛ̄ⲁⲓⲱⲛ

P. 94

de quelle matière°? Et qui les créa elles et leur pouvoir°?» Et le grand ange° Élélèth, l'intelligence, me dit :

«Dans des Éons° illimités, (où) habite l'Incorruptibilité, Sophia°, celle qu'on nomme Pistis°, voulut créer quelque chose seule, sans son conjoint, et son œuvre° fut à la ressemblance du ciel. Il y a un voile° entre ce qui est en haut et les Éons° d'en bas. Et une ombre exista en dessous du voile°. Et cette ombre devint matière°. Et cette ombre fut jetée en un lieu, une région°. Et ce qu'elle fit, fut ụne œuvre° dans la matière°, semblable à un avorton. Il reçut forme° d'après l'ombre. Ce fut une bête° arrogante°, à la ressemblance du lion. C'est un androgyne puisque j'ai dit précédemment qu'il était sorti de la matière°. Ouvrant les yeux, il vit une grande matière° illimitée. Et il devint arrogant, disant : «Je suis Dieu et il n'y en a pas d'autre que moi». Lorsqu'il dit cela, il pécha contre le Tout. Alors° une Voix sortit d'en haut, de l'Autorité suprême°, disant : «Tu te trompes°, Samaël!» — c'est le dieu des aveugles —. Et il dit : «S'il existe quelqu'un d'autre en face de moi, qu'il se montre à moi». Et aussitôt Sophia° tendit le doigt (et) introduisit la lumière dans la matière°. Et elle la poursuivit jusqu'en bas, aux régions° du chaos°, et se retira° en haut dans sa lumière. De nouveau° l'obscurité [......] la matière°. Cet Archonte°, comme il est andro-[gyne], se fabriqua un grand Éon°,

34 [ϣⲱⲡⲉ ϩ]ⲛ̄ Kasser : [ⲙⲟⲩϫⲕ ⲙ]ⲛ̄ Nagel — 35 ⲛ̄ϩⲟⲟⲩⲧ[ⲥϩⲓⲙⲉ] cf. 94,18.

ϥε*

ουμεγεθος εμ̣[ντε]ϥ̣ αρηχϥ̄ αϥμεευ ε δε αταμιο ναϥ ν̄ϩν̄ϣηρε αϥταμιο ναϥ ν̄σαϣϥ̄ ν̄ϣηρε ν̄ϩουτσϩιμε μν̄ πουειωτ' αυω πεχαϥ ν̄νεϥ'ϣηρε χε ανοκ' πε πνουτε μ̄πτηρϥ̄ αυω ζωη' τϣεερε ν̄τπιστις τσοφια ασαϣκακ' ε βολ πεχας ναϥ' χε κρ̄ πλανα σακλα ε τε πεϥ'ουϩωμ πε ϊαλταβαωθ' ασνι ϥε εϩουν ϩμ̄ πεϥϩο αυω απεσνιϥε ϣω πε νας ν̄ουαγγελος εϥο ν̄κωϩτ' αυω απαγ'γελος ετμ̄μαυ μουρ' ν̄ιαλδαβα ωθ' αϥνοχϥ̄ επιτν̄ επταρταρον μ̄π' σα μ̄πιτν̄ μ̄πνουν πεϥϣηρε δε σα βαωθ ν̄ταρεϥναυ ατδυναμις μ̄παγ' γελος ετμ̄μαυ αϥμετανοει αϥρ̄ κα ταγεινωσκε μ̄πεϥειωτ' μν̄ τεϥμααυ θυλη αϥσιχανε ερος αϥρ̄ ϩυμνει δε εϩραϊ ετσοφια αυω τεσϣεερε ν̄ζωη αυω ατσοφια μν̄ ζωη τορπϥ' εϩραϊ αυ καθιστα μ̄μοϥ' εχν̄ τμεϩσαϣϥε μ̄πε πσα μπιτν̄ μ̄πκαταπετασμα ουτε πσα ντπε μν̄ πσα μπιτν̄ αυω αυμου τε εροϥ' χε πνουτε ν̄ν̄δυναμις σα βαωθ χε εϥμ̄πσα ντπε ν̄ν̄δυναμις μ̄πχαος χε ατσοφια καθιστα μ̄μοϥ ϩοτι δε αναει ϣωπε αϥταμιο ναϥ' ν̄ουνοϭ ν̄ϩαρμα ν̄χερουβιν εϥο ν̄ ϥτοου μ̄προσωπον μν̄ ϩν̄αγγελος εναϣωου εμ̄ντου ηπε ετρουρ̄ ϩυ πηρετει' αυω ϩμ̄ψαλτηριον μν̄ ϩν̄ κιθαρα αυω ατσοφια ϥι τεσϣεερε ν̄ ζωη αστρεσϩμοος ϩι ουναμ' μ̄μοϥ' ετρεσταμοϥ' ανετ'ϣοοπ [ϩν̄] τμαϩ ϣμουνε αυω πιαγγελο[ς ν̄τε το]ρ̣ γη ασκααϥ ϩι ϩβουρ μ̄μοϥ [χιμ φο] ου ετμ̄μαυ αυμουτε α[τουναμ]

P. 95

une grandeur° illimitée. Il pensa alors° à se faire des fils (et) se fit sept fils, androgynes comme leur père. Et il dit à ses fils : «Je suis le Dieu du Tout». Et Zoè°, la fille de Pistis°-Sophia°, poussa un cri (et) lui dit : «Tu te trompes°, Saklas!» — le nom correspondant à celui-ci est Yaltabaoth —. Elle souffla au visage de celui-ci et son souffle devint pour elle un ange° de feu. Et cet ange° attacha Yaldabaoth (et) le précipita dans le Tartare°, au fond de l'abîme. Alors°, lorsque son fils Sabaoth vit le pouvoir° de cet ange°, il se repentit°. Il blâma° son père et sa mère la matière°. Il la prit en aversion° mais° fit l'éloge° de Sophia° et de sa fille Zoè°. Et Sophia° et Zoè° l'enlevèrent et l'installèrent° sur le septième ciel, en dessous du voile°, entre le haut et le bas. Et on le nomma : «Dieu des Forces°, Sabaoth», parce qu'il est au-dessus des Forces° du chaos° puisque Sophia° l'y a installé°.

Alors°, parce que° cela était arrivé, il se fit un grand char° de chérubins, à quatre faces°, avec des anges° nombreux, innombrables, pour (le) servir° et des harpes° et des cithares°. Et Sophia° prit sa fille Zoè°, pour l'asseoir à la droite de celui-ci, afin qu'elle l'instruise de ce qui existe [dans] l'ogdoade. Et l'ange° [de la co-]lère° elle le plaça à sa gauche. [Depuis] ce jour on appela [sa droite]

34 ⲡⲓⲁⲅⲅⲉⲗⲟ[ⲥ ⲛⲧⲉ ⲧⲟ]ⲣ̣ⲅⲏ Kasser — 35 [ⲭⲓⲙ ⲫⲟ]ⲟⲩ Schenke — 36 ⲁ[ⲧⲟⲩⲛⲁⲙ] Krause.

ϥϛ*

ϫⲉ ⲍⲱⲏ ⲁⲩⲱ ⲧϩⲃⲟ̣[ⲩ]ⲣ̣ ⲁⲥϣⲱⲡⲉ ⲛ̄ⲧⲩⲡⲟⲥ
ⲛ̄ⲧⲁⲇⲓⲕⲓⲁ ⲛ̄ⲧⲙ̄ⲛ̄ⲧⲁⲩⲑⲉⲛⲧⲏⲥ <ⲉⲧ>ⲙ̄ⲡⲥⲁ ⲛ̀
ⲧⲡⲉ ⲛ̄ⲧⲁⲩϣⲱⲡⲉ ϩⲁ ⲧⲟⲩⲉϩⲏ ⲛ̄ⲧⲁⲣⲉⲓ̈ⲁⲗ
ⲇⲁⲃⲁⲱⲑ ⲇⲉ̀ ⲛⲁⲩ ⲉⲣⲟϥ ⲉϥϣⲟⲟⲡ ϩⲙ̄ ⲡⲉⲓ
ⲛⲟϭ ⲛ̄ⲉⲟⲟⲩ ⲙⲛ̄ ⲡⲉⲉⲓϫⲓⲥⲉ ⲁϥⲕⲱϩ ⲉⲣⲟϥ̀
ⲁⲩⲱ ⲁⲡⲕⲱϩ ϣⲱⲡⲉ ⲛ̄ⲟⲩⲉⲣⲅⲟⲛ ⲉϥⲟ ⲛ̄ϩⲟ
ⲟⲩⲧⲥϩⲓⲙⲉ ⲁⲩⲱ ⲁⲡⲁⲉⲓ ϣⲱⲡⲉ ⲛ̄ⲁⲣⲭⲏ ⲙ̄
ⲡⲕⲱϩ ⲁⲩⲱ ⲁⲡⲕⲱϩ ϫⲡⲉ ⲡⲙⲟⲩ ⲁⲡⲙⲟⲩ
ⲇⲉ ϫⲡⲟ ⲛ̄ⲛⲉϥϣⲏⲣⲉ ⲁϥⲕⲁⲑⲓⲥⲧⲁ ⲙ̄ⲡⲟⲩⲁ
ⲡⲟⲩⲁ ⲙ̄ⲙⲟⲟⲩ ⲉϫⲛ̄ ⲧⲉϥⲡⲉ ⲁⲛⲡⲏⲩⲉ ⲧⲏⲣⲟⲩ
ⲙⲡⲭⲁⲟⲥ ⲙⲟⲩϩ ⲛ̄ⲛⲟⲩⲏⲡⲉ ⲛⲁⲉⲓ ⲇⲉ ⲧⲏⲣⲟⲩ
ⲛ̄ⲧⲁⲩϣⲱⲡⲉ ϩⲙ̄ ⲡⲟⲩⲱϣ ⲙ̄ⲡⲉⲓⲱⲧ ⲙ̄ⲡⲧⲏⲣϥ̀
ⲕⲁⲧⲁ ⲡⲧⲩⲡⲟⲥ ⲛ̄ⲛⲁⲡⲥⲁ ⲛⲧⲡⲉ ⲧⲏⲣⲟⲩ ϣⲓ
ⲛⲁ ⲉϥⲛⲁϫⲱⲕ̀ ⲉⲃⲟⲗ ⲛ̄ϭⲓ ⲡⲁⲣⲓⲑⲙⲟⲥ ⲙ̄ⲡⲭⲁ
ⲟⲥ ⲉⲓⲥ ϩⲏⲏⲧⲉ ⲁϩⲓⲧⲥⲉⲃⲟ ⲁⲡⲧⲩⲡⲟⲥ ⲛ̄ⲛ̄
ⲁⲣⲭⲱⲛ̀ ⲙⲛ̄ ⲑⲩⲗⲏ ⲛ̄ⲧⲁⲩϫⲡⲟϥ ⲛ̄ϩⲏⲧⲥ̄ ⲙⲛ̄
ⲡⲟⲩⲉⲓⲱⲧ̀ ⲙⲛ̄ ⲡⲟⲩⲕⲟⲥⲙⲟⲥ ⲁⲛⲟⲕ̀ ⲇⲉ ⲁ
ⲉⲓϫⲟⲟⲥ ϫⲉ ⲡϫⲟⲉⲓⲥ ⲙⲏⲧⲓ ⲁⲛⲟⲕ̀ ϩⲱ ϯ
ⲏⲡ̀ ⲁⲧⲟⲩϩⲩⲗⲏ ⲛ̄ⲧⲟ ⲙⲛ̄ ⲛⲟⲩϣⲏⲣⲉ ⲉⲣⲉⲏⲡ̀
ⲁⲡⲉⲓⲱⲧ̀ ⲉⲧϣⲟⲟⲡ ϫⲓⲛ ⲛ̄ϣⲟⲣⲡ ⲛ̄ⲧⲁ
ⲛⲟⲩⲯⲩⲭⲏ ⲉⲓ <ⲉ>ⲃⲟⲗ ϩⲙ̄ ⲡⲥⲁ ⲛ̄ⲧⲡⲉ ⲉⲃⲟⲗ ϩⲙ̄
ⲡⲟⲩⲟⲉⲓⲛ ⲛ̄ⲛⲁⲧ̀ⲧⲉⲕⲟ ⲇⲓⲁ ⲧⲟⲩⲧⲟ ⲛ̄ⲉⳉⲟⲩ
ⲥⲓⲁ ⲛⲁϣ ⲧϩⲛⲟ ⲁⲛ ⲉϩⲟⲩⲛ ⲉⲣⲟⲟⲩ ⲉⲧⲃⲉ
<ⲡ>ⲡ̄ⲛ̄ⲁ̄ ⲛ̄ⲧⲁⲗⲏⲑⲉⲓⲁ ⲉⲧⲟⲩⲏϩ ϩⲣⲁⲓ̈ ⲛ̄ϩⲏⲧⲟⲩ
ⲟⲩⲟⲛ ⲇⲉ ⲛⲓⲙ̀ ⲛ̄ⲧⲁϩⲥⲟⲩⲱⲛ ⲧⲉⲓ̈ϩⲟⲇⲟⲥ
ⲛⲁⲉⲓ ⲥⲉϣⲟⲟⲡ̀ ⲛ̄ⲁⲑⲁⲛⲁⲧⲟⲥ ϩⲛ̄ ⲧⲙⲏⲧⲉ
ⲛ̄ⲣ̄ⲣⲱⲙⲉ ⲉϣⲁⲩⲙⲟⲩ̀ ⲁⲗⲗⲁ ⲡⲉⲥⲡⲉⲣⲙⲁ
ⲉⲧⲙ̄ⲙⲁⲩ ⲛⲁⲟⲩⲱⲛϩ ⲁⲛ̀ ⲉⲃⲟⲗ ⲧⲉⲛⲟⲩ ⲁⲗ
ⲗⲁ ⲙⲛ̄ⲛ̄ⲥⲁ ϣⲟⲙⲧⲉ ⲛ̄ⲅⲉⲛⲉⲁ ⲁϥⲛⲁⲟⲩⲱⲛϩ
ⲉⲃⲟⲗ <ⲛ̄>ϥⲛⲟⲩϫⲉ ⲉⲃⲟⲗ ⲙ̄ⲙⲟⲟⲩ ⲛ̄ⲧⲙ̄ⲣ̄ⲣⲉ
ⲛ̄ⲧⲡⲗⲁⲛⲏ ⲛ̄<ⲛ>ⲉⳉⲟⲩⲥⲓⲁ ⲁⲛⲟⲕ̀ ⲇⲉ ⲡⲉϫⲁⲉⲓ
ϫⲉ ⲡϫⲟⲉⲓⲥ ϣⲁ ⲟⲩⲏⲣ ⲛ̄ⲭⲣⲟⲛⲟⲥ ⲡⲉϫⲁϥ̀
ⲛⲁⲉⲓ ϫ[ⲉ ϩⲟ]ⲧⲁⲛ ⲉⲣϣⲁⲡⲣⲱⲙⲉ ⲛ̄ⲁⲗⲏⲑⲓ
[ⲛⲟⲥ ⲟⲩⲱ]ⲛϩ ⲉⲃⲟⲗ ϩⲛ̄ⲛ ⲟⲩⲡⲗⲁⲥⲙⲁ
[ⲙ̄<ⲡ>ⲡ̄ⲛ̄ⲁ̄ ⲛⲧ]ⲁ̣ⲗⲏⲑⲉⲓⲁ ⲡⲉⲛⲧⲁⲡⲉⲓⲱⲧ ⲧⲛ̄

P. 96

Vie[0], et la gauche fut le modèle[0] de l'injustice[0], (venu) de l'Autorité suprême[0] d'en haut; elles les ont précédé(e)s (?).

Mais[0] lorsque Yaldabaoth le vit, établi dans cette grande gloire et cette prééminence, il fut jaloux de lui. Et la jalousie fut une œuvre[0] androgyne; et telle fut l'origine[0] de la jalousie. Et la jalousie engendra la mort; puis[0] la mort engendra ses fils. Elles les installa[0] chacun sur son ciel. Tous les cieux du chaos[0] furent emplis de leur nombre. Or[0] c'est conformément à la volonté du Père du Tout, que tout cela fut produit sur[0] le modèle[0] de tout ce qui existe en haut, afin que[0] le nombre[0] du chaos[0] soit complet.

Voici que je (t)'ai instruit du modèle[0] des Archontes[0] et de la matière[0] en laquelle il fut engendré, et de leur père, et de leur monde[0]». Je dis alors[0] : «Seigneur, suis-je[0] moi aussi comptée dans leur matière[0]?» — «Toi, avec tes fils, tu es comptée dans le Père qui existe depuis le commencement. C'est d'en haut, de la lumière incorruptible, que leurs âmes[0] sont sorties. C'est pourquoi[0] les Puissances[0] ne pourront pas s'approcher d'eux, à cause de l'Esprit[0] de la Vérité[0] présent en eux. Car[0] tous ceux qui ont connu cette voie[0] sont immortels[0] au milieu des hommes mortels. Mais[0] cette semence[0] ne se manifestera pas maintenant. Cependant[0], au bout de trois générations[0], elle se manifestera et elle rejettera loin d'eux le lien de l'erreur[0] des Puissances[0]». Alors[0] je dis : «Seigneur, dans combien de temps[0]?» Il me dit :

«Lorsque[0] l'Homme véri[table[0] mani]festera, au moyen d'une créature[0], [l'Esprit[0] de la] vérité[0] que le Père a envoyé».

2 ⟨ⲉⲧ⟩ⲙ̄ⲡⲥⲁ Layton — 21 ⟨ⲉ⟩ⲃⲟⲗ Bullard — 24 ⟨ⲡ⟩ⲡⲛⲁ Nagel — 30 ⟨ⲛ̄⟩ϥⲛⲟⲩϫⲉ Layton : ⲁϥⲛⲟⲩϫⲉ cod — 35 [ⲙ̄⟨ⲡ⟩ⲡ̄ⲛ̄ⲁ̄ ⲛ̄ⲧ]ⲁⲗⲏⲑⲉⲓⲁ Layton.

ϥⲍ*

ⲛⲟⲟⲩϥ ⲧ̣[ⲟⲧⲉ] ⲡⲉⲧ̣[ⲙ̅]ⲙⲁⲩ ⲛⲁⲧⲁⲙⲟⲟⲩ ⲉ
ⲧⲃⲉ ϩⲱⲃ ⲛ[ⲓⲙ] ⲁⲩⲱ ϥⲛⲁⲧⲁϩⲥⲟⲩ ϩⲙ̅ ⲡⲭⲣⲉⲓ
ⲥⲙⲁ ⲙ̅ⲡⲱⲛϩ ϣⲁ ⲉⲛⲉϩ ⲡⲁⲉⲓ ⲛ̅ⲧⲁⲩⲧⲁ
ⲁϥ ⲛⲁϥ' ⲉⲃⲟⲗ ϩⲛ̅ ⲧⲅⲉⲛⲉⲁ ⲧⲉⲧⲙ̅ⲙⲛ̅ⲧⲉⲥ
ⲣ̅ⲣⲟ ⲧⲟⲧⲉ ⲥⲉⲛⲁⲛⲟⲩϫⲉ ⲉⲃⲟⲗ' ⲙ̅ⲙⲟⲟⲩ
ⲙ̅ⲡⲙⲉⲉⲩⲉ ⲃ̅ⲃⲗ̅ⲗⲉ ⲁⲩⲱ ⲥⲉⲛⲁⲣ̅ ⲕⲁⲧⲁⲡⲁ
ⲧⲉⲓ ⲙ̅ⲡⲙⲟⲩ ⲛ̅ⲛ̅ⲉⲝⲟⲩⲥⲓⲁ ⲁⲩⲱ ⲥⲉⲛⲁⲃⲱⲕ'
ⲉϩⲣⲁ̈ⲓ ⲉⲡⲟⲩⲟⲉⲓⲛ ⲉⲧⲉ ⲙⲛ̅ⲧⲁϥ ⲁⲣⲏϫϥ'
ⲡⲁⲉⲓ ⲉⲧⲉ ⲡⲉⲉⲓⲥⲡⲉⲣⲙⲁ ϣⲟⲟⲡ' ⲙ̅ⲙⲁⲩ
ⲧⲟⲧⲉ ⲛⲉⲝⲟⲩⲥⲓⲁ ⲥⲉⲛⲁⲕⲱ ⲛ̅ⲥⲱⲟⲩ ⲛ̅ⲛⲟⲩ
ⲕⲁⲓⲣⲟⲥ ⲁⲩⲱ ⲛⲟⲩⲁⲅⲅⲉⲗⲟⲥ ⲥⲉⲛⲁⲣⲓⲙⲉ
ⲉϫⲛ̅ ⲡⲟⲩⲧⲁⲕⲟ ⲁⲩⲱ ⲛⲟⲩⲇⲁⲓⲙⲱⲛ ⲥⲉⲛⲁ
ⲣ̅ ϩⲏⲃⲉ ⲉϫⲛ̅ ⲡⲟⲩⲙⲟⲩ ⲧⲟⲧⲉ ⲛ̅ϣⲏⲣⲉ ⲧⲏ
ⲣⲟⲩ ⲙ̅ⲡⲟⲩⲟⲉⲓⲛ ⲥⲉⲛⲁⲥⲟⲩⲱⲛ ⲧⲁⲗⲏⲑⲉⲓ
ⲁ ⲙⲛ̅ ⲧⲟⲩⲛⲟⲩⲛⲉ ϩⲛ̅ ⲟⲩⲙⲉ ⲁⲩⲱ ⲡⲉⲓⲱⲧ'
ⲙ̅ⲡⲧⲏⲣϥ' ⲙⲛ̅ <ⲡ>ⲡ̅ⲛ̅ⲁ̅ ⲉⲧⲟⲩⲁⲁⲃ ⲥⲉⲛⲁϫⲟⲟⲥ
ⲧⲏⲣⲟⲩ ϩⲛ̅ⲛ ⲟⲩⲥⲙⲏ ⲟⲩⲱⲧ' ϫⲉ ⲟⲩⲇⲓⲕⲁⲓ
ⲟⲥ ⲧⲉ ⲧⲁⲗⲏⲑⲉⲓⲁ ⲙ̅ⲡⲉⲓⲱⲧ' ⲁⲩⲱ ⲡϣⲏⲣⲉ
ϩⲓϫⲛ̅ ⲡⲧⲏⲣϥ' ⲁⲩⲱ ⲉⲃⲟⲗ ϩⲓⲧⲛ̅ ⲟⲩⲟⲛ ⲛⲓⲙ
ϣⲁ ⲛⲓⲉⲛⲉϩ ⲛ̅ⲉⲛⲉϩ ϩⲁⲅⲓⲟⲥ ϩⲁⲅⲓⲟⲥ ϩⲁ
ⲅⲓⲟⲥ ϩⲁⲙⲏⲛ :

ⲧⲑⲩⲡⲟⲥⲧⲁⲥⲓⲥ
ⲛ̅ⲛ̅ⲁⲣⲭⲱⲛ :

P. 97

«A[lors^{0}] c'est lui qui les instruira de [toute] chose et les oindra de l'huile^{0} de la vie éternelle qui lui a été donnée par la génération^{0} sans roi.

Alors^{0} ils rejetteront loin d'eux la pensée aveugle; et ils piétineront^{0} la mort (qui vient) des Puissances^{0}; et ils monteront vers la lumière illimitée là où habite cette semence^{0}.

Alors^{0} les Puissances^{0} se dessaisiront de leurs temps^{0} (de domination); et leurs anges^{0} pleureront sur leur destruction; et leurs démons^{0} se lamenteront sur leur mort.

Alors^{0} tous les fils de la lumière connaîtront véritablement la Vérité^{0} et leur Racine, et le Père du Tout et l'Esprit^{0} Saint. Ils diront tous, d'une seule voix : «Juste^{0} est la Vérité^{0} du Père et le Fils (règne) sur le Tout; et (que soit proclamé) par chacun pour les siècles des siècles : Saint^{0}! Saint^{0}! Saint^{0}! Amen!»

L'Hypostase^{0}
des Archontes^{0}

COMMENTAIRE

INTRODUCTION
(p. 86,20-87,11)

p.86,20 (2e rédacteur)

Le titre principal, *l'Hypostase des Archontes*, se trouve à la fin du traité, dans un colophon (p. 97,22-23). On peut considérer cette première phrase soit comme un titre secondaire introduit à la manière grecque par περί, soit la rattacher à ce qui suit : «Au sujet de la nature des Puissances ... le grand apôtre nous a dit ...». La première hypothèse a l'avantage de résoudre le problème posé par le doublet que constitue la ligne 22 par rapport à la ligne 20[1]. Le terme technique ὑπόστασις (hypostase) peut signifier *nature*, *substance* ou *origine*. Ce troisième sens convient parfaitement en 86,26; 93,35 et 97,22. Il convient aussi en 86,20 si, comme nous le proposons, on considère ce membre de phrase comme un titre secondaire[2].

p. 86,20-25 (2e rédacteur)

En plaçant en exergue une citation de Paul (*Ep.*, 6,11-12) le rédacteur invite le lecteur chrétien à voir dans les mythes d'origine de l'homme et des Archontes, l'expression symbolique du combat spirituel dont parle l'apôtre. L'homme, âme céleste enfermée dans la matière, est l'enjeu d'une lutte continuelle entre le monde céleste qui veut reprendre son bien et les Puissances des ténèbres qui veulent le maintenir sous leur domination[3]. Le terme de *Puissances* (ἐξουσίαι) que le deuxième rédacteur utilise tout au long du traité de préférence à celui d'*Archontes* (ἄρχοντες), se situe dans la logique d'une réinterprétation de l'écrit original à la lumière du combat paulinien contre les *Puissances des Ténèbres*[4].

[1] En faveur de la première hypothèse, cf. R.A. BULLARD, *The Hypostasis of the Archons*, p. 42; en faveur de la seconde, B. LAYTON, «The Hypostasis of the Archons», p. 362.

[2] B. LAYTON, *op. cit.*, note 1.

[3] ID., *ibid.*, note 2 et L. ABRAMOWSKI, «Notizen zur 'Hypostase der Archonten' (éd. Bullard)», *ZNW* 67 (1976) 280-285.

[4] *Ep.*, 6,12 et *Col.*, 1,13.

p. 86,26-27 (1er rédacteur)

«[Je (t')ai] envoyé ce traité puisque tu t'enquiers de l'ori[gine] des Puissances». Le traité original commençait ici. À cette adresse très brève à un destinataire inconnu correspond la notice de conclusion qu'on trouve en 96,15-17 : «Voici que je (t')ai instruit du modèle des Archontes et de la matière en laquelle il fut engendré, et de leur père et de leur monde». Comme le traité est rédigé non pas en vue d'une lecture privée mais pour servir d'aide-mémoire à un prédicateur déjà informé des thèmes qu'il contient et capable de les développer lui-même, il y a tout lieu de penser que le destinataire est fictif.

p. 86,27-87,11 (1er rédacteur : Résumé théogonique)

Contrairement à ce que suppose R.A. Bullard, il n'y a pas lieu de penser que le rédacteur a fait appel, pour rédiger ce résumé, à une autre source que la source théogonique. Comme nous l'avons expliqué dans l'Introduction (cf. p. 45), le résumé théogonique correspond à la doctrine de la source avant qu'elle n'ait été réinterprétée par le deuxième rédacteur.

Il reprend les thèmes principaux de cette source : blasphème et châtiment de l'Archonte (p. 86,28-87,5 = 94,19-34)[5], installation de ses deux fils (Sabaoth et Yaldabaoth) chacun selon son pouvoir, c'est-à-dire l'un avec le pouvoir de Seigneur, l'autre d'Engendreur (p. 87,8-9 = 95,13-96,11).

Mais le rédacteur développe le portrait psychologique de l'Archonte : il est ignorant, arrogant et aveugle; les thèmes de l'arrogance et de l'aveuglement étaient déjà dans la source (p. 94,21 et 26), celui de l'ignorance est plus typiquement gnostique. Le rédacteur insiste aussi sur le thème du pouvoir de l'Archonte. Il faut certainement voir là

[5] B. Layton, *op. cit.*, note 15, traduit 87,5-7 de la façon suivante : «having expelled his Power, ... he (the Archon) pursued it down to Chaos and the Abyss, his mother, at the instigation of Faith-Wisdom». L'abîme serait devenu la mère de l'Archonte après avoir été fécondé par Pistis-Sophia qui remplirait donc ici une fonction mâle. À l'appui de cette lecture B. Layton cite Philon (*De fuga*, 51) où il est dit que la nature de Sophia est mâle (ἄρρεν δὲ ἡ φύσις). Il nous semble cependant préférable de corriger ⲁϥⲇⲓⲱⲕⲉ en ⲁⲩⲇⲓⲱⲕⲉ et de retrouver dans ce texte le thème classique du châtiment de l'Archonte par Sophia qu'on s'attend à y rencontrer : «Il (l'Archonte) fut poursuivi (ⲁⲩⲇⲓⲱⲕⲉ) jusqu'au chaos et à l'abîme sa mère, par la Pistis-Sophia». L'expression «*et à l'abîme sa mère*» peut quant à elle être considérée comme une glose introduite par le deuxième rédacteur pour préciser dans quelle partie du chaos l'Archonte est précipité. Dans sa terminologie en effet, le *chaos* désigne l'ensemble du monde inférieur tandis que l'*abîme* ou *Tartare* désigne le lieu spécifique où a été précipité l'Archonte (cf. Commentaire sur p. 95,1-13).

une allusion à d'autres mythes (ApocrJn II, p. 19,15-21,17 par exemple) où il était raconté que Sophia légua une partie de son *pouvoir* à son fils. Dans l'HypArch, l'Archonte rejette, par son blasphème, le *pouvoir* qu'il détient (p. 87,4-5) et qui l'a incité à se considérer comme l'égal de Dieu (p. 86,28-31). À la suite de cela ce *pouvoir* fut réparti entre ses deux fils (p. 87,8-9) : à Sabaoth revint la Seigneurie, à Yaldabaoth, l'Engendrement.

Comme nous l'avons noté dans l'Introduction (cf. p. 26-27) cette même bipolarité du monde archontique apparaît aussi dans l'anthropogonie, mais en des termes différents : Sabaoth est nommé «l'Archonte» ou «le grand Archonte», Yaldabaoth et ses puissances de mort, «les Archontes» ou «les Puissances». Aussi nous permettrons-nous parfois, pour rendre plus évidente cette opposition de fonction de substituer aux termes de l'anthropogonie ceux de la théogonie. Cette équivalence n'est toutefois acceptable que dans la perspective de la première rédaction; le second rédacteur, en effet, en identifiant Samaël à Yaldabaoth et en faisant de Sabaoth, un fils de ce dernier, doit en bonne logique faire de Yaldabaoth le chef des Archontes et considérer que Sabaoth, au moment de la création de l'homme, n'est encore qu'un archonte parmi les autres (cf. commentaire sur p. 95,1-13).

ANTHROPOGONIE
(p. 87,12-92,18)

CRÉATION D'ADAM (p. 87,12-88,17)

p. 87,12 (1er rédacteur)

«L'Incorruptibilité regarda en bas, vers les régions des eaux». L'Incorruptibilité désigne tantôt un lieu, tantôt, comme ici, le Dieu véritable qui habite le monde céleste. Le terme *régions* (τὰ μέρη) est obscur; dans l'expression *régions des eaux*, comme dans *régions du chaos* (p. 94,32), il faut probablement voir une désignation du monde en tant que matière organisée, par opposition à abîme et chaos qui désigneraient la matière sauvage[6].

Par suite de l'introduction du résumé théogonique au début du traité, l'apparition de l'Incorruptibilité dans les eaux ne semble motivée par rien. En réalité, comme l'a montré l'étude du schéma anthropogonique

[6] M. Tardieu, *op. cit.*, p. 60, notes 62 et 63.

(cf. Introduction, Synopse, p. 7-8), l'intervention est motivée par le blasphème de l'Archonte qui s'est proclamé dieu en présence de ses Archontes. Mais comme le blasphème de l'Archonte était un thème commun à la fois au mythe anthropogonique et au mythe théogonique [7], le rédacteur ne l'a pas répété après le résumé théogonique.

p. 87,13 (1er rédacteur : Schéma anthropogonique)

La ressemblance de l'Incorruptibilité (le schéma disait probablement la ressemblance de Dieu [cf. p. 87,30-33]) est le modèle qui va servir aux Archontes pour façonner l'homme. Bien que le texte ne le dise pas explicitement, cette manifestation est celle de l'Homme céleste. Ce thème, largement développé par l'Ecr sT et l'ApocrJn (cf. Synopse, p. 7-8), a peut-être son origine dans *Gn.*, 1,2 : «l'Esprit de Dieu se mouvait au-dessus des eaux», mais s'inscrit de façon plus large dans le cadre des spéculations sur l'homme, ressemblance de Dieu.

Le parallèle le plus explicite se rencontre dans le *Poimandrès* : «Alors l'Homme qui avait plein pouvoir sur le monde des êtres mortels et les animaux sans raison, *se pencha à travers l'armature des sphères*, ayant brisé au travers de leur enveloppe, *et il fit montre à la nature d'en bas de la belle forme de Dieu*. Quand elle l'eut vu qui avait en lui-même la beauté inépuisable et toute l'énergie des Gouverneurs jointe à la forme de Dieu, *la Nature sourit d'amour*, car elle avait vu les traits de cette forme merveilleusement belle de l'Homme *se refléter dans l'eau et son ombre sur la terre*. *Pour lui, ayant perçu cette forme à lui semblable* présente dans la nature, *reflétée dans l'eau, il l'aima et il voulut habiter là*. Dès l'instant qu'il le voulut, il l'accomplit et il vint habiter la forme sans raison. Alors la Nature, ayant reçu en elle son aimé, l'enlaça toute, et ils s'unirent, car ils brûlaient d'amour». Et le *Poimandrès* de conclure : «C'est pourquoi, seul de tous les êtres qui vivent sur la terre, l'homme est double, mortel de par le corps, immortel de par l'Homme essentiel» [8].

Dans l'HypArch, le thème de la manifestation de la ressemblance dans les eaux est traité de façon trop succincte pour fournir les éléments d'une comparaison avec l'hermétisme; dans l'Ecr sT, au contraire, la comparaison s'impose. Comme le *Poimandrès*, l'Ecr sT distingue trois manifestations successives d'Adam : celle de l'Adam-lumière, celle

[7] Dans le mythe théogonique, l'Archonte Samaël, en châtiment de son blasphème, est dessaisi de son pouvoir au bénéfice de son fils Sabaoth, tandis que dans l'anthropogonie c'est au profit d'Adam qu'il est dessaisi de ce pouvoir.

[8] *Poimandrès*, 14-15.

de l'Adam psychique, celle enfin de l'Adam terrestre (Ecr sT, p. 117,28-118,2) et inscrit chacune d'elles à l'intérieur des huit jours de la création.

p. 87,14-19 (2e rédacteur)

Le deuxième rédacteur rappelle ici un axiome fondamental de la pensée gnostique : l'incapacité du monde inférieur à capturer le monde céleste, l'incapacité des *Puissances des ténèbres* (cf. commentaire sur p. 86,20-25) à capturer la *Lumière*. Si des parcelles de lumière sont enfermées dans la matière, ce n'est pas parce que les Puissances les ont saisies, mais parce que Sophia a, par son désir (ἐπιθυμία), créé l'Archonte et lui a abandonné une partie de sa Lumière. Les Puissances s'efforcent inlassablement d'imiter le désir de Sophia, mais ce désir est impuissant car elles sont faibles et appartiennent au monde inférieur. La chute de la Lumière qui s'est produite aux origines, ne peut se répéter.

p. 87,17-18. «Les psychiques, en effet, ne peuvent saisir les spirituels».

Cette glose applique probablement à l'homme la règle énoncée au sujet des Puissances. Les hommes qui appartiennent au monde de Sabaoth le psychique, ne peuvent saisir les gnostiques qui appartiennent au monde de la Lumière.

p. 87,20-23 (2e rédacteur)

La manifestation de l'Incorruptibilité dans les eaux ne symbolise donc pas une nouvelle chute de la Lumière dans le monde de la matière, mais au contraire, l'acte initial du salut des parcelles de Lumière détenues par l'Archonte depuis sa création par Sophia. À la suite du blasphème de l'Archonte, l'Incorruptibilité décide de reprendre la Lumière qu'il détient. Pour y parvenir, elle incite, dans un premier temps, les Archontes à créer une reproduction matérielle de la ressemblance de Dieu et dans un second temps, l'Archonte à se dessaisir de la Lumière qu'il possède en faveur de l'homme (cf. commentaire sur p. 88,3-4). En insufflant à Adam sa propre âme, l'Archonte fait de lui le réceptacle de la Lumière emprisonnée dans le monde. Le salut de l'homme s'identifie désormais au salut de la Lumière. Cette intention salvifique de l'Incorruptibilité deviendra réalité lors de la venue de la Femme spirituelle qui enseignera à Adam son origine.

a) Adam matériel

p. 87,23-29 (1er rédacteur : Schéma anthropogonique et Genèse « véritable »)[9]

L'explication : « les Archontes, *le corps qu'ils ont est femelle* » veut éclairer la phrase qui suit : « Ils modelèrent leur homme *d'après leur corps* » (p. 87,30-31). Le rédacteur tente de résoudre un problème posé par la juxtaposition rédactionnelle de deux thèmes : celui de l'homme façonné d'une part « avec la poussière de la terre » (Genèse « véritable ») et d'autre part, à la ressemblance à la fois des Archontes et de la ressemblance céleste (Schéma anthropogonique). Dans la symbolique de l'écrit, l'homme créé avec la poussière de la terre ne peut être que femelle, puisque la matière représente la composante femelle. Inversement, l'homme créé à la ressemblance de la ressemblance de Dieu ne peut être que mâle, puisque cette ressemblance c'est *l'Homme* céleste. La contradiction est surmontée en suggérant l'idée de l'androgynie de l'homme façonné. Il sera femelle parce que façonné dans la matière, et mâle parce que son modelage dans la matière sera fait à la ressemblance de *la ressemblance de Dieu.*

Mais le rédacteur juge cette précision insuffisante car les Archontes sont eux-mêmes androgynes et dire qu'ils façonnèrent l'homme à leur ressemblance suffirait à exprimer sa nature androgyne. Il restreint donc la portée de l'affirmation : « Ils modelèrent l'homme à leur ressemblance », en disant : « ils modelèrent leur homme *d'après leur corps* ». L'homme matériel n'emprunte aux Archontes que la ressemblance *femelle* ; quant à sa ressemblance *mâle*, elle lui vient de l'Homme céleste.

« C'est un avo[rton] à l'aspect animal ». Le thème est repris à la théogonie (p. 94,14-17)[10]. Ici, la description semble s'appliquer à l'aspect physique du corps des Archontes (cf. commentaire sur p. 94,14-17).

[9] La glose est probable en 87,23-29 car ce passage est en contradiction avec la doctrine sur l'androgynie développée en 89,3-12.

[10] B. Layton (Appendix B) étudie les possibilités de reconstitution de ce passage. Dans les premières traductions de l'HypArch, on s'est efforcé de retrouver dans cette phrase qui comporte une lacune, une référence à l'androgynie des Archontes. L'argument était qu'en 94,18-19 le rédacteur déclarait en parlant de l'Archonte : « C'est un androgyne, *comme je l'ai dit précédemment*, puisqu'il est sorti de la matière ». Comme auparavant le traité ne parlait nulle part d'androgynie, alors qu'il aurait dû en parler, la référence était obligatoirement dans une lacune ! En fait la difficulté est levée si on traduit 94,18-19 : ⲟⲩϩⲟⲟⲩⲧⲥϩⲓⲙⲉ ⲡⲉ ⲛⲑⲉ ⲛⲧⲁϩⲓϣⲣⲡ ⲛϫⲟⲟⲥ ϫⲉ ⲛⲧⲁϥⲉⲓ ⲉⲃⲟⲗ ϩⲛ ⲑⲩⲗⲏ par « C'est un androgyne puisque (mot à mot : selon que) *j'ai dit précédemment* qu'il

p. 87,29-33 (1er rédacteur : Schéma anthropogonique et Genèse «véritable»)

Dans l'Ecr sT comme dans l'ApocrJn, l'initiative de la création de l'homme est prise conjointement par l'Archonte et les Archontes, chacun plaçant en lui sa propre ressemblance; l'homme ainsi créé est psychique (Ecr sT, p. 114,29-115,3; ApocrJn II, p. 15,5-9). Dans l'Hyp Arch au contraire, les Archontes sont les seuls à intervenir dans la création du corps (p. 87,23); l'Archonte n'interviendra que dans un second temps pour insuffler l'âme (p. 88,3-4) et ce n'est qu'alors que l'homme deviendra psychique. Notre texte ne s'intéresse donc ici qu'à la création de l'homme matériel androgyne, femelle par la matière qui le compose, mâle par la forme humaine qui est donnée à cette matière (cf. commentaire sur p. 87,27-29).

p. 87,33-88,3 (1er rédacteur)

C'est un commentaire destiné à expliquer le texte précédent. Les Archontes agissent comme les païens qui pensent qu'en fabriquant une idole à la ressemblance du dieu on peut contraindre celui-ci à descendre et à venir habiter en elle. En cela ils ignorent que Dieu est insaisissable (cf. commentaire sur p. 87,14-23). Ce commentaire confirme l'interprétation proposée pour le texte précédent; l'homme créé par les Archontes n'est encore que matériel[11].

b) Adam psychique

p. 88,3-4 (1er rédacteur : Schéma anthropogonique et Genèse «véritable»)

«Et il souffla dans son visage». Le rédacteur cite *Gn.*, 2,7 : «*et il souffla dans son visage* une haleine de vie» en supprimant la dernière expression : *haleine de vie*, puisque, dans son système symbolique, la Vie désigne l'état de spirituel et non celui de psychique que l'Archonte confère ici à Adam.

Pour B. Layton et R. A. Bullard[12], le pronom personnel «il» désigne Samaël. Cette identification n'est pas acceptable si on admet

était sorti de la matière». «Dire que» est en effet la traduction normale de ϫⲱ ϫⲉ. Traduit ainsi, le rappel ne porte plus sur l'androgynie mais sur l'origine matérielle de l'avorton décrite quelques lignes plus haut (p. 94,14-15). Ce faux problème étant réglé la conjecture ⲟⲩϩ[ⲟⲩϩⲉ] ⲡⲉ ⲛϩⲟ ⲛⲑⲏⲣⲓⲟⲛ proposée par B. Layton s'impose.

[11] Cf. Clément d'Alexandrie, *Protreptique*, 98,4.

[12] B. Layton, *op. cit.*, note 41 et R. A. Bullard, *op. cit.*, p. 65.

que Samaël a été dessaisi de sa Puissance au profit de ses Fils (cf. commentaire sur p. 86,27-87,11). Ce sont les deux fils de Samaël, Yaldabaoth et Sabaoth, qui procèdent à la création de l'homme; Yaldabaoth et ses Archontes créent le corps, Sabaoth crée l'âme.

p. 88,4-5 (1er rédacteur : Schéma anthropogonique)

L'homme doté d'une âme par Sabaoth, devient comme Sabaoth lui-même un psychique, c'est-à-dire un homme chez qui la raison domine les passions. Cet état qui, semble-t-il, est celui du juif pieux, soumis à la Loi de son Dieu, ne permet pas d'accéder au salut conféré par la Connaissance. Le psychique n'échappe pas au monde des Archontes et est condamné à rester *sur la terre pour longtemps.*

p. 88,5-6 (1er rédacteur : Schéma anthropogonique)

Pour le schéma anthropogonique comme pour le rédacteur, la position verticale symbolise l'état de *spirituel.* Dans le schéma, Adam l'acquiert lors de la venue de la Femme spirituelle qui lui dit : «Lève-toi Adam». Le sens du commentaire est donc le même qu'en 87,33-88,3. Les Archontes s'efforcent d'enfermer le Dieu céleste dans leur créature.

p. 88,7-10^a^ (2e rédacteur)

Le même thème est encore repris ici. Le rapport que R.A. Bullard suggère entre les tourbillons (ϩⲁⲧⲏⲟⲩ) et le souffle de vie dont parle *Gn.*, 2,7 (πνοή, ⲧⲏⲩ), est invraisemblable [13]. Le rédacteur ne fait que reprendre ici une image bien connue : selon une croyance qui remonte jusqu'à l'ancien orphisme, on pensait que la violence des *tourbillons aériens* contraignait l'âme à venir s'incarner dans les corps, comme un plongeur englouti dans un fleuve [14]. On notera que les Puissances sont ici identifiées aux phénomènes atmosphériques.

p. 88,10^b^-11 (2e rédacteur)

«*Tout cela* cependant arriva par la volonté du Père du Tout». Comme l'indique l'expression «tout cela», cette réflexion du deuxième rédacteur s'applique à l'ensemble du récit sur la création d'Adam qui prend fin ici (cf. commentaire sur p. 87,20-23).

[13] R.A. BULLARD, *op. cit.*, p. 66.

[14] *De gigantibus*, 13 et F. CUMONT, *Recherche sur le symbolisme funéraire des romains*, p. 129.

c) *Adam spirituel*

p. 88,12-15 (1er rédacteur : Genèse «véritable»)

Ce texte est la suite logique de 88,3-5. L'homme psychique reçoit l'Esprit. Le rédacteur développe l'opposition entre la *terre* (monde des Archontes) et la *terre adamantine* (monde céleste) où habite l'Esprit. Les termes *Adamas* et *Adamantin* appartiennent au vocabulaire technique des anthropogonies naassènes et barbélo-gnostiques et désignent l'Homme céleste et le lieu de son séjour[15]. «Cet homme devint *âme-vivante*» (*Gn.*, 2,7) signifie qu'il passe du statut de psychique (âme) à celui de spirituel (vivant). La Vie est en effet symbole de la possession de l'Esprit (cf. commentaire sur p. 89,11-15).

p. 88,16-17 (1er rédacteur : Schéma anthropogonique)

Dans le schéma anthropogonique, le nom d'Adam qui d'après *Gn.*, 3,19 signifie *terre* ('adama) était imposé à l'homme par les Archontes, il est normal en effet que ce nom soit donné par les créateurs de l'homme terrestre à leur créature. Mais pour le rédacteur l'imposition du nom est opéré par l'Esprit; l'exégèse du nom prend alors une autre signification : il a été nommé Adam en souvenir de sa situation de psychique (rampant sur la terre, p. 88,4-5). Bien que cela ne soit pas dit explicitement, on suggère, comme l'affirme le schéma en 89,11-15, qu'Adam a été mis debout par l'Esprit.

Ainsi s'achève le récit de l'origine d'Adam. Trois Puissances y ont participé : les Archontes ont façonné son corps (matériel); le grand Archonte lui a insufflé une âme (psychique); l'Esprit céleste est enfin venu habiter en lui (spirituel). La suite du mythe nous racontera comment Adam fut l'enjeu d'une lutte sans merci entre ces trois Puissances.

CHUTE D'ADAM (88,18-89,11)

Comme le thème de la chute d'Adam n'avait pas de parallèle dans le Schéma anthropogonique, le rédacteur l'enseigne à partir d'éléments de la Genèse «véritable». L'exposé s'organise autour de cinq thèmes :

a) Révélation de la venue de l'Esprit : *Gn.*, 2,18 = p. 88,18-19
b) Présentation des animaux à Adam : *Gn.*, 2,19-20 = p. 88,19-24

[15] B. LAYTON, *op. cit.*, note 46.

c) Installation d'Adam au Paradis : *Gn.*, 2,15 = p. 88,24-26
d) Don du commandement : *Gn.*, 2,16-17 = p. 88,26-89,3
e) Création de la femme charnelle : *Gn.*, 2,21-22 = p. 89,3-12

La seule référence dont nous disposions pour nous guider dans l'interprétation de cette section est le texte grec de la version des LXX (Septante). Nous partirons donc de l'hypothèse que les différences observées entre notre texte et celui des LXX constituent des indices de relecture du texte canonique.

Le souci du rédacteur est double : il veut donner au prédicateur qui utilisera son traité le texte authentique de *Genèse*, purifié de ses falsifications et additions, mais aussi en présenter une lecture conforme aux enseignements anthropogoniques et théogoniques qu'il expose par ailleurs.

Il s'en tient strictement au vocabulaire de *Genèse*, les seules indications exégétiques qu'il ajoute sont l'identification du *sommeil* d'Adam avec l'*ignorance* (p. 89,6-7) et le retour de celui-ci à l'état de *psychique* après la création de la femme charnelle (p. 89,10-11).

Dans le commentaire qui va suivre, on a choisi de conserver le vocabulaire de *Genèse* chaque fois que cela était possible et, lorsqu'une interprétation s'imposait, de privilégier les équivalences d'une faible technicité. Cette méthode implique la rédaction d'un commentaire de style paraphrastique, surchargé de nombreuses répétitions, mais présente l'avantage de suggérer au lecteur des possibilités d'interprétation sans l'enfermer dans une terminologie rigide qui masquerait la multiplicité des variantes exégétiques possibles. En cela nous pensons respecter la volonté du rédacteur de l'HypArch qui fixe les grandes lignes de la doctrine, mais laisse au pédagogue le soin de commenter celle-ci dans le langage qui lui est propre.

a) *Révélation de la venue de l'Esprit*

p. 88,18-19 (1er rédacteur : Genèse «véritable»)

HypArch	*Gn.*, 2,18
Une voix sortit de l'Incorruptibilité	*Le Seigneur Dieu dit* : «Il n'est pas bon que l'homme soit seul, faisons lui *une*
au sujet de *l'Aide* (ⲂⲞⲎⲐⲒⲀ) *d'Adam*.	*aide* (βοηθόν) semblable à lui (κατ' αὐτόν).

En 87,1-2 *la Voix sortie de l'Incorruptibilité* dénonçait l'erreur de Samaël et annonçait aux Archontes la manifestation de l'Homme céleste, ressemblance de l'Incorruptibilité (cf. Synopse, p. 7; ApocrJn II, p. 14,13-30). De la même façon, *la Voix sortie de l'Incorruptibilité* manifeste ici aux Archontes qu'Adam vient de recevoir une Aide. Cette Aide, c'est l'Esprit qui est venu habiter en lui. Le mot Aide (ⲃⲟⲏⲑⲓⲁ) qui sera aussi employé pour désigner Noréa (cf. p. 92,1), de même que le mot co-ressemblance en 89,19 (ϣⲃⲣⲉⲓⲛⲉ), ne peuvent désigner la femme charnelle; l'Aide est la Femme spirituelle, l'Esprit. Ces deux expressions sont inspirées de *Gn.*, 2,18 : «Faisons lui une Aide (βοηθόν), semblable à lui (κατ' αὐτόν)» et de *Gn.*, 2,20 : «Mais pour l'homme, on ne trouva pas d'Aide (βοηθόν) qui lui soit semblable (ὅμοιος αὐτῷ)».

À la lumière de cette interprétation, la suite du récit devient compréhensible : les Archontes, instruits de la présence de l'Esprit en Adam, vont s'efforcer, par divers stratagèmes, de rétablir leur domination sur lui, et d'en faire un homme psychique.

b) *Présentation des animaux à Adam*

p. 88,19-24 (1er rédacteur : Genèse «véritable»)

HypArch	*Gn.*, 2,19-20
Et les Archontes rassemblèrent *toutes les bêtes de la terre et tous les oiseaux du ciel, ils les amenèrent à Adam pour voir comment* Adam *les appellerait,*	*Alors Dieu* façonna, de la terre, *toutes les bêtes* des champs *et tous les oiseaux du ciel et il les conduisit à Adam pour voir comment il les appellerait* et pour que tous ceux qu'Adam appellerait âme vivante, cela soit leur nom. (20) Et
⟨et *il*⟩ *donna un nom* à chacun *des animaux et à tous les oiseaux.*	*Adam donna des noms à tous les bestiaux et à tous les oiseaux* du ciel et à toutes les bêtes des champs.

Au verset 19, le texte grec a : «Dieu façonna (ἔπλασεν), à partir de la terre (ἐκ τῆς γῆς) toutes les bêtes des champs (θηρία τοῦ ἀγροῦ)». Dans l'HypArch, πλάσσειν (façonner) est remplacé par ⲥⲱⲟⲩϩ ⲉϩⲟⲩⲛ, συνάγειν (rassembler). Cette substitution peut s'expliquer à partir de l'hébreu *wyytsr*; vocalisé *wayyitsèr* le verbe signifie «il façonna»; vocalisé *wayyâtsar*, il signifie «il enserra, lia, enferma». En modifiant le texte, l'auteur élimine l'une des nombreuses contradictions du texte biblique. Il se prononce contre *Gn.*, 2,19 qui plaçait la création des animaux après celle de l'homme, et en faveur de *Gn.*, 1,24-25 qui la plaçait avant.

Le texte de *Genèse* : «Il façonna, *de la terre* (ἐκ τῆς γῆς), *toutes les bêtes des champs* (τοῦ ἀγροῦ)» devient : «Il rassembla *toutes les bêtes de la terre* (ⲕⲁϩ)». Le mot copte ⲕⲁϩ n'est pas la traduction de ἀγρός (champ), mais de γῆ (terre)[16]. Cette relecture introduit donc une opposition entre *bêtes de la terre* et *oiseaux du ciel* qui n'existait pas dans le texte biblique. On observe une relecture analogue aux lignes 24 et 25 dans lesquelles l'HypArch ne conserve que deux termes, *oiseaux* et *animaux*, alors que le texte biblique en avait trois.

Enfin le rédacteur supprime deux passages qu'il considère comme des additions mensongères : *Gn.*, 2,19[b] où les animaux sont appelés : *âmes vivantes*, c'est-à-dire spirituels (cf. commentaire sur p. 88,15), et *Gn.*, 2,20[b] «Mais pour Adam on ne trouva pas d'Aide», inacceptable puisqu'Adam a déjà reçu cette Aide (cf. commentaire sur p. 88,18-19).

Dans l'Ecr sT (p. 120,17-29) le récit de l'imposition du nom aux animaux apparaît sous une forme comparable à celle d'HypArch. «Quand les Archontes virent leur Adam accéder à une autre connaissance, ils désirèrent le mettre à l'épreuve. *Ils rassemblèrent* tous les animaux et les bêtes de la terre et les oiseaux du ciel. Ils les firent venir vers Adam, pour voir comment il les nommerait. Quand il les vit, il donna un nom à leurs créatures. Ils furent troublés du fait qu'Adam se soit éveillé de sa torpeur. Ils se réunirent, tinrent conseil et dirent : 'Voici qu'Adam est devenu comme l'un de nous, à tel point qu'il sait la différence de la lumière et des ténèbres ...'»[17]. L'imposition du nom aux animaux est ici interprétée comme un contrôle effectué par les Archontes pour s'assurer qu'Adam a bien reçu la connaissance. Dans l'HypArch, on peut suggérer une interprétation identique : les Archontes ayant appris qu'Adam a reçu une Aide, veulent vérifier l'exactitude de cette annonce. La signification du stratagème employé à cet effet est clairement définie dans l'Ecr sT. *Nommer les animaux et les oiseaux* signifie *connaître la différence entre la lumière et les ténèbres*. Cette dernière formule n'est elle-même qu'une exégèse de *Gn.*, 3,5 : «Vous serez comme des dieux, connaissant le bien et le mal».

Nous proposons l'interprétation suivante : les Archontes (Sabaoth et Yaldabaoth) *rassemblèrent toutes les bêtes de la terre et les oiseaux du ciel.* Les bêtes de la terre sont les fils de Yaldabaoth (p. 96,4-11) qui

[16] Crum, 131[a].

[17] Dans l'Ecr sT, p. 120,17-29 comme dans l'HypArch, créer = rassembler et l'enseignement sur les animaux «*âmes vivantes*» et sur l'*Aide d'Adam* est supprimé.

dominent sur les cieux du chaos; les oiseaux du ciel sont les anges de Sabaoth (p. 95,26-29) qui siègent avec lui au-dessus du septième ciel du chaos. Ils les *rassemblèrent* et non pas les *créèrent*, puisque les anges de Sabaoth et de Yaldabaoth ont existé avant la création de l'homme (p. 96,3). «*Pour voir comment Adam les appellerait*» : l'Ecr sT (p. 106,27-107,10) identifie les sept puissances bonnes qui entourent Sabaoth à sept vertus et celles qui entourent Yaldabaoth à sept vices. Ils demandent donc à Adam de nommer les vertus et les vices, de montrer qu'il sait distinguer le bien du mal. Adam nommera alors les oiseaux et les animaux, montrant ainsi qu'il sait distinguer, grâce à l'Esprit qu'il a reçu, le bien du mal[18].

Il est possible enfin, que l'inversion que l'on observe entre l'ordre de présentation par les Archontes (animaux et oiseaux) et l'ordre d'imposition des noms par Adam (oiseaux et animaux) soit significative. On observera, en effet, un fait comparable à propos du nom de l'arbre, appelé arbre du bien et du mal (p. 88,29-30) puis du mal et du bien (p. 89,35-90,1). En présentant d'abord les animaux, les Archontes inciteraient Adam à nommer les vices, c'est-à-dire à les faire siens; Adam, au contraire, nommerait les vertus, montrant ainsi qu'il les a faites siennes, grâce à la connaissance. Le texte copte lui-même porte un indice linguistique de ce fait. Alors qu'en *Gn.*, 2,20 le texte grec porte : «*tous* (πᾶσιν) les bestiaux et *tous* (πᾶσιν) les oiseaux et *toutes* (πᾶσιν) les bêtes», le copte dit : «*chacun* (ⲡⲟⲩⲁ ⲡⲟⲩⲁ) des oiseaux et *tous* (ⲧⲏⲣⲟⲩ) les animaux». Il peut ainsi suggérer qu'Adam se complaît à énumérer les vertus dans le détail, *une à une*, tandis qu'il rejette les vices *globalement*.

[18] Le texte copte a : «pour voir comment Adam les appellerait, *pour qu'il donne un nom* (ⲉⲧⲣⲉϥϯ ⲣⲁⲛ) à chacun des animaux». Sous cette forme, la deuxième proposition est un doublet inutile de la première. De plus, comme le texte canonique de *Genèse* a : «*Et Adam donna* un nom à tous les animaux (καὶ ἐκάλεσεν Αδαμ ὀνόματα πᾶσιν τοῖς κτήνεσιν), on devrait admettre que l'introduction d'une proposition finale (afin qu'il donne) est intentionnelle et que par là, l'auteur veut nous indiquer qu'Adam n'a pas nommé les animaux. Or l'exégèse du texte implique qu'Adam nomme les animaux. On admettra donc qu'il y a faute de scribe et qu'il faut lire ⲁⲩⲱ ⲁϥϯ ⲣⲁⲛ «et il nomma» à la place de ⲉⲧⲣⲉϥϯ ⲣⲁⲛ «pour qu'il nomme». Cette faute peut s'expliquer par la connaissance qu'avait le scribe du texte canonique de *Genèse*. Dans celui-ci en effet, la première proposition «pour voir comment il les appellerait» est suivie d'une seconde proposition finale coordonnée : «*et pour que* tous ceux à qui il donnerait le nom d'âme vivante, tel soit leur nom». Le copiste aura introduit par inadvertance une deuxième proposition finale, comme dans *Genèse*, alors que le rédacteur avait intentionnellement supprimé cette finale à cause de l'allusion aux animaux *âmes vivantes* qu'elle contenait.

c) *Installation d'Adam au Paradis*

p. 88,24-26 (1er rédacteur : Schéma anthropogonique et Genèse «véritable»)

Les Archontes vont s'efforcer d'arracher d'Adam cet Esprit qui l'habite, d'abord en l'enfermant dans le Paradis, puis en lui donnant un commandement de mort (p. 88,26-89,3), enfin en le plongeant dans le sommeil de l'ignorance (p. 89,3-11). Ici, comme dans l'ApocrJn (cf. Synopse, p. 11), le Paradis est le monde des Archontes. Adam y a été placé *pour qu'il le travaille*; 91,7-11 nous semble donner une bonne explication de cette image : «Ils jetèrent les hommes dans de grandes tribulations et dans les soucis de l'existence, afin que leurs hommes soient accaparés par la vie matérielle et n'aient pas le loisir de s'attacher à l'Esprit-Saint» (cf. commentaire sur p. 91,7-11). Quant à l'expression *pour qu'il le garde*, elle est reprise à la *Genèse* comme la précédente. Mais est-ce bien, comme dans *Genèse*, Adam qui est chargé de garder le Paradis? N'est-ce pas plutôt le Paradis qui garde Adam prisonnier?

d) *Don du commandement*

p. 88,26-32 (1er rédacteur : Genèse «véritable»)

Dans *Genèse*, le texte du commandement donné par Dieu à Adam est rapporté en deux endroits. En *Gn.*, 2,16-17 nous avons le texte authentique : «De tous les arbres du jardin tu pourras manger, mais de l'*arbre de la connaissance du bien et du mal*, tu n'en mangeras pas, car le jour où tu en mangeras, tu mourras». En *Gn.*, 3,3 la femme rapporte au serpent les paroles de Dieu, mais sous une forme différente : «Du fruit de *l'arbre qui est au milieu du jardin* Elohim a dit : 'Vous n'en mangerez pas *et n'y toucherez pas*, de peur que *vous* n'en mourriez'». Dans l'HypArch au contraire, le texte est identique dans les deux épisodes à une variante près :

commandement (p. 88,26-32)	désobéissance (p. 89,32-90,5)
Et les Archontes lui donnèrent un ordre en disant : «De [tous] les arbres qui sont dans le Paradis, tu mangeras, mais [de] l'arbre de la connaissance *du bi*[*en*] *et du mal*, n'en mange pas	Et il (le serpent) l'instruisit disant : «Que vous a-t-il dit? De tous les arbres qui sont dans le Paradis, tu mangeras, mais de l'arbre de la connaissance *du mal et du bien*, n'en mange pas».

	La femme charnelle dit :
	«Non seulement il a dit : 'N'en mange
et [n'y touche pas] non plus, car le	pas' mais aussi : 'n'y touche pas', car le
jour où vous [en] mangerez, vous mour-	jour où vous en mangerez, vous mour-
rez de mort».	rez de mort'».

Pour comprendre le commentaire qui accompagne le récit du commandement : «Ils lui ont dit cela de cette façon afin qu'il mange» (p. 89,1-2), il faut se reporter à un midrash rabbinique de la période tannaïte. Dans le Talmud de Babylone, Rabbi Hizkiya enseigne : «D'où savons-nous que celui qui ajoute (à la loi) finit par la diminuer? C'est qu'il est dit : 'Vous n'en mangerez pas et n'y toucherez pas'»[19]. Cet enseignement mystérieux est expliqué dans les *Aboth deRabbi Natan*; Adam, voulant renforcer le commandement que Dieu lui avait donné, le transmit à Ève en y ajoutant une deuxième interdiction : «N'y touche pas». Le serpent se servit astucieusement de ce faux commandement pour convaincre Ève de manger du fruit. «Que fit le serpent rusé? Il se dressa et toucha l'arbre avec ses mains et ses pieds et le secoua jusqu'à ce que les fruits tombent à terre». Alors Ève, convaincue que la seconde partie du commandement était fausse, pensa qu'il en était de même de la première et mangea du fruit[20].

Le rôle joué par Adam dans le midrash est ici joué par les Archontes. Le commandement du grand Archonte (Sabaoth) était : «De tous les arbres qui sont dans le Paradis, tu mangeras, mais de l'arbre de la connaissance *du mal et du bien*, n'en mange pas!» (p. 89,34-90,2). Le serpent le cite à la femme charnelle sous cette forme et le dialogue entre Adam et le grand Archonte (p. 90,24-27) en apporte la confirmation. L'Archonte, en effet, connaît la véritable nature de l'arbre (p. 90,21-27) et qu'il mène *du mal au bien*, de la mort à la vie. La falsification introduite par les Archontes consiste à ajouter au commandement de l'Archonte : «... et n'y touche pas, car le jour où vous en mangerez, vous mourrez de mort». Ils le transmettent à Adam sous cette forme (p. 88,26-32) et c'est aussi sous cette forme que la femme charnelle l'a reçu (p. 90,3-5). Le dialogue entre la femme et le serpent prend alors toute sa signification. Au serpent qui lui rapporte le commandement sous sa forme exacte (p. 89,34-90,2), la femme répond en donnant la forme falsifiée qui présente l'arbre comme un arbre

[19] T. B. *Sanhédrin*, 29[a].
[20] *Aboth deRabbi Natan*, 1,8.

de mort (p. 90,2-5). L'Instructeur lui révèle alors la véritable nature du monde archontique; c'est le monde de l'erreur : «Vous ne mourrez pas de mort» et de la jalousie : «Il vous a dit cela parce qu'il est jaloux» (p. 90,6-10). Alors, la femme ayant reçu l'instruction et reconnu la nature mauvaise des Archontes, peut manger du fruit de l'arbre de la connaissance.

Un point demeure cependant mystérieux. Dans le récit du commandement l'arbre est appelé *arbre de la connaissance du bien et du mal*, tandis que dans celui de la désobéissance il devient l'*arbre de la connaissance du mal et du bien*. L'inversion des noms correspond bien à la fonction qui est respectivement donnée à celui-ci dans chaque texte : dans le premier il est l'*arbre de mort* qui conduit du bien au mal, de la vie à la mort, dans le second l'*arbre de vie* qui conduit de la mort à la vie. L'identification de l'arbre de la connaissance *du mal et du bien* avec l'*arbre de vie* s'explique non seulement par la relecture gnostique qui est faite de sa fonction, mais aussi à partir du récit biblique lui-même qui place l'arbre de la connaissance au milieu du Paradis (*Gn.*, 3,3) alors que dans le récit de la création, cette place est celle de l'arbre de vie (*Gn.*, 2,9), justifiant ainsi leur identification.

On spéculait beaucoup dans les milieux apocalyptiques et gnostiques sur les deux arbres du Paradis. Dans le livre d'*Hénoch éthiopien* l'arbre de vie est symbole d'immortalité, tandis que l'arbre de la connaissance, appelé *arbre de la sagesse*, est à l'origine de la chute et de la mort[21]. Dans l'ApocrJn II (p. 21,16-22,15), la construction antithétique est inversée : l'*arbre de vie* est mort et l'*arbre de la connaissance*, vie. Dans l'Ecr sT enfin (p. 110,7-111,1), les deux arbres sont complémentaires : «Les deux arbres du Paradis marquent un itinéraire spirituel qui va de la connaissance (γνῶσις) à la vie (ζωή). L'arbre de la connaissance est le point de départ du mouvement salvifique qui s'achèvera aux pieds de l'arbre de vie»[22]. Le système proposé par l'HypArch reste très mystérieux; il semble opposer les deux arbres dans des termes identiques à ceux du *1 Hénoch*, *l'arbre de la connaissance du bien et du mal* serait l'arbre de la sagesse mauvaise qui conduit à l'ignorance, celui *du mal et du bien*, l'arbre de la vie qui conduit à l'immortalité. Les commandements du grand Archonte Sabaoth et des Archontes (Yaldabaoth et ses fils) porteraient sur deux arbres différents; le premier,

[21] 1 *Hénoch*, 25,6 et 32,3-6.

[22] M. Tardieu, *op. cit.*, p. 194. Sur les deux arbres du Paradis, cf. Id., p. 191-196 et p. 204-208.

interdisant l'accès à l'arbre de *la connaissance qui est vie*, le second, imitation habile du premier, incitant Adam à manger de l'*arbre de mort*.

p. 88,32-89,2 (2e rédacteur)

Comme en 87,20-23 et 88,10-11, le deuxième rédacteur développe son thème favori. En falsifiant le commandement, les Archontes (Puissances) accomplissent à leur insu la volonté du Père, puisque grâce à cette falsification le Serpent Instructeur va pouvoir démontrer à la femme charnelle qu'ils veulent l'entraîner dans la mort à cause de leur jalousie. Ayant compris que le commandement des Archontes est faux, elle admettra que celui du premier Archonte l'est aussi et mangera de l'arbre de vie.

p. 89,2-3 (glose)

Les arguments qui invitent à considérer ce texte comme une glose, sont les suivants :

— Rupture de construction; le nom d'Adam est rejeté dans la deuxième proposition : «afin qu'*il* mange et qu'*Adam* les voie».

— Le terme ϩⲩⲗⲓⲕⲟⲥ, matériel, est étranger au reste du traité.

— Le texte fait un contre-sens sur «afin qu'il mange».

Pour le deuxième rédacteur, il signifiait *accéder à la connaissance*; pour le glossateur, *devenir matériel.*

Cette glose est une exégèse de *Gn.*, 3,5.

HypArch	*Gn.*, 3,5
afin qu'il mange et qu'Adam *les voie*, (ou) *soit l'un d'eux*[23], étant devenu entièrement *matériel.*	*Le jour où vous mangerez* *vos yeux s'ouvriront*, *vous serez comme des dieux*, connaissant le bien et le *mal.*

Le glossateur commente l'intention des Archontes et non pas, comme le fait le deuxième rédacteur, l'événement qui se produira en 90,15-19.

[23] Le copiste a d'abord écrit ⲛⲧⲉⲁⲇⲁⲙ ⲱⲡ ⲉⲣⲟⲟⲩ : «et qu'Adam soit l'un d'eux» ou «fasse partie d'eux» puis il a corrigé en ⲛⲧⲉⲁⲇⲁⲙ ⲛⲁⲩ ⲉⲣⲟⲟⲩ : «et qu'Adam les voie». La première version est l'exégèse de : ἔσεσθε ὡς θεοί (vous serez comme des dieux) la seconde, celle de διανοιχθήσονται ὑμῶν οἱ ὀφθαλμοί (vos yeux s'ouvriront). B. Layton, pour sa part, propose de corriger le texte : ⲛⲧⲉⲁⲇⲁⲙ ⟨ⲧⲙ⟩ⲛⲁⲩ ... : «et qu'Adam *ne* les regarde *pas* comme le ferait un homme de nature exclusivement matérielle» (cf. *op. cit.*, note 52).

Ils pensent que si l'homme mange de l'arbre de mort, il deviendra semblable à eux, un être totalement matériel.

e) *Création de la femme charnelle*

p. 89,3-12 (1er rédacteur : Genèse «véritable»)

HypArch	*Gn.*, 2,21-22
Les Archontes tinrent conseil les uns avec les autres, ils dirent : «Allons! *Faisons tomber un sommeil sur Adam*». *Et il s'endormit.*	*Et Dieu* *fit tomber un sommeil sur Adam.* *Et il s'endormit.*
Or le sommeil, c'est l'ignorance qu'ils ont amenée sur lui. Et il s'endormit.	
Ils séparèrent *son côté semblable à une femme* vivante. *Et ils construisirent son côté en chair, pour la remplacer.* Et Adam devint entièrement psychique. *Et la Femme* spirituelle *vint vers lui.*	Il prit *l'une de ses côtes* et combla (avec) *de la chair, à sa place. Et le Seigneur Dieu construisit la côte* qu'il avait prise à Adam, *en femme.* Il *l'amena à Adam.*

Après s'être assuré qu'Adam avait reçu en lui l'Esprit (p. 88,19-24), les Archontes l'emprisonnent dans le Paradis (p. 88,24-26) et font tomber sur lui le sommeil de l'ignorance (p. 89,3-7). Adam redevient alors un être entièrement psychique (p. 89,10-11). Ce retour à la condition psychique qui était la sienne avant la venue de l'Esprit (p. 88,3-4) ne peut s'expliquer que si l'Esprit qui était venu habiter en lui (p. 88,11-15) est sorti de lui. La perte de la condition spirituelle est impliquée par le thème du sommeil de l'ignorance qui tombe sur Adam. En conséquence, quelle que soit la traduction que l'on propose des lignes 7 et 8 : ⲁⲩⲟⲩⲉⲛ ⲙⲡⲉϥⲥⲡⲓⲣ ⲛⲑⲉ ⲛⲛⲟⲩⲥϩⲓⲙⲉ ⲉⲥⲟⲛϩ (littéralement : ils ouvrirent son côté, comme une femme vivante), cette traduction doit signifier la sortie de l'Esprit hors d'Adam. Dans le système symbolique du rédacteur, système qu'il emprunte au schéma anthropogonique, l'Esprit (nom féminin : רוּחַ) est présenté sous les traits d'une Femme (Femme spirituelle ou Femme vivante). En faisant tomber Adam dans le sommeil de l'ignorance, les Archontes *séparent* de lui son *côté*, c'est-à-dire sa *partie* spirituelle[24]. C'est cet Esprit

[24] Il est probable qu'ici le verbe ⲟⲩⲱⲛ traduit le grec μερίζειν. CRUM ne cite aucun exemple de cette équivalence verbale, mais par contre, atteste bien l'équivalence nominale ⲟⲩⲱⲛ = μέρος (part, partie). L'ApocrJn II (p. 22,28-23,4) se fait l'écho d'une querelle

féminin sorti d'Adam qui leur apparaît sous les traits d'une *femme vivante*.

Alors les Archontes construisent une reproduction matérielle de cette Femme spirituelle : « Ils construisent (= façonnent) son côté (= la Femme spirituelle) en chair (= avec de la matière) », à sa place (= pour combler le vide laissé en Adam après le départ de l'Esprit)[25]. Leur désir est qu'Adam s'unisse à cette femme charnelle qu'ils façonnent et reste ainsi sous la domination du monde de la matière.

La création de la femme charnelle reproduit exactement le scénario de celle de l'homme terrestre :

homme terrestre	femme charnelle
À la suite du blasphème de l'Archonte	*À la suite de la chute* d'Adam *dans l'ignorance*
l'Homme céleste (ressemblance de Dieu)	*la Femme vivante*
se manifeste aux Archontes.	*se manifeste aux Archontes.*
Alors ils façonnent (ⲡⲗⲁⲥⲥⲉ) *l'homme terrestre*	*Alors ils construisent* (ⲕⲱⲧ) *la femme charnelle*
à la ressemblance de l'Homme céleste.	*à la place de la Femme vivante.*

Cette exégèse du récit de création de la femme se sépare de *Genèse* sur deux points. On notera d'abord que la chute d'Adam est liée à son sommeil et non à sa désobéissance et, en second lieu, que la femme n'est pas issue de l'homme comme dans *Genèse*, mais façonnée comme lui par les Archontes à la ressemblance d'un modèle céleste qui s'est manifesté, modèle masculin pour l'homme, féminin pour la femme. Si, comme le pense R.A. Bullard[26], le thème de l'androgynie

exégétique à propos de la création de la femme. Alors que le texte massorétique a le mot צֵלָע qui signifie aussi bien « côte » que « côté », et que les Septante ont gardé l'ambiguité en traduisant צֵלָע par πλευρά qui a aussi les deux sens, l'auteur de l'ApocrJn tranche en affirmant que le mot ne signifie pas côte (ⲃⲉⲧ ⲥⲡⲓⲣ) comme le pense Moïse, mais « part », « partie » (μέρος). On propose donc pour le copte ⲁⲩⲟⲩⲉⲛ ⲙⲡⲉϥⲥⲡⲓⲣ la rétroversion grecque : ἐμέρισαν τὴν πλευρὰν αὐτοῦ, « ils séparèrent son côté ». (Dans sa rétroversion de l'HypArch [*Das Wesen der Archonten*, p. 73] P. Nagel ne rétroverse pas ce passage). Il est tout à fait dans la logique de l'HypArch de nommer la Femme spirituelle de ce nom bizarre tiré du texte biblique (cf. Aide et co-ressemblance, p. 88,17-19). C'est d'ailleurs le premier titre qu'elle se donne à elle-même dans l'hymne déclaratoire de l'Ecr sT (p. 114,8) : « Je suis la Partie (μέρος) de ma Mère ».

[25] L'ApocrJn II (p. 22,34-36) rapporte une version identique de la création du corps de la femme : « et l'Archonte créa une nouvelle création (πλάσις) ayant forme de femme, à la ressemblance de l'Épinoia (Femme spirituelle) qui s'était manifestée à lui ».

[26] R.A. BULLARD, *op. cit.*, p. 74-80.

d'Adam est supposé par ce mythe, il ne peut s'agir que d'une androgynie spirituelle. Adam est androgyne parce que sont unis en lui, avant sa chute, la ressemblance *mâle* de Dieu et l'Esprit féminin. La glose de 87,27-29 au contraire, impliquait une androgynie matérielle d'Adam.

SALUT D'ADAM (p. 89,11-17; 89,31-90,19; 91,3-7) et ORIGINE DE L'HUMANITÉ (89,18-31; 90,19-91,3)

a) Venue de la Femme spirituelle

p. 89,11-15 (1er rédacteur : Schéma anthropogonique)

Le récit biblique de la création de la femme s'achevait par la présentation de celle-ci à Adam : «Il l'amena à Adam» (*Gn.*, 2,22). Le rédacteur n'applique pas cette phrase à la femme charnelle, mais à la Femme spirituelle : «La Femme spirituelle vint vers lui» et opère ainsi la transition entre la Genèse «véritable» et le Schéma anthropogonique auquel il revient. Dans celui-ci la venue de la Femme spirituelle faisait suite à la création d'Adam par les Archontes racontée en 87, 29-33 et 88,3-5; dans la rédaction, par suite de l'insertion du récit de la chute, elle n'est plus le symbole de *l'accession d'Adam à la vie* après la création, mais celui de *son retour à la vie* après sa chute.

«Lève-toi». Comme nous l'avons vu (cf. commentaire sur p. 88,16-17), la condition psychique d'Adam était exprimée au moyen de l'image biblique de l'animal, *remuant sur le sol.* Il n'est pas nécessaire de chercher des parallèles dans le monde gréco-romain [27] pour expliquer la phrase : «Lève-toi» qui symbolise la possession de la Vie. Dans l'Ancien comme dans le Nouveau Testament, c'est la formule normale des récits de guérison des malades ou de résurrection des morts.

«Tu es celle qui m'as donné la vie». Le don de la vie ne symbolise pas *le salut* en lui-même, mais seulement *le don de la connaissance* qui mène au salut. Dans notre traité, le rôle de la Femme spirituelle est de donner la connaissance. Cette fonction est démontrée par l'identification de la Femme *vivante* avec la Femme spirituelle-*instructeur* et par celle de l'arbre de *vie* avec l'arbre de *la connaissance du mal et du bien* (cf. commentaire sur p. 88,26-32).

«On t'appellera la Mère des Vivants». Dans *Gn.*, 3,20 l'exégèse du nom d'Ève est : «Mère de tous les vivants». La suppression du mot «tous» est certainement intentionnelle et veut exprimer qu'à la différence

[27] B. LAYTON, *op. cit.*, note 43.

de *Genèse* Ève n'est pas la femme charnelle, mère de tous les hommes, mais la Femme spirituelle, mère des seuls vivants véritables, les spirituels.

p. 89,16-17 (glose)

Cette glose à la troisième personne est le résumé d'un *hymne déclaratoire d'Ève*, traditionnel dans les cercles gnostiques, dont on trouve une version plus complète dans l'Ecr sT, 114,7-15 [28]. Comme le démontre B. Layton, tous les thèmes développés dans cette glose sont liés à celui de *la Vie*, soit par référence au texte biblique : elle est ma mère (cf. Mère des Vivants, p. 89,15) et la Femme (cf. Femme vivante, p. 89,8) soit au moyen d'étymologies araméennes du nom d'Ève (*Ḥawwāh*) : elle est le médecin (la sage-femme : *ḥayyaṯā'*), elle est celle qui a enfanté (*ḥayyaṯā'*) [29].

b) *Souillure de la femme charnelle*

L'enseignement sur le salut d'Adam est interrompu pour faire place à celui sur les origines de l'humanité. Le rédacteur était contraint de procéder de la sorte à cause de la nature de ses sources.

p. 89,18-31 (1er rédacteur : Schéma anthropogonique)

«Alors les Puissances s'approchèrent de leur Adam». Le rédacteur reprend le titre de *Puissances* (ἐξουσίαι) à la source mais en fait un synonyme d'*Archontes*. La preuve en est apportée par l'épisode de 92, 18-25 dans lequel il est fait référence explicitement à la souillure de la femme par les *Puissances* en nommant celles-ci *Archontes*.

«Mais lorsqu'elles virent sa co-ressemblance *parlant avec lui*». La co-ressemblance est la Femme spirituelle de 89,11-12 : «La Femme spirituelle vint vers lui, *elle parla avec lui*».

«Elles furent saisies d'un grand trouble et la désirèrent». Le thème du désir des Puissances qui se trouve ici dans son contexte original, sera développé par le premier rédacteur en 92,17-26 et par le second en 87,14-19. Il en est de même des thèmes de la stupidité et de l'aveuglement.

«Allons! Jetons notre semence sur elle». ⲛⲟⲩϫⲉ ⲉϩⲣⲁⲓ ⲉϫⲛ- : «jeter sur», traduit probablement καταβάλλεσθαι ... εἰς. C'est un euphémisme pour dire : inséminer [30].

[28] M. Tardieu, *op. cit.*, p. 107-117.
[29] B. Layton, *op. cit.*, note 57.
[30] Id., *ibid.*, note 58.

«Elle devint arbre à cause d'elles». L'Ecr sT paraphrase le texte : «Elle entra dans l'arbre de la connaissance où elle demeura». Il s'agit, dans la terminologie de notre auteur, de *l'arbre de la connaissance du mal et du bien*, c'est-à-dire de l'arbre de vie (cf. commentaire sur p. 88, 26-32). La Femme *vivante* se cache donc dans *l'arbre de vie.*

Le *Livre de la Sagesse* fournit un parallèle intéressant : «*L'Esprit saint* qui instruit, fuira la ruse; il se retirera devant des pensées sans intelligence et il sera plein de confusion quand l'Injustice surviendra» (*Sag.*, 1,5). Ce thème traité en langage mythologique dans l'HypArch, est donc la transposition d'un enseignement sapientiel connu du judaïsme alexandrin au premier siècle avant notre ère. L'initiation à la sagesse doit s'opérer secrètement à cause des persécuteurs. Dans l'HypArch le thème prend un relief nouveau. Pour communiquer à l'homme la connaissance, l'Esprit Instructeur doit «s'incarner» dans une créature du monde archontique. Par ce stratagème il échappe à la jalousie des Puissances qui ne peuvent, à cause de leur stupidité et de leur aveuglement, reconnaître le messager céleste caché dans leur créature. L'HypArch nous rapporte deux formes d'«incarnation», celle de la Femme spirituelle dans *l'arbre* et, dans un second temps, son «incarnation» dans *le serpent* (cf. commentaire sur p. 90,30-91,3)[31].

«Et elle leur présenta son ombre qui lui ressemble». Cette ombre est la femme charnelle créée par les Archontes (cf. commentaire sur p. 89,7-11). L'ombre (ϩⲁⲓⲃⲉⲥ) est à la fois contrefaçon et ressemblance.

p. 89,27-31 : On peut tenter de saisir la construction de ce texte en le comparant à celui de l'Ecr sT (p. 117,3-15).

HypArch	Ecr sT
Elles [la] souillèrent (ϫⲱϩⲙ)	Elles agirent avec elle (la femme charnelle) de façon perverse, la souillant (ϫⲱϩⲙ) non seulement conformément aux lois de la nature (φυσικῶς), mais
abominablement (ϩⲛ ⲟⲩⲥⲱϥ) et souillèrent (ϫⲱϩⲙ) l'empreinte de sa voix (ⲧⲥⲫⲣⲁⲅⲓⲥ ⲛⲧⲉⲥⲥⲙⲏ)	aussi abominablement (ϩⲛ ⲟⲩⲥⲱⲱϥ), souillant (ϫⲱϩⲙ) l'empreinte de sa voix (ⲧⲥⲫⲣⲁⲅⲓⲥ ⲙⲡⲉⲥϩⲣⲟⲟⲩ) première ...

[31] À propos de ces métamorphoses miraculeuses, cf. A. Böhlig et F. Wisse, *Zum Hellenismus in den Schriften von Nag Hammadi*, Wiesbaden, 1975, p. 31-32. Voir aussi B.A. Pearson, «'She Became a tree', A Note to CG II,4 : 89,25-26», *HTR* 69 (1976) 413-415, qui compare la scène de l'entrée de la Femme spirituelle dans l'arbre à une mosaïque de Pompéi sur laquelle on voit le dieu Pan poursuivre en vain une dryade qui se transforme en arbre pour lui échapper.

afin qu'elles se condamnent elles-mêmes dans leur créature (πλαсмa) et [sa] ressemblance (ϵιΝϵ).	Et elles se trompèrent parce qu'elles ne savaient pas qu'elles avaient souillé le corps qui leur appartient (πογсωмa); celui-ci est la ressemblance (ϵιΝϵ) que les Puissances ont souillée de toutes sortes de façons, avec leurs anges.

Il n'y a pas lieu de suivre B. Layton[32] dans sa correction de ΤСΦΡΑΓΙС ΝΤϵССМΗ en ΤСΦΡΑΓΙС ΜΠϵССΜΟΤ (l'empreinte de son modèle). Le parallèle de l'Ecr sT est indiscutable : πϵсϩροογ (sa voix) correspond parfaitement à τϵссмн (sa voix).

Par ailleurs, B. Layton propose pour les lignes 30 et 31 la reconstitution : ϩм πογπλαсмa м[ν πογ]ϵιΝϵ : «dans leur créature et leur ressemblance». Nous proposons, quant à nous, de lire м[ν πϵс]ϵιΝϵ «et sa ressemblance», c'est-à-dire la ressemblance de la Femme spirituelle. Les arguments sont les suivants :

— Dans le récit de création de la femme charnelle (cf. commentaire sur p. 89,7-10), nous avons montré que celle-ci est créée selon le même schéma qu'Adam, c'est-à-dire façonnée dans la matière et à la ressemblance de la Femme spirituelle. Le fait que la femme charnelle soit ressemblance de la Femme spirituelle est, par ailleurs, clairement exprimé aux lignes 25 et 26 : «Elle leur présenta son ombre *qui lui ressemble*».

— Un deuxième argument peut être tiré du commentaire de l'Ecr sT. Si le texte avait porté πογϵιΝϵ : leur ressemblance, le rédacteur n'aurait pas eu besoin de préciser ce qu'est la ressemblance que les Puissances ont souillée; il aurait dit seulement : «Ils ne savaient pas qu'ils avaient souillé le corps qui leur appartient (πογсωмa est une exégèse de πογπλαсмa) et leur ressemblance (πογϵιΝϵ)». S'il éprouve le besoin de préciser que la ressemblance (πιΝϵ) est le corps, c'est précisément parce que son modèle pouvait suggérer une exégèse différente. Ces deux arguments suffisent à justifier la reconstitution, [πϵс]ϵιΝϵ : la ressemblance de la Femme spirituelle.

Le texte de l'HypArch distingue donc deux souillures de la femme charnelle; l'une serait celle de son corps matériel, l'autre celle de la ressemblance de la Femme spirituelle modelée par les Archontes dans la matière. Les termes de l'énoncé se répondent deux à deux :

[32] B. Layton, *op. cit.*, note 63.

Elles la souillèrent abominablement	et	elles souillèrent l'empreinte de sa Voix
	afin qu'elles se condamnent	elles-mêmes
dans leur créature		et dans sa ressemblance

L'expression ⲧⲥⲫⲣⲁⲅⲓⲥ ⲛⲧⲉⲥⲥⲙⲏ est difficile. Avec B. Layton, nous comprenons σφραγίς (sceau) avec le sens de σφράγμα (empreinte faite par le sceau); le thème de la femme, empreinte d'une réalité céleste, est connu par ailleurs des gnostiques du 2e siècle[33]. Le choix du mot «Voix» pour désigner le modèle céleste est dans la ligne du traité, puisque la «Voix» désigne non pas le monde céleste en tant que tel, mais le monde céleste *manifesté* dans le monde inférieur (cf. p. 87,1-2; 88,18; 94,23-24).

Puisque nous sommes ici dans un contexte de création, on doit comprendre que la femme charnelle est l'*empreinte*, c'est-à-dire la reproduction dans la matière (la statue, l'idole) d'une réalité céleste manifestée qui, elle, est *Voix*. Cette symbolique de la création de la femme est comparable à celle du thème biblique de *la polémique contre l'idolâtrie* conservé dans *Deutéronome*. D'après ce texte, l'attitude d'Israël à l'égard des idoles doit être dictée par le mode même de la manifestation de Dieu à l'Horeb: «Alors le Seigneur vous parla du milieu du feu: vous entendiez le son des paroles, mais vous ne voyiez pas d'*image* (ὁμοίωμα); rien qu'une *Voix*! (φωνή)» (*Dt.*, 4,12). «Prenez bien garde à vous-mêmes — puisque vous n'avez pas vu d'*image* (ὁμοίωμα) le jour où le Seigneur vous a parlé à l'Horeb, sur la montagne, du milieu du feu — de peur que vous ne vous corrompiez et que vous ne vous fassiez une *image gravée* (γλυπτὸν ὁμοίωμα), toute ressemblance (εἰκών), image de mâle ou de femelle (ὁμοίωμα ἀρσενικοῦ ἢ θηλυκοῦ)» (*Dt.*, 4,15). Le γλυφεύς est le graveur et peut être de façon plus précise le graveur de sceaux (γλυφεύς τῶν σφραγίδων, cf. LIDDELL-SCOTT); l'image gravée (γλυπτὸν ὁμοίωμα) pouvait donc être interprétée comme une empreinte de sceau.

Rappelons enfin que la souillure de la femme charnelle est à l'origine de l'humanité et que de son union avec le monde archontique vont naître Caïn le charnel et Abel. Le rédacteur donne deux explications à ces naissances. En 91,11-15, comme nous le verrons, il distingue deux unions sexuelles:

— de l'union de la femme charnelle avec les Archontes (Yaldabaoth et ses fils) naîtra Caïn, le charnel,

[33] HIPPOLYTE, *Ref.*, 5,26.

— de son union avec l'Archonte (Sabaoth) naîtra Abel, le psychique. La nature des fils est donc expliquée par la nature des partenaires mâles de la femme. Dans notre texte au contraire, elle semble l'être par les deux composantes de la femme charnelle :

— de l'union de sa matière avec les Puissances, naîtra Caïn, le charnel.

— de l'union de sa forme (empreinte de sa Voix) avec les Puissances, naîtra Abel. Dans ce cas, l'union sexuelle est unique et donne naissance à des jumeaux.

«Afin qu'elles se condamnent elles-mêmes dans leur créature et sa ressemblance». Le thème est eschatologique. Il faut probablement comprendre que la condamnation des Puissances qui se produira à la fin des temps, est rendue inéluctable du fait même de la double nature de l'humanité. La cohabitation de l'homme matériel et de l'homme psychique ne peut être que temporaire; celui qui est *matière* est appelé à retourner à la matière, celui qui est *ressemblance* à s'unir à son modèle. Alors s'achèvera la domination des Puissances.

c) *La désobéissance d'Adam*

p. 89,31-90,19 (1er rédacteur : Genèse «véritable»)

p. 89,31-32. «Alors la (Femme) spirituelle entra dans le serpent, l'Instructeur». Le récit de la désobéissance d'Adam, comme celui de son réveil par la Femme spirituelle (p. 89,11-17) est entièrement placé sous le signe de la Vie. Grâce à des jeux de mots fondés sur l'araméen, le serpent (ḥewayā), l'Instructeur (ḥāwē') et l'arbre de la connaissance du mal et du bien (= arbre de Vie) deviennent autant de manifestations symboliques d'une réalité unique, celle de l'Esprit (la Femme *vivante*, Ève [*ḥawwah*], la Vie).

«Il *l'*instruisit, disant». Nous lisons ⲁϥⲧⲁ[ⲙⲟⲥ] et non pas, comme B. Layton : «ⲁϥⲧⲁ[ⲙⲟⲟⲩ], il *les* instruisit». Dans le texte canonique de *Genèse*, en effet, l'instruction est donnée à la femme seule. Il en est de même dans l'HypArch, et l'apparente contradiction entre le singulier et le pluriel «Il *l'*instruisit, disant» : «Que *vous* a-t-il dit?» doit être conservée puisqu'elle se trouvait déjà dans *Genèse*.

p. 89,33-90,2 (cf. commentaire sur p. 88,26-32). Le serpent énonce la loi que Sabaoth, l'Archonte, a instituée afin de maintenir l'homme sous sa domination. L'interdiction de manger du fruit de l'arbre de la connaissance du mal et du bien n'est accompagnée d'aucune sanction.

p. 90,2-5. La femme charnelle modifie l'énoncé de la loi en y ajoutant la menace de mort proférée par les Archontes (Yaldabaoth et ses fils).

p. 90,6-10. L'Instructeur dénonce la falsification introduite par les Archontes et instruit la femme de la véritable nature de ceux-ci : «Ils sont jaloux». Puis dans un second temps, il lui enseigne le rôle véritable de l'arbre de la connaissance.

«Vos yeux s'ouvriront». C'est le rejet de la malice qui provient de l'ignorance (cf. commentaire sur p. 90,15-16).

«Vous serez comme *les* Dieux, connaissant le mal et le bien». Par la connaissance, l'homme se reconnaît étranger à ce monde et de même nature que les êtres célestes.

L'accès à la connaissance procède donc d'une double démarche. Il est d'abord rejet du monde archontique et ensuite identification avec le monde céleste. Ces deux étapes sont symbolisées par deux manducations du fruit de l'arbre.

p. 90,11-12 (cf. commentaire sur p. 90,32-34).

p. 90,13-15. «Et la femme *charnelle* prit (du fruit) de l'arbre, elle en mangea, et elle en donna à son mari en même temps qu'à elle et les *psychiques* mangèrent». Le texte implique deux manducations : «la femme charnelle mangea», et «les psychiques mangèrent». En rejetant le monde des Archontes, la femme passe de la condition *charnelle* à celle de *psychique* : c'est la première manducation. Devenue désormais semblable à l'Adam psychique, elle peut, avec lui, recevoir l'instruction positive sur la nature du monde céleste : c'est la deuxième manducation, celle qui fait passer l'homme de la condition de *psychique* à celle de *spirituel.*

«Elle en donna à son mari en même temps qu'à elle». Comme l'instruction ne peut être donnée que par un personnage venu du monde céleste, et comme par ailleurs, l'HypArch ne présente jamais Adam comme le mari de la femme charnelle, on est naturellement conduit à réinterpréter le texte de *Genèse.* Nous le lisons donc de la façon suivante : *La femme charnelle prit du fruit de l'arbre, elle en mangea.* Et la Femme spirituelle *en donna à* Adam *son mari, en même temps qu'à* la femme devenue psychique par la première manducation. *Et les psychiques mangèrent.*

p. 90,15-19. Cet enseignement, comme les précédents, est une réinterprétation de *Genèse.*

HypArch	*Gn.*, 3,7
Et les psychiques *mangèrent*	*Et ils mangèrent*
Et leur malice *s'ouvrit*	*Et leurs* yeux *s'ouvrirent*
Et ils comprirent qu'ils étaient nus du spirituel	*Et ils connurent qu'ils étaient nus*
Ils prirent des feuilles de figuier et s'en ceignirent les reins.	*Et ils arrachèrent des feuilles de figuier et s'en firent des ceintures.*

B. Layton propose de corriger la première partie du texte et de lire ⲟⲩⲱⲛϩ ⲉⲃⲟⲗ (manifester) au lieu de ⲟⲩⲱⲛ (ouvrir). Cependant, quelles que soient les difficultés d'interprétation du texte, le parallèle de *Genèse* montre que la forme ⲟⲩⲉⲛ (ouvrir), n'est pas une faute de scribe, mais bien une traduction fidèle de διηνοίχθησαν.

Plus surprenante est la traduction de ὀφθαλμοί (*yeux*), par κακία (*malice*). Cette exégèse peut cependant être justifiée à partir du texte hébreu. Vocalisé עֵינֵי שְׁנֵיהֶם (*'éné šnéhèm*), le sens est «*leurs yeux à eux deux*», mais vocalisé עֳנִי שְׁנֵיהֶם (*'oni šnéhèm*), il devient «*leur malice à eux deux*». On peut donc admettre que *leur malice s'ouvrit* est bien une exégèse de *leurs yeux s'ouvrirent*.

On doit par ailleurs tenir compte du rôle qu'a pu jouer le traducteur copte. Dans cette langue, ⲟⲩⲱⲛϩ (manifester) et ⲟⲩⲱⲛ (ouvrir) se rattachent étymologiquement à la même racine[34]. Le sens du texte serait alors : «leur malice devint visible, elle qui provenait de leur ignorance». Après avoir reçu l'instruction, Adam et la femme charnelle prennent conscience du fait que leur malice[35] avait pour cause leur ignorance, *et comprennent qu'ils sont nus du spirituel.*

«Ils prirent des feuilles de figuier et s'en ceignirent les reins». Le figuier doit être identifié à l'arbre de la connaissance. Après s'être dépouillés de leur ignorance (rejet du monde archontique), Adam et la femme se revêtent de la connaissance (initiation au monde céleste). Ils deviennent ainsi des spirituels.

Tel que nous le comprenons, le récit biblique de la désobéissance d'Adam devient dans l'HypArch, le modèle mythique de l'initiation à la gnose. Pour accéder à celle-ci, l'homme doit se soumettre à une initiation progressive dont la première phase conduit au rejet de l'erreur et la seconde à l'accueil de la véritable connaissance grâce à laquelle le salut s'opère. Par ailleurs le rédacteur expose en filigrane un mythe

[34] En hiéroglyphique et en démotique ⲟⲩⲱⲛ = WN : ouvrir et ⲟⲩⲱⲛϩ ⲉⲃⲟⲗ = WN ḤR : ouvrir le visage, cf. WESTENDORF, *Koptisches Handwörterbuch*, p. 273 et 274-75.

[35] Ou «leur imperfection», cf. B. LAYTON, *op. cit.*, note 72.

d'origine de la connaissance qui combine deux systèmes symboliques. La connaissance identifiée à la Femme spirituelle a été manifestée à Adam aux origines, mais à cause du désir des Puissances, elle a été contrainte de se cacher en revêtant l'enveloppe d'une créature archontique. La gnose devint arbre. Elle est donc depuis les origines prisonnière des Archontes et inaccessible à l'homme. En s'incarnant dans le serpent, la Femme spirituelle enseigne à l'homme le chemin du salut, mais aussi, se sauve elle-même par son intermédiaire. L'homme, instruit par l'Esprit-Serpent, va libérer des Archontes l'Esprit-Arbre.

p. 90,19-29 (1er rédacteur : Genèse «véritable»)

HypArch	*Gn.*, 3,9-12
Alors *le Grand Archonte* vint *et il dit* : «Adam, *où es-tu?*» car il ne savait pas ce qui était arrivé.	*Le Seigneur Dieu* appela l'homme *et lui dit* : «*Où es-tu*?»
Et Adam *dit* : «*J'ai entendu ta Voix, j'ai eu peur parce que j'étais nu et je me suis caché*».	*Il dit* : «*J'ai entendu ta voix* dans le Paradis *et j'ai eu peur parce que je suis nu et je me suis caché*».
L'Archonte dit : «Pourquoi t'es tu caché, si ce n'est parce que *tu as mangé de l'arbre au sujet duquel je t'avais ordonné* : 'de lui seul, *ne mange pas*' et tu en as mangé».	*Il dit* : «Qui t'a révélé que tu étais nu? Est-ce que *tu as mangé de l'arbre dont je t'avais ordonné de ne pas manger*?»
Adam dit : «*La Femme que tu m'as donnée, m'en a donné et j'ai mangé*».	*Adam dit* : «*La femme que tu as mise auprès de moi*, c'est elle qui *m'a donné de l'arbre et j'ai mangé*».

p. 90,19-21. L'Archonte Sabaoth ignore qu'Adam a reçu l'instruction; en effet l'Esprit Instructeur agit à l'insu du monde archontique en revêtant la forme d'une créature.

p. 90,21-23. Adam lui dit : «*j'ai entendu ta Voix*», non pas, comme dans *Genèse*, «j'ai entendu ta voix *dans le Paradis*», mais seulement *ta Voix*. Cette Voix est celle de la Femme spirituelle qui est venue l'éveiller (p. 89,11-15).

«J'ai eu peur car j'étais nu», non pas peur de l'Archonte, puisque par la connaissance Adam échappe à son pouvoir, mais peur de la nudité spirituelle qui était la sienne (p. 90,17).

«Et je me suis caché». Non pas «*parmi les arbres du jardin*» comme l'enseigne *Genèse*, mais en voilant ma nudité spirituelle sous les feuilles de l'arbre de la connaissance. Par la connaissance l'homme devient en effet invisible aux Puissances et échappe ainsi à leur domination.

p. 90,24-27. L'Archonte comprend qu'Adam, par sa désobéissance, a échappé à sa domination.

p. 90,28-29. Adam répond : «*La Femme que tu m'as donnée*», non pas la femme charnelle, mais la Femme spirituelle que j'ai trouvée auprès de moi à mon réveil, *m'a donné* l'Instruction *et j'ai mangé*».

p. 90,29-31 (1er rédacteur : Genèse «véritable»)

«Et le présomptueux Archonte maudit la femme». En 91,4-7 le rédacteur identifie explicitement le monde céleste à la *bénédiction* et le monde des Archontes à la *malédiction*. La malédiction prononcée contre la femme et contre le serpent (p. 90,32) signifie donc pour eux, une condamnation à demeurer prisonniers du monde archontique (le Paradis). En conséquence, cette malédiction ne peut s'adresser qu'à la femme charnelle devenue psychique (p. 90,13-19).

«La femme dit : c'est le serpent qui m'a trompée, j'ai mangé». L'homme se trouve confronté à un choix décisif, lors de la venue de l'Instructeur. S'il reconnaît la nature céleste de celui-ci, comme Adam qui a reconnu la Femme spirituelle sous la dépouille du serpent, il est sauvé; si, au contraire, comme la femme, il ne voit que la nature matérielle (le serpent) revêtue par l'Instructeur, il n'accède pas au salut. Adam est donc le type du salut réalisé alors que la femme, mère de l'humanité, représente l'humanité dont le salut est différé.

p. 90,32-34 (1er rédacteur)

Dans la première rédaction, le thème du serpent Instructeur apparaît en 89,31-90,12 et 90,32-34. Celui-ci revêt un corps emprunté au monde inférieur pour ne pas être reconnu des Puissances (p. 89,31-32), instruit l'humanité de la véritable nature de ces Puissances et du monde céleste (p. 89,33-90,10), puis se retire (p. 90,11) abandonnant son enveloppe terrestre (p. 90,12). Parmi les hommes, certains accueillent sa parole (Adam, p. 90,28-29), d'autres la dénoncent (la femme, p. 90,30-31). Alors les Puissances tentent de mettre le Sauveur à mort, mais n'atteignent en réalité que son enveloppe terrestre (p. 90,32-34).

Ce schéma correspond bien à celui que le *Deuxième Traité du Grand Seth*[36] met dans la bouche même du Sauveur : «J'ai cherché une maison corporelle, j'ai jeté dehors celui qui l'habitait d'abord et je suis entré ... Moi qui suis d'au-delà des cieux, je n'ai pas nié devant eux que j'étais

[36] GrSeth, p. 51,20-55,19.

un Christ, mais je ne me suis pas manifesté à eux dans l'amour qui émanait de moi. Je révélai que j'étais étranger aux régions inférieures ... Or quelques-uns étaient convaincus à la vue des miracles que j'accomplissais ... Ce sont ceux de la race d'Adonaïos. D'autres, au contraire, se précipitèrent, comme à l'instigation du Cosmocrator et des siens, m'infligeant toute espèce de châtiment ... Je ne suis pas mort réellement en sorte que ne s'enorgueillît pas leur Archange ... Ces Gens-là m'ont châtié, mais je ne mourais pas en réalité, mais en apparence».

p. 90,34-91,3 (2e rédacteur)

Aux origines la Femme spirituelle a apporté le salut à l'homme (Adam) en revêtant l'apparence du serpent; aux temps historiques l'Homme parfait (cf. *Ep.*, 4,13) est venu apporter le salut aux fils de la femme (l'humanité) en reprenant l'apparence du même serpent.

d) *Salut définitif d'Adam*

p. 91,3-7 (1er rédacteur : Genèse «véritable»)

Ce passage sert de conclusion à l'histoire du salut d'Adam. En proclamant sa foi dans le monde céleste (p. 90,28-29), Adam échappe à la *malédiction* des Archontes et rejoint le monde de la *bénédiction.* L'entrée au Paradis (p. 88,24-26) marquait la chute dans l'ignorance, la sortie de ce même Paradis, le salut par la connaissance. À la différence du texte de *Gn.*, 3,23, le rédacteur précise qu'Adam est chassé *avec sa femme*; il ne peut s'agir que de la Femme spirituelle, puisque la femme charnelle reste sous la *malédiction* de l'Archonte, donc dans le Paradis. Ainsi s'achève le mythe d'Adam.

p. 91,7-11 (2e rédacteur)

Ce texte anticipe sur le récit de Caïn et Abel et sert de transition entre l'histoire d'Adam qui vient de prendre fin et celle de l'humanité qui commence. Adam *a été jeté hors* du Paradis, l'humanité va *être jetée dans* les soucis de l'existence. La vie matérielle (βίος) à laquelle l'humanité est soumise, s'oppose à la Vie véritable (ζωή) qui est libération.

PREMIÈRE GÉNÉRATION HUMAINE (p. 91,11-92,4)

p. 91,11-15 (1er rédacteur : Schéma anthropogonique et Genèse « véritable »)

Comme le démontrent à la fois l'étude du Schéma anthropogonique (cf. Synopse, p. 12-14) et le commentaire sur la souillure de la femme charnelle par les Puissances (p. 89,18-31), Caïn et Abel sont les ancêtres de l'humanité, issus de l'union de la femme charnelle avec les Puissances. À la lumière de cette hypothèse, les divergences observées entre le texte de *Genèse* et celui de l'HypArch acquièrent leur signification.

HypArch, 91,11-15	*Gn.*, 4,1-2
Après cela, elle *enfanta Caïn* leur fils. Et *Caïn cultivait la terre.*	L'homme connut Ève, sa femme, elle conçut et *enfanta Caïn.*
	Elle dit : « J'ai acquis un homme grâce à Dieu ».
Ensuite il connut sa femme, elle conçut encore, *elle enfanta Abel. Et Abel était berger de petit bétail.*	*Elle enfanta* ensuite *Abel* son frère. *Abel était berger de petit bétail et Caïn cultivait la terre.*

« Après cela », c'est-à-dire après son union avec les Puissances, la femme charnelle enfanta Caïn *leur fils*, le fils des Puissances.

« Ensuite il connut sa femme ». Comme dans l'Ecr sT (cf. Synopse, p. 13) le protagoniste mâle de cette union qui va donner naissance à Abel est le premier Archonte, c'est-à-dire Sabaoth. Cette deuxième union, contrairement à la première, a lieu après que la femme charnelle ait reçu l'instruction et soit devenue psychique. La nature de Caïn et d'Abel est donc déterminée de façon héréditaire par celle de leurs parents. Caïn est le fils des Puissances matérielles et animales et de la femme charnelle ; il sera donc charnel (p. 91,20) et *cultivera la terre.* Abel, au contraire, fils de Sabaoth et de la femme psychique, sera lui-même un juste dominant ses passions, comme le *berger* a autorité *sur le bétail* qu'il garde. À ces deux races, s'ajoutera celle des spirituels (Seth) issue de l'union, hors du monde des Archontes, d'Adam le spirituel avec sa co-ressemblance céleste Ève, la Femme spirituelle (cf. commentaire sur p. 91,30-33).

Le rédacteur nous présente donc un système d'organisation de l'humanité parfaitement cohérent et hiérarchisé. Caïn est le matériel soumis à ses passions, Abel, le psychique, le juste dont la raison domine les passions, et Seth le spirituel dont l'origine est étrangère au monde des Archontes, et qui détient la connaissance.

p. 91,15-30 (1er rédacteur : Genèse « véritable »)

Le troisième intervenant du drame est appelé Dieu (p. 91,18.21.24). Dans le traité, ce nom est donné aussi bien au Dieu céleste (p. 87,32; 88,2) qu'à Samaël-Saklas (p. 86,30; 87,3; 94,22.26; 95,5) ou à Sabaoth (p. 95,23). Il est logique de penser qu'ici, celui qui prend la défense d'Abel contre Caïn est l'Archonte Sabaoth, *le Dieu des Forces*, père d'Abel et non pas le Dieu céleste qui n'intervient par ailleurs jamais dans le monde inférieur autrement que par l'intermédiaire de la Voix, de Sophia ou de Zoè.

L'une des clés d'interprétation de tout ce passage est précisément les liens qui unissent Caïn et Abel à Yaldabaoth et Sabaoth. Sans aller jusqu'à identifier les deux ancêtres de l'humanité aux deux Archontes[37], l'HypArch interprète l'épisode de Caïn et Abel comme la répétition du drame primordial qui a opposé Yaldabaoth à Sabaoth et abouti à l'organisation actuelle du monde historique. Qu'il suffise ici d'attirer l'attention du lecteur sur le parallélisme des deux récits.

Pères Yaldabaoth-Sabaoth (p. 95,13-96,14)	Fils Caïn-Abel (p. 91,11-30)
Yaldabaoth est l'*Engendreur* des Puissances.	Caïn est le *Fils* des Puissances.
Sabaoth est le *Dieu des Puissances.*	Abel est le fils du *chef des Puissances.*
Yaldabaoth et ses fils *peuplent les cieux du chaos.*	Caïn *cultive la terre.*
Sabaoth est placé *au-dessus des Puissances du chaos.*	Abel est *berger de bétail.*
Sabaoth *condamne son père et sa mère la matière et loue Sophia.*	Abel offre *un sacrifice de ses agneaux.*
Sabaoth est alors exalté.	Abel voit son offrande acceptée.
Yaldabaoth, *jaloux* de Sabaoth, *engendre la mort.*	Caïn *poursuit* Abel (pour le tuer).
Yaldabaoth installe ses fils *sur les (sept) cieux du chaos.*	Caïn est protégé par *sept vengeances.*

[37] L'ApocrJn II (p. 24,16-34, cf. Synopse, p. 13-14) opère cette identification : Elohim (Yaldabaoth) = Caïn, Yahvé (Sabaoth) = Abel.

«Or Caïn présenta des fruits de son champ». L'homme terrestre ne peut produire que des œuvres terrestres.

«Abel présenta un sacrifice de ses agneaux». Les Puissances, c'est-à-dire les passions, sont représentées symboliquement par des animaux (cf. p. 87,26-29 et commentaire sur p. 88,19-24). On doit donc comprendre qu'Abel rejette (sacrifie) ses passions (les agneaux) pour se laisser guider par la raison.

«Dieu se pencha sur les offrandes d'Abel, mais n'accepta pas les offrandes de Caïn». L'homme qui renonce aux passions accède au monde de la Justice, celui de Sabaoth, tandis que celui qui se laisse dominer par elles, demeure sous l'emprise de Yaldabaoth et de ses Puissances.

«Et Caïn le charnel poursuivit Abel, son frère». Caïn est *charnel* parce que fils de la femme charnelle (p. 90,2) et des Puissances (p. 89, 26-31). À la différence de *Gn.*, 4,8 et 25, l'HypArch ne parle de la *mort* d'Abel, ni dans ce passage, ni lors de la naissance de Seth (p. 91,30-33). Ce thème est remplacé par celui de la poursuite (διώκειν) d'Abel par Caïn, thème analogue à celui de la poursuite de la Femme spirituelle par les Puissances.

HypArch, 91,21-30	*Gn.*, 4,9-16
Alors *Dieu dit à Caïn : «Où est Abel ton frère?»*	(9) *Dieu dit à Caïn : «Où est Abel ton frère?»*
Il répondit, il dit : «*Suis-je le gardien de mon frère!*»	Il dit : «Je ne sais! *Suis-je le gardien de mon frère!*»
Et Dieu dit à Caïn : «Voici que *la Voix du sang de ton frère crie vers moi*».	(10) *Et Dieu dit* : «Qu'as-tu fait! *La Voix du sang de ton frère crie vers moi, de la terre.*
Tu as péché par ta *bouche*, elle se tournera vers toi».	(11) Et maintenant maudis sois-tu par la terre qui a ouvert la *bouche* pour recevoir le sang de ton frère, de ta main.
	(12) Lorsque tu travailleras la terre, elle ne continuera pas à te donner sa force».
	. . . .
	(15) Et le Seigneur Dieu lui dit : «Il n'en sera pas ainsi :
«*Quiconque tuera Caïn déchaînera sept vengeances.*	*Quiconque tuera Caïn déchaînera sept vengeances.*
	. . . .
Tu seras donc soupirant et tremblant sur la terre».	(12) *Tu seras faible et tremblant sur la terre*».

L'interprétation de cette deuxième partie du récit est très incertaine. Le texte de *Genèse* s'organisait principalement autour de la fonction symbolique de la terre qui recevait le sang d'Abel et maudissait Caïn. Mais la valeur symbolique accordée par le rédacteur de l'HypArch à la terre (monde matériel de Yaldabaoth et de Caïn), l'oblige à réécrire le texte de *Genèse* : La Voix du sang d'Abel ne peut pas crier, *de la terre*, pas plus que la terre ne peut *maudire* Caïn. C'est par ce même souci de maintenir la cohérence de son système symbolique que le rédacteur propose la relecture : «Tu as péché par *ta bouche*». Puisque dans le texte de *Genèse*, il est question de la *bouche de la terre* qui s'est ouverte pour recueillir le sang d'Abel, il existe une équivalence symbolique entre la *bouche de Caïn* et *la terre qui boit le sang* d'Abel. Cette équivalence est aussi connue de la *Vie latine d'Adam et d'Ève*. Ève eut une vision après la naissance de Caïn et Abel : «Le sang de notre fils Abel était dans la main de Caïn et celui-ci l'avalait goulûment»[38].

L'ensemble de l'énoncé : «Tu as péché par ta bouche, *elle se tournera vers toi*» pourrait être une paraphrase de *Gn.*, 4,7 : «Le *péché* est tapi à ta porte, *son élan est vers toi*»[39]. Quant à son interprétation, elle doit probablement être faite à la lumière de *Gn.*, 3,19 : «Tu es poussière et tu retourneras à la poussière». Caïn est un homme matériel qui pèche en suivant le penchant de sa nature matérielle, aussi la matière (la bouche de la terre) se tournera-t-elle vers lui pour l'engloutir. Le rédacteur réinterprète ainsi l'enseignement de *Genèse* sur l'origine de la mort.

«Quiconque tuera Caïn déchaînera sept vengeances». Si l'on identifie Caïn aux passions, on peut comprendre que ceux qui, comme Abel, sacrifient leurs passions, déchaînent la vengeance des sept Puissances. Mais la conclusion «tu seras donc soupirant et tremblant sur la terre» invite à proposer une lecture eschatologique : le Sauveur, malgré l'opposition des sept Puissances, mettra fin par sa venue, à la domination des passions sur la raison.

p. 91,30-33 (1er rédacteur : Schéma anthropogonique et Genèse «véritable»)

«Alors Adam connut sa co-ressemblance Ève». Aux Archontes qui prétendent avoir connu Ève, Noréa répond : «Vous n'avez pas connu

[38] *Vie latine d'Adam et d'Ève*, 22,4 et *Apocalypse de Moïse*, 2,3-4 (version plus développée).

[39] Traduction d'après l'hébreu; les Septante et la Vulgate donnent des versions différentes.

ma Mère, mais vous avez connu votre co-ressemblance. Non! Je ne suis pas issue de vous, mais je viens de ceux d'En haut» (p. 92,22-26). Ève, la mère de Seth et de Noréa, est donc la Femme spirituelle, celle qui est venue d'En haut pour s'unir à Adam. Seth est le fruit d'une union opérée dans le monde céleste entre Adam le spirituel et la Femme spirituelle. Seth est appelé «*un autre homme*» car il appartient à un autre monde, il est d'une autre race (allogène). La discrétion du rédacteur à l'égard du personnage de Seth nous interdit de spéculer sur son rôle. On notera seulement les analogies que l'on peut relever entre notre texte et celui d'*Epiphane* sur les Archontiques : «Les Archontiques disent encore qu'Adam, après s'être uni à *Ève sa propre épouse*, engendra *Seth son propre fils par nature* : et alors ils disent que la Puissance d'En haut est descendue avec les anges, serviteurs du Dieu bon, et qu'elle s'est emparée de Seth lui-même qu'ils appellent aussi l'*Allogène*; et elle l'a fait monter quelque part en haut pour l'élever pendant une longue période, *afin qu'il ne soit pas tué*. Longtemps après, elle le fit redescendre, dans ce monde-ci, après l'avoir rendu spirituel, cela pour que ne prévalent pas contre lui le Démiurge et les autres Puissances et Principautés du dieu créateur du monde. Selon les Archontiques, Seth ne sert plus le Créateur et Démiurge, mais ne reconnaît que la Puissance ineffable et le Dieu bon d'En haut. C'est ce dernier qu'il sert et il révèle beaucoup de choses contre le Créateur du monde, les Principautés et les Puissances»[40].

p. 91,34-92,2 (1er rédacteur : Schéma anthropogonique)

Nous nous fondons pour restituer le nom de Noréa en 91,34, sur la glose de 92,2-3 : «C'est la vierge que les Forces n'ont pas souillée». Cette glose, en effet, identifie explicitement le personnage de notre récit avec la vierge Noréa dont l'histoire sera rapportée en 92,18-93,8.

La déclaration d'Ève, lors de la naissance de Noréa : «Il m'a engendré une *Vierge* comme *Aide*», nous donne l'interprétation du nom de Noréa retenue par l'auteur. Elle se nomme Noréa parce qu'elle est vierge (hébreu *Na'ara* נַעֲרָה). Cette interprétation du nom de Noréa avait été avancée par W. Bousset[41]. Il est possible aussi que le titre

[40] *Panarion*, 40, 7,1-3 (traduction de M. Tardieu dans *Trois mythes gnostiques* ..., p. 36). Dire que Seth a été enlevé en haut pour une longue période, afin qu'il ne soit pas tué, revient à l'identifier à Abel. Seth serait en quelque sorte Abel, investi de l'Esprit. Cette idée découle logiquement du récit de *Genèse* qui fait de Seth le «remplaçant» d'Abel.

[41] W. Bousset, *Hauptprobleme der Gnosis*, p. 14.

d'*Aide* qui est donné au personnage, soit traditionnel; en effet, dans le témoignage le plus ancien dont nous disposons sur le nom de la sœur-épouse de Seth, celle-ci est nommée Azura (hébreu עֲזוּרָה)[42], *celle qui aide*. Quoi qu'il en soit de l'étymologie réelle du nom, la double interprétation, suggérée par le texte de l'HypArch, de Noréa comme *Vierge* et *Aide*, correspond parfaitement à sa fonction et l'identifie à sa mère Ève qui, comme elle, est à la fois la *Vierge* que les Puissances n'ont pas souillée (p. 89,18-31) et l'*Aide* (βοηθεία) envoyée à Adam (p. 88,18-19). Noréa remplit donc auprès de Seth le rôle rempli par Ève, la Femme spirituelle, auprès d'Adam.

Si le rédacteur d'HypArch indique clairement que Noréa est la fille d'Ève, il reste très énigmatique quant à l'identité du père. Cette imprécision s'explique probablement par la difficulté qu'il a eu à concilier le schéma anthropogonique et les données bibliques. Si l'on suit la version du schéma retenue par l'ApocrJn II (p. 24,34-25,15; cf. Synopse, p. 14), la compagne de Seth est une réplique de ce qui est dans le Plérôme, «envoyée dans le monde par sa Mère». Cette conception de Noréa, émanation du monde céleste, correspond bien à l'énoncé de l'HypArch : «De nouveau, Ève (la Mère) conçut et elle enfanta Noréa». Mais inversement, la déclaration faite par Ève lors de la naissance de Noréa : «*Il* m'a engendré une vierge» peut impliquer la paternité d'Adam, comme dans le *Livre des Jubilés* où Azura est fille d'Adam et d'Ève.

p. 92,1. «Comme Aide pour les générations de (la) race des Hommes» (ⲛⲃⲟⲏⲑⲉⲓⲁ [ϩⲛ]ⲛ̣ⲅⲉⲛⲉⲁ ⲛⲅⲉⲛⲉⲁ ⲛⲣⲣⲱⲙⲉ). B. Layton traduit : «pour de nombreuses générations d'hommes», mot à mot : «pour (les) générations (γενεά) de générations (γενεά) d'hommes». Pour comprendre l'expression ⲛⲅⲉⲛⲉⲁ ⲛ̄ⲣⲣⲱⲙⲉ, il faut d'abord définir quelle est la fonction du texte. Noréa est envoyée ici comme Aide à Seth et à ses descendants; or dans le Livre de la *Genèse*, le chapitre 5 qui donne la généalogie des descendants de Seth porte le titre de *séfèr tôldot 'âdâm* que les LXX ont traduit par «ἡ βίβλος γενέσεως ἀνθρώπων», «le livre de la génération (ou de la race) des hommes». Pour un gnostique, Seth était l'*Homme* puisqu'il avait pour père, Adam, l'*Homme* créé à l'image de l'*Homme céleste*; d'ailleurs la phrase prononcée par Ève lors de sa naissance : «Il m'a enfanté un *autre Homme*» (p. 91,32-33), montre l'importance que l'on attribuait à ce titre. On comprend alors que le

[42] *Jubilés*, 4,11.

rédacteur ait donné au texte de *Genèse* son sens fort : «Livre de la race des Hommes». Peut-être le texte grec de l'HypArch portait-il : «πρὸς τὰς γενεὰς (τῆς) γενεᾶς τῶν ἀνθρώπων», que l'on traduirait : «*pour les générations* (γενεάς, pluriel) *de la race* (γενεᾶς, singulier) *des Hommes*»[43].

p. 92,2-3 (glose)

p. 92,3-4 (1er rédacteur : Genèse «véritable)

«Alors *les Hommes commencèrent à se multiplier* et *à devenir beaux*»[44]. Cette phrase est un résumé très concis du mythe d'union des fils de Dieu avec les filles des hommes conservé en *Gn.*, 6,1-4 : «Quand *les hommes commencèrent à se multiplier* à la surface du sol et que les filles leur naquirent, il advint que les fils de Dieu s'aperçurent que les filles des hommes *étaient belles*, ...». La réinterprétation proposée est logique : Seth étant à la fois le *Fils de Dieu* et l'*Homme*, la multiplication de sa race est symbolisée par l'union des *Fils de Dieu* et des *Filles des Hommes*[45]. Le mythe de *Genèse* est totalement inversé; alors que dans le texte canonique, la perversité des hommes était à l'origine du déluge, ici, au contraire, c'est la beauté des séthiens qui va provoquer la jalousie des Archontes et leur décision d'exterminer les hommes par un déluge.

LE DÉLUGE (p. 92,4-18)

p. 92,4-18 (1er rédacteur : Genèse «véritable»)

Les protagonistes du déluge sont au nombre de quatre :
— L'Archonte des Forces qui veille sur la vie de tous les êtres vivants, s'identifie avec le Dieu juif de la Loi, Yahvé Sabaoth.
— À lui s'opposent les Archontes (Yaldabaoth et ses fils) dont la volonté est d'exterminer la création.

[43] Il est probable que le traducteur copte n'a pas saisi l'allusion à *Gn.*, 5.

[44] R.A. Bullard, *op. cit.*, p. 93-94; B. Layton, Appendix C § 13. Le verbe ⲁⲛⲁⲓ signifie en premier lieu «être beau» (καλός εἶναι) et correspond donc parfaitement à *Gn.*, 6,1 où il est dit des filles des hommes qu'elles étaient belles (καλαὶ εἰσιν). Probablement parce qu'il n'a pas vu qu'il y avait inversion du mythe, B. Layton suppose, à la suite de P. Nagel que l'original grec portait : «et à devenir meilleurs» (βελτίους γίνεσθαι).

[45] En 91,30-33, lors de la naissance de Seth, Ève dit : «J'ai acquis un autre *Homme*, de *Dieu*». Seth porte donc à la fois le titre d'*Homme* et de *fils de Dieu*, titres dont ses descendants héritent.

— Noé, d'après le ch. 5 de *Genèse*, est l'un des descendants de Seth, il symbolise donc la race des séthiens.

— Oréa-Noréa[46] est l'Aide de Noé comme elle fut celle de Seth. Elle est l'Instructrice.

Le mythe raconte comment le séthien Noé, menacé d'extermination par les Archontes, sauva sa vie et par le fait même, celle de la race des séthiens, en acceptant de se mettre sous la protection de l'Archonte des Forces, Sabaoth. Mais si l'Archonte accepta d'être le protecteur de Noé en face des Archontes, il exigea en même temps d'être le seul protecteur et que l'Aide de Noé, Oréa, soit exclue. Noé dut choisir entre la connaissance véritable et la Loi.

Ce rejet de la connaissance est exprimé de deux façons : d'abord, par le commandement : «Cache-toi dans l'arche, toi, tes fils, les animaux et les oiseaux du ciel» qui est en contradiction avec le texte canonique de *Genèse* : «Tu entreras dans l'arche, toi, tes fils, *ta femme et les femmes de tes fils*» (*Gn.*, 6,18); ensuite, par le refus qui est opposé à Oréa lorsqu'elle veut effectivement monter dans l'arche (p. 92,14-16). La Loi du dieu Sabaoth est incompatible avec la connaissance véritable, la religion juive, avec la gnose.

En acceptant d'entrer dans l'arche, Noé met fin à la «religion séthienne» et inaugure l'ère de la religion juive. L'HypArch ne nous décrit pas cette période d'ignorance qui désormais se substitue à celle de la connaissance, mais on peut penser qu'il la concevait dans des termes voisins de ceux de l'ApocrJn. Après la naissance de Seth et la venue de l'Esprit, nous est-il dit, les hommes «burent *une eau d'inconscience* en provenance du Protarchonte, afin qu'ils ne sachent plus d'où ils étaient. Et de cette manière, la semence a existé pour un temps avec leur Aide, pour que, lorsque l'Esprit viendra, il redresse cette semence et la guérisse de sa déficience»[47].

Les indices qui montrent qu'il s'agit bien d'un récit d'origine de la religion juive sont les suivants :

— Le nom d'Archonte des Forces (῎Αρχων τῶν δυναμέων) est une paraphrase de la traduction grecque du nom de Yahvé Sabaoth (Κύριος τῶν δυναμέων).

— L'expression «arche *d'un bois imputrescible*» implique une interprétation du thème de *l'arche de Noé* à la lumière de celui de *l'arche*

[46] En 92,18-24 *Oréa* est explicitement identifiée à *Noréa*, fille d'Ève. On peut donc considérer qu'il ne s'agit que d'une variante graphique.

[47] ApocrJn II (p. 24,34-25,16, cf. Synopse, p. 14).

d'Alliance du Sinaï[48]. Pour Noé, entrer dans l'arche signifie donc entrer dans l'Alliance.

— «Dresse-la sur la montagne». Le thème n'est pas biblique mais connote aussi l'idée d'alliance[49].

— Enfin il est tentant d'identifier *la montagne de Sir* dont parle l'HypArch avec *le pays de Séir* auquel fait allusion *Flavius Josèphe* à propos des descendants de Seth : «Parce qu'ils avaient appris d'Adam que le monde périrait par l'eau ou par le feu, la crainte qu'ils eurent que cette science ne se perdît avant que les hommes n'en fussent instruits, les porta (les descendants de Seth) à bâtir deux colonnes, l'une de briques, l'autre de pierres, sur lesquelles ils gravèrent les connaissances qu'ils avaient acquises, afin que s'il arrivait qu'un déluge ruinât la colonne de briques, celle de pierres demeurât pour conserver à la postérité la mémoire de ce qu'ils y avaient écrit. Leur prévoyance réussit et on assure que cette colonne de pierres se voit encore aujourd'hui dans le pays de Séir (γῆ Σειριδος)»[50]. S'il s'agit bien d'une allusion à cette tradition, le commandement de l'Archonte : «Dresse-la sur la montagne de Sir» signifierait que la volonté de celui-ci est de substituer aux écritures sacrées des séthiens symbolisées par la colonne, la Loi du dieu juif symbolisée par l'arche.

p. 92,14-18. Si on admet que pour le rédacteur, l'alliance du Sinaï n'est que la répétition de l'alliance conclue entre Noé et Sabaoth, la destruction de la première arche par Oréa signifierait que la domination de Sabaoth sur les séthiens a échoué une première fois avant de s'instaurer solidement lors du renouvellement de l'Alliance par Moïse sur le Sinaï (reconstruction de l'arche)[51]. Nous aurons l'occasion de préciser ce point en étudiant le *châtiment de Saklas* (p. 95,8-9).

[48] «D'un bois imputrescible» (ἐκ ξύλων ἀσήπτων). Dans les LXX, le terme s'applique généralement à l'arche d'Alliance (LXX *Ex.*, 25,10; *Dt.*, 10,3) mais est aussi attesté dans certaines variantes à propos de l'arche de Noé (B. LAYTON, *op. cit.*, note 100).

[49] Dans *Jubilés*, par exemple, on lit : «Et à la nouvelle lune du troisième mois, Noé sortit de l'arche et érigea un autel *sur cette montagne*» (*Jub.*, VI,1). «Et Noé et ses enfants ... conclurent une alliance devant le Seigneur Dieu, à jamais, pour toutes les générations de la terre, *en ce mois-là* (3e mois). C'est pourquoi (Dieu) t'a dit (à toi Moïse) que tu devais conclure une alliance, toi aussi, avec les enfants d'Israël, *en ce mois* (3e mois) *sur la montagne*». (*Jub.*, VI, 10-11). La seconde alliance (celle de Moïse) n'est que la répétition de la première.

[50] FLAVIUS JOSÈPHE, *Antiquités*, 1,2,3 (B. LAYTON, *op. cit.*, note 101). Sur l'identification *Séir : So'ar*, cf. Commentaire sur 95,8-9, note 93.

[51] ÉPIPHANE, *Panarion*, 26,1,3-26,2,1, conserve une tradition sur la destruction de l'arche par Noréa, épouse de Noé. Elle brûle l'arche soit trois fois, soit, d'après une variante, de nombreuses fois.

Le récit du déluge entend donc nous enseigner à la fois comment la religion des séthiens des origines a été supplantée par la religion juive, mais aussi comment cette dernière est devenue la gardienne des traditions primordiales, des enseignements secrets de la religion séthienne des origines. Les écritures juives contiennent bien la révélation sur les origines (*Gn.*, 1-6) mais le judaïsme, privé qu'il est par la jalousie de Sabaoth de l'Esprit instructeur (Noréa), en ignore la véritable interprétation.

Ainsi se termine l'enseignement sur les origines de l'homme.

THÉOGONIE

(p. 92,18-96,17)

CADRE NARRATIF (p. 92,18-94,3)

Les problèmes de critique littéraire posés par ce cadre narratif ont été abordés dans l'Introduction; le contenu du dialogue entre l'ange et Noréa qui débute en 93,19 et se poursuivra après l'exposé du mythe théogonique (p. 96,18-97,21) sera étudié globalement à la fin du Commentaire; il nous suffira donc ici de définir la fonction des deux personnages en présence, Élélèth et Noréa.

Il est probable que dans la source l'ange était anonyme et désigné seulement sous le nom d'*ange* ou de *grand ange*. Cet anonymat peut d'ailleurs avoir été volontaire comme c'est le cas dans l'*Ascension d'Isaïe*[52]. Le nom d'Élélèth, comme H. M. Schenke l'a montré[53], correspond en effet à une terminologie gnostique parfaitement élaborée et peu compatible avec l'archaïsme de la source théogonique.

On a proposé plusieurs étymologies du nom d'Élélèth[54]. La plus

[52] Parallèle noté par J. DORESSE, «'Le Livre sacré du grand Esprit invisible' ou 'L'Évangile des Égyptiens'», Commentaire, p. 343. Dans *l'Ascension d'Isaïe* comme dans l'HypArch, la splendeur de l'ange ne peut être décrite (*Asc. Is.*, VII,2), mais on notera aussi que de toutes les descriptions des 7 cieux conservées dans des écrits juifs anciens, celle de *l'Asc. Is.* est la plus proche de l'HypArch. Sur les descriptions des 7 cieux, cf. *Le Livre des secrets d'Hénoch*, III-IX; T.B. *Ḥagiga* 12^{b} et L. GINZBERG, *The Legends of the Jews*, V, p. 10, note 22.

[53] H.M. SCHENKE, «Das Sethianische System nach Nag Hammadi Handschriften», p. 165-173.

[54] Sur les étymologies possibles du nom d'Élélèth, cf. J. DORESSE, *op. cit.*, Commentaire, p. 342-343 et S. GIVERSEN, *Apocryphon Johannis*, p. 185.

intéressante est celle qui le fait dériver de l'hébreu *hélél* (הֵילֵל), *l'astre du matin* dont parle *Isaïe*, 14,12-15. Si on se rappelle que ce texte d'*Isaïe* est à l'origine du mythe de chute de Lucifer (= ἑωσφόρος = הֵילֵל), le rapprochement entre le nom du prince des démons et celui de l'ange instructeur peut paraître surprenant; il est pourtant très plausible, car dans la tradition gnostique le rôle d'Élélèth est ambigü, au même titre que celui de Sophia.

Dans l'*Évangile des Égyptiens*[55] comme dans *La Prôtennoia trimorphe*[56], Élélèth est à l'origine de la royauté de Saklas sur le monde inférieur, comme Sophia est à l'origine de celle de Samaël. Dans la liste des « quatre grands Luminaires qui se tiennent en présence du grand Esprit invisible » il occupe la dernière place, de même que Sophia est le dernier éon du monde céleste. À noter de surcroît que dans cette liste comme dans l'HypArch, il a comme attributs la *Sagesse*[57] et l'*Intelligence*[58]. En fonction de ces indices on peut se demander si dans certains cercles gnostiques Élélèth n'a pas joué, à un moment donné, un rôle identique à celui que tient Sophia dans notre mythe, ce qui justifierait qu'on lui ait donné le nom d'*Hélél*, l'astre du matin tombé des cieux.

Quoi qu'il en soit, dans l'HypArch, Élélèth ne joue plus que le rôle d'ange instructeur chargé par le grand Esprit invisible de manifester la véritable connaissance. À quelle époque de l'histoire de l'humanité intervient-il? Si on s'en tient à la logique stricte du traité, Élélèth intervient postérieurement à la deuxième construction de l'arche, c'est-à-dire après le don de la Loi à Moïse sur le Sinaï, à une date non précisée de l'histoire du peuple juif. Dans le système reconstitué par H. M. Schenke, l'histoire des séthiens se divise en quatre périodes, celle d'Adam, celle de Seth, celle des protoséthiens (Ur-sethianer) et enfin l'époque contemporaine, celle des gnostiques séthiens. Dans l'HypArch trois générations précèdent la venue d'Élélèth, celle d'Adam, celle de Seth et celle de la «*race des Hommes*» (les protoséthiens). Il est donc logique de situer l'intervention d'Élélèth au début de la quatrième période. Il est en quelque sorte avec Noréa, le fondateur de la secte. C'est en effet à Élélèth qu'il appartient dans le système séthien d'inaugurer et de présider la quatrième et dernière période, celle du salut.

[55] EvEgypt III (p. 56,22-58,22) et IV (p. 68,5-70,5). Texte très lacuneux et difficile d'interprétation, cf. J. Doresse, *op. cit.*, Commentaire, p. 311 et 344, note 115 et A. Böhlig et F. Wisse, *The Gospel of the Egyptians*, p. 183.

[56] PrôTri, p. 39,13-40,24.

[57] ApocrJn II (p. 8,4-20); cf. S. Giversen, *op. cit.*, p. 182-185.

[58] EvEgypt III (p. 52,3-16); IV (p. 63,6).

Dans l'HypArch chacune des périodes de l'histoire séthienne est placée sous la protection d'un personnage féminin :

1) ADAM : ÈVE (Esprit : p. 88,13; Femme spirituelle : p. 89,11 ; Mère des Vivants : p. 89,15; Aide : p. 88,18; Instructrice : p. 90,11.)
2) SETH : [NORÉA] (Fille d'Ève : p. 91,34; Vierge : p. 91,35; Aide : p. 92, 1 ; Identifiée à Noréa de la quatrième période : p. 92,2-3.)
3) RACE des Hommes (protoséthiens) : ORÉA (Adversaire de l'Archonte : p. 92,15; Identifiée à Noréa de la quatrième période : p. 92,18-19.)
4) TEMPS de la révélation (séthiens) : NORÉA (Fille d'Ève : p. 92,20-25; Céleste : p. 92,26.)

En fait Noréa est présente tout au long de l'histoire des séthiens. Elle est envoyée dans le monde après la naissance de Seth afin de lui venir en aide. Dans un premier temps, elle remplit son rôle puisque les Hommes se multiplient et «s'embellissent» (p. 92,4). Lorsque l'Archonte entreprend d'asservir le séthien Noé et ses fils, Noréa intervient encore pour brûler l'arche et libérer ainsi Noé, mais l'Archonte semble en définitive sortir victorieux de l'affrontement puisqu'il reconstruit l'arche une seconde fois. Bien plus, il semble qu'au cours de la troisième période, Noréa elle-même tombe dans l'ignorance et oublie jusqu'à l'origine des Archontes. C'est à ce moment qu'elle pousse un cri vers le ciel et que l'ange Éléléth vient lui apporter la connaissance salvatrice[59].

Le personnage de Noréa n'est pas sans rapport avec celui d'Hélène dans la gnose simonienne[60]. «Cette Hélène est la 'Première Pensée de l'Esprit de Dieu, la Mère du Tout'; c'est par elle que l'Esprit de Dieu a résolu de créer tout d'abord les anges et les archanges. Elle est l'Ennoia, issue de lui. Ayant connu la volonté du Père, elle descendit dans les régions inférieures et créa les anges et les dominations, par lesquelles, à son tour, fut créé le monde. Mais quand elle eut produit ces êtres, ceux-ci la retinrent par envie. Car Dieu lui-même leur est resté complètement inconnu; seule son Ennoia a été retenue par ceux qu'elle avait émis comme dominations et comme anges et ils lui firent subir toutes sortes d'outrages pour l'empêcher de retourner à son Père. Elle est tombée si bas qu'elle a été enfermée dans un corps humain et, des siècles

[59] On trouvera l'ensemble des documents sur Noréa réunis par B.A. PEARSON, «The Figure of Norea in Gnostic Literature», in *Proceedings of the International Colloquium on Gnosticism*, Stockholm August 20-25, 1973 (*Filologisk-filosofiska serien*, 17), Stockholm, 1977, p. 143-152 et, en annexe du présent traité, le texte du Codex IX. 2 sur «Noréa», édité par M. ROBERGE.

[60] H. LEISEGANG, *La Gnose*, Paris, 1951, p. 47.

durant, elle a erré d'un corps de femme dans un autre, comme d'un vase dans un autre»[61]. Pour sauver son Ennoia incarnée en dernier lieu dans Hélène, le Propator va s'incarner dans Simon : «Dans chaque ciel je pris une forme différente afin de demeurer caché aux puissances angéliques, et je descendis jusqu'à Ennoia qu'on appelle aussi Prounicos ou Saint Esprit, par laquelle j'ai créé les anges, lesquels ont, eux-mêmes, créé le monde et les hommes»[62]. Certes dans l'HypArch c'est Sophia qui est *créatrice des anges*, mais pour le reste Noréa s'identifie avec Hélène. Comme Hélène, elle appartient au monde céleste; comme elle, elle a été envoyée dans le monde inférieur par sa mère l'Esprit; comme elle, elle a été en butte aux attaques des Puissances jusqu'à ce que le Sauveur vienne lui enseigner sa véritable origine.

RÉVÉLATION THÉOGONIQUE (p. 94,4-96,17)

Les modèles juifs de cette révélation ont été étudiés dans l'Introduction (p. 28-39). On a pu par ailleurs, par comparaison avec l'Ecr sT, mettre en évidence les relectures généralement très brèves que le deuxième rédacteur a fait subir à la source. Il est probable que cette nouvelle rédaction était destinée à des initiés capables à partir de ces quelques indications de se remémorer tout un ensemble de traditions orales et de les communiquer à leurs auditeurs. Pour nous malheureusement, seules ces indications lapidaires subsistent et pour retrouver, de façon approximative au moins, la doctrine du rédacteur, il nous faut faire appel à des témoignages extérieurs. Le commentaire de la source théogonique conservé dans l'Ecr sT est très précieux à cet égard[63]. Dans le commentaire qui suit, nous ne reviendrons pas sur l'origine des thèmes, le lecteur se reportera sur ce point à notre Introduction, mais nous nous efforcerons de mettre en valeur l'originalité de la synthèse opérée par le deuxième rédacteur[64]. Dans ce but nous accorderons une attention particulière aux additions et modifications qu'il a apportées à la source et dont nous avons décelé l'existence dans l'Introduction[65].

[61] IRÉNÉE, *Adv. Haer.*, I, 27,1-4.

[62] ÉPIPHANE, *Panarion*, 21,2,4.

[63] Le texte de l'Ecr sT est intégralement cité dans l'Introduction et mis en parallèle avec l'HypArch (p. 28-39). Chaque fois qu'il sera fait mention de l'Ecr sT dans le Commentaire le lecteur pourra se reporter à ces citations.

[64] Nous considérons à titre d'hypothèse, qu'un seul rédacteur est intervenu dans la théogonie. R. Kasser au contraire, se prononce en faveur de gloses d'origines différentes («Formation de 'l'Hypostase des Archontes'», p. 88).

[65] Cf. les reconstitutions proposées dans l'Introduction, p. 30, 34, 38 et 39.

a) *Origine de la matière et de l'Archonte* (p. 94,4-19 : 2e rédacteur : source théogonique)

p. 94,4-8 (faute de Sophia)

«Dans des Éons illimités, (*où*) *habite l'Incorruptibilité*». Nous considérons ⲉⲥϣⲟⲟⲡ ⲛϭⲓ ⲧⲙⲛⲧⲁⲧⲧⲁⲕⲟ comme une glose explicative. L'Incorruptibilité est le terme technique dont se sert le rédacteur de l'HypArch pour désigner le monde ou le Dieu céleste.

«Sophia, celle qu'on nomme Pistis». Dans l'Ecr sT, Sophia est une émanation de Pistis (Ecr sT, p. 98,13-14). Dans l'HypArch au contraire, Pistis-Sophia et Sophia désignent le même personnage. Lorsque le rédacteur compose lui-même le texte, il préfère le nom de Pistis-Sophia (p. 95,6), mais quand il cite la source, il conserve le nom de Sophia qui s'y trouvait (p. 94,29; 95,18.19.25.31) et se contente de le gloser lors de sa première apparition (p. 94,5-6 : *celle qu'on nomme Pistis*)[66].

«Elle voulut créer quelque chose *seule, sans son conjoint*». Le thème est absent de l'Ecr sT mais développé avec insistance dans l'ApocrJn. Dans cet écrit, Sophia est le dernier de tous les éons émis dans le monde de la Lumière. Lorsque les quatre grands luminaires apparurent (Harmozèl, Oroïaèl, Daveïthé et Élélèth), ils reçurent chacun trois éons comme compagnons. Élélèth pour sa part reçut la Perfection (ⲙⲛⲧⲧⲉⲗⲓⲟⲥ), la Paix (εἰρήνη) et Sophia (σοφία). On pourrait en conséquence penser que le conjoint de Sophia est Élélèth mais comme nous le verrons, telle n'est pas l'opinion du rédacteur de l'ApocrJn.

Immédiatement après l'apparition de Sophia, *la première Connaissance* et l'*Intelligence parfaite* (νοῦς τέλειος) firent apparaître Adam (ou Adamas) l'Homme parfait véritable (ⲡⲣⲱⲙⲉ ⲛⲧⲉⲗⲓⲟⲥ ⲙⲙⲏⲉ) auquel l'Esprit conféra une «invincible puissance intellectuelle» (νοερόν). Cet Adamas, *intelligent* et *parfait*, à l'image de l'Intelligence parfaite qui l'avait conçu, est nommé première manifestation car il est le premier être destiné à se manifester en dehors du monde céleste.

Sophia voulut alors imiter *l'Intelligence parfaite* et faire apparaître hors d'elle-même un être à sa propre ressemblance, mais elle agit sans l'accord de l'Esprit et sans connaître son conjoint l'Esprit virginal mâle, c'est-à-dire Adamas. Aussi l'œuvre qui sortit d'elle fut-elle imparfaite et laide avec un visage de serpent et de lion. Alors Sophia jeta son œuvre hors du monde céleste, l'installa sur un trône au milieu

[66] Sur *Sophia* dans la littérature juive et gnostique, cf. G. MacRae, «The Jewish Background of the Gnostic Sophia», *NovT* 12 (1970) 94-101.

d'un nuage de lumière et lui donna le nom de Yaldabaoth. Tel est pour l'ApocrJn le mythe d'origine de l'Archonte[67].

«Et son œuvre fut à la ressemblance du ciel». Le rédacteur donne probablement au mot ressemblance (ⲉⲓⲛⲉ) la valeur péjorative de contrefaçon.

p. 94,9-14 (origine de la matière)

Dans l'Ecr sT Sophia a pour fonction cosmologique «d'opérer la disjonction de l'en haut et de l'en bas; elle est le voile qui couvre de son ombre toute réalité»[68]. L'apparition du voile provoque, dans l'espace inférieur ainsi créé, celle d'une ombre et celle-ci s'engrossant elle-même donne naissance à l'Archonte tandis que son placenta constitue la matière. Sophia est donc à la fois à l'origine de l'Archonte et de la matière.

Ce thème de l'origine de la matière qui était absent de la source théogonique occupe aussi une grande place dans la relecture du rédacteur de l'HypArch. En dehors de la mention de la création de l'Archonte «dans la matière» (p. 94,15) qu'il reprend à la source, toutes les allusions à la matière sont rédactionnelles. Elles sont au nombre de cinq : «*Et cette ombre devint matière*» (p. 94,12); «C'est un androgyne *puisque j'ai dit qu'il était issu de la matière*» (p. 94,18-19); «Il vit une *grande matière illimitée*» (p. 94,20); «Elle introduisit la lumière *dans la matière*» (p. 94,30-31) et «*De nouveau les ténèbres* [*furent?*] *dans la matière*» (p. 94,33-34).

Dans les cercles gnostiques, on s'intéressait à l'origine du chaos et au lieu occupé par la matière à l'intérieur du chaos[69]. Le propos du rédacteur final de l'Ecr sT par exemple, est de démontrer que, quoi qu'en pensent «les dieux du monde et les hommes», le chaos n'est pas préexistant, mais qu'il est issu d'une réalité première que la suite du traité identifiera avec Sophia. Quant à la matière, elle se trouve à l'intérieur du chaos et constitue l'une des régions (μέρος) de celui-ci : elle ne peut donc, elle non plus, préexister[70]. C'est probablement

[67] Mythe résumé d'après la version de l'ApocrJn conservée dans le Berolinensis (BG, p. 32,20-38,15). Y. JANSSENS, «L'Apocryphon de Jean», *Le Muséon* 84 (1971) 59-64, présente une lecture du mythe un peu différente. Pour la version du mythe dans ApocrJn II (p. 7,30-10,21), cf. S. GIVERSEN, *op. cit.*, p. 179-199.

[68] M. TARDIEU, *op. cit.*, p. 57. Sur le thème du rideau ou voile, cf. note 48 et O. HOFIUS, «Der Vorhang vor dem Thron Gottes» (*WUNT*, 14), Tubingue, 1972.

[69] Ecr sT, p. 97,24-98,11. Sur le thème du chaos, cf. M. TARDIEU, *op. cit.*, p. 54-56, notes 28-32 et 36. Sur le «lieu de la matière», ID., *ibid.*, p. 60, note 63.

[70] Ecr sT, p. 99,20-22.

à cette théorie sur le lieu de la matière que fait allusion le rédacteur de l'HypArch en glosant l'expression «l'ombre (devenue matière) fut jetée en un lieu» par «*dans une région*» (ⲛⲟⲩⲙⲉⲣⲟⲥ)[71].

La relecture de 94,9-14 fait donc de la source un mythe d'origine de la matière : Sophia, par son désir créateur, a fait apparaître un voile entre le haut et le bas. Par opposition au monde de la lumière, l'en bas devint monde de l'ombre. Cette ombre à la fois ressemblance et ténèbre, c'est le chaos. Alors la matière apparut dans le chaos et cette matière se concentra dans une région du chaos.

p. 94,14-19 (création de l'Archonte)

«Et ce qu'*elle* fit»[72]. Le sujet peut être soit Sophia, soit l'ombre. L'Ecr sT (p. 99,3-10) retient la deuxième hypothèse; c'est aussi celle qui nous semble préférable. L'ombre, c'est-à-dire le chaos, s'étant fécondé lui-même, va produire *dans la matière* considérée ici comme sa propre matrice, une créature avortée.

«Il reçut (sa) forme de l'ombre». Dans le langage médical, ϫⲓ ⲧⲩⲡⲟⲥ = τυποῦσθαι se rapporte à la formation de l'embryon dans la matrice[73]. Si l'Archonte est un avorton c'est parce que le chaos lui-même n'est qu'une contrefaçon, une reproduction avortée du monde céleste.

«Ce fut une bête arrogante, à la ressemblance du lion». La comparaison avec le lion est reprise à la source[74]. Il est possible que le mot θηρίον (bête) ait ici le sens de *serpent* comme dans le mythe parallèle de l'ApocrJn[75].

«*C'est un androgyne, puisque j'ai dit précédemment qu'il était issu de la matière*»[76]. Le thème de l'androgynie du monde archontique doit être attribué au rédacteur. L'Archonte est androgyne à cause de son origine matérielle (p. 94,18-19). C'est parce qu'il est androgyne qu'il

[71] Comme le notent R.A. Bullard, *op. cit.*, p. 104 et B. Layton, *op. cit.*, note 148, l'expression ⲁⲩⲥⲁ ⲛⲟⲩⲙⲉⲣⲟⲥ est difficilement explicable en copte. La difficulté est levée si on admet que ⲛⲟⲩⲙⲉⲣⲟⲥ est une glose du rédacteur destinée à préciser le sens de ⲁⲩⲥⲁ (τόπος?).

[72] «Ce qu'elle fit». ⲡⲉⲥⲙⲟⲩⲟⲩⲅ traduit ποίησις ou ποίημα (Crum, 175a).

[73] B. Layton, *op. cit.*, note 152.

[74] Cf. Introduction, p. 31.

[75] ApocrJn BG (p. 37, 20-21) : ⲉϥⲟ ⲛϩⲁ ⲛϩⲟϥ ⲁⲩⲱ ⲛϩⲟ ⲙⲙⲟⲩⲉⲓ : «ayant un visage de serpent et un visage de lion». Apocr Jn II (p. 10,8-11) parle de dragon (δράκων) et de lion. Si on traduit θηρίον par serpent dans l'HypArch en 94,17, il faut le traduire de la même façon en 87,27-28 : «Les Archontes le corps qu'ils ont est femelle, c'est un avorton à face de serpent».

[76] Cf. Commentaire sur 87,20-23 et sur 94,4-7.

peut se créer un grand Éon et des fils (p. 94,34-95,2). Ses créatures, que ce soit ses fils (p. 95,2-4) ou la Jalousie (p. 96,6-7) héritent de son caractère androgyne. Quant à l'homme matériel façonné par les Archontes, il hérite aussi de ce caractère androgyne. Pour le rédacteur, l'androgynie de l'Archonte semble être la conséquence du «péché originel» de Sophia. Celle-ci a voulu imiter le Père qui, seul, peut engendrer sans conjoint[77]. Mais cette androgynie qui, chez le Père, est plénitude, devient déficience chez Sophia, puisqu'elle ne l'acquiert qu'au prix du rejet de son conjoint, l'Esprit[78].

b) *Premier blasphème* (p. 94,19-95,1 : 2e rédacteur : source théogonique)

Dans la source théogonique, Sophia servait de porte-parole au monde céleste dans le procès qui l'opposait à l'Archonte. C'est elle qui convainquait l'Archonte d'erreur en lui montrant le monde de la Lumière puis le précipitait dans le monde infernal. Le rédacteur au contraire, croit en une Sophia pécheresse qui, à cause de sa faiblesse envers sa créature ratée, a provoqué l'emprisonnement de la lumière dans le monde inférieur. Le thème est pour lui capital puisque la raison d'être de l'homme est précisément de sauver cette lumière enfermée dans la matière[79]. Il réinterprète donc la source et fait du mythe de chute de Samaël dans le chaos un mythe de chute de la lumière dans le monde inférieur. Cependant comme il ne veut pas abandonner le premier mythe, il en donne une nouvelle version en 95,4-13 : *la chute de Saklas*.

Celui qu'on nomme l'avorton, la bête arrogante et dont on vient de nous raconter l'origine, est entièrement matériel; pour reprendre les termes de l'Ecr sT, il n'a pas encore d'esprit en lui. Il n'a donc pas accès à la connaissance du monde céleste et mérite le nom de Samaël, *dieu des aveugles*, que lui donne la Voix sortie du monde céleste[80].

«Alors une Voix sortit d'en haut, *de l'Autorité suprême*». B. Layton propose de traduire : «Alors une Voix sortit d'au-dessus de l'Autorité suprême». Pour lui l'Αὐθεντία ne désignerait pas réellement l'Autorité suprême, c'est-à-dire l'Incorruptibilité, mais seulement l'autorité la plus élevée du monde inférieur, celle qui trône au septième ciel. Son

[77] Cf. Y. Janssens, «L'Apocryphon de Jean», *Le Muséon* 84 (1971) 62-63.

[78] Sur l'androgynie, cf. A.D. Nock-A.J. Festugière, *Corpus Hermeticum*, t. 1, p. 20, note 24.

[79] Cf. Commentaire sur 87,20-23 et sur 94,4-7.

[80] Sur Samaël, cf. G. Scholem, in *Encyclopaedia Judaica*, 14, col. 719-722.

argumentation cependant ne nous paraît pas convaincante, aussi garderons-nous au mot son sens courant en le mettant en apposition à ce qui précède[81].

«Elle *la* poursuivit» (ⲁⲥⲡⲱⲧ ⲛⲥⲱϥ). Le pronom complément pourrait théoriquement désigner ou Samaël ou la lumière qui tous deux sont du genre masculin en copte; en fait, seule la lumière peut être poursuivie jusqu'*aux régions du chaos* puisque Samaël se trouve dans ces *régions* depuis sa formation (p. 94,13-15).

On notera par ailleurs que les thèmes de l'*introduction de la lumière dans la matière* et de l'*apparition de l'Incorruptibilité dans les eaux* (p. 86,27-87,33), sont développés en fonction d'une même structure.

Blasphème de Samaël	Blasphème de l'Archonte
Réprimande	Réprimande
Manifestation de la lumière dans les régions du chaos	Manifestation de la ressemblance dans les régions des eaux
Fabrication (ⲧⲁⲙⲓⲟ) du grand Éon (à la ressemblance de la lumière).	Fabrication (ⲧⲁⲙⲓⲟ) de l'homme à la ressemblance de Dieu.

Ce parallélisme permet de penser que la création du grand Éon et des sept fils sont la conséquence directe de l'illumination accordée par Sophia à l'avorton. On notera par ailleurs que c'est précisément après cette illumination que l'avorton reçoit le nom d'Archonte, nom qui implique un pouvoir de gouvernement. À partir de cet instant, l'Archonte devient contrefaçon de l'Autorité suprême et se fabrique un Éon à la ressemblance «des Éons illimités où habite l'Incorruptibilité». Cette exégèse est dans le droit fil de l'axiome selon lequel tout ce qui existe dans le monde inférieur a son modèle dans le monde céleste (p. 87,10-11 et 96,11-15).

[81] B. LAYTON, *op. cit.*, notes 157-158. Les arguments de B. Layton sont les suivants: 1) ⲡⲥⲁ ⲛϩⲣⲉ ⲛ- (au-dessus de) comme ⲡⲥⲁ ⲛⲧⲡⲉ ⲛ- (au-dessus de) en 95,24 indique une position relative. 2) en 96,2 ⲙⲛⲧⲁⲩⲑⲉⲛⲧⲏⲥ (= αὐθεντία: Autorité suprême) se réfère explicitement au ciel le plus élevé du monde inférieur, le 7ᵉ ciel où siège Sabaoth. En conséquence, cette autorité, malgré son nom, n'est pas le Dieu suprême qui, lui, réside dans le 8ᵉ ciel. On peut opposer à B. Layton les arguments suivants: 1) la critique littéraire (Introd., p. 33 et 34) montre que le mot Αὐθεντία a été ajouté par le rédacteur et peut être considéré comme une glose introduite par ⲛ- (comme ⲛⲟⲩⲙⲉⲣⲟⲥ p. 94,13-14). 2) Dans ce cas, l'expression ⲡⲥⲁ ⲛϩⲣⲉ synonyme de ⲡⲥⲁ ⲛⲧⲡⲉ (attestée 8 fois dans l'HypArch, cf. Index à ⲡⲉ), signifie «En haut». 3) Partout ailleurs dans le texte (8 fois) l'expression «en haut» désigne le *monde céleste* et non pas le 7ᵉ ciel. 4) Comme le note B. Layton, dans l'Hermétisme, ἡ Αὐθεντία désigne le Dieu suprême, cf. A.J. FESTUGIÈRE, *La Révélation d'Hermès Trismégiste*, t. 3, p. 167, note 4; il en est de même de l'ApocrJn II (p. 23,24; 29,12). 5) Le texte de 96,2 sur lequel repose l'argumentation de B. Layton n'est pas déterminant (cf. commentaire sur 96,2).

c) *Deuxième blasphème* (p. 95,1-13 : 2e rédacteur)

Pour comprendre la suite du mythe, il est important d'avoir une vision claire de l'organisation de la scène cosmique sur laquelle il se joue.

Le Tout (ⲡⲧⲏⲣϥ)	Incorruptibilité		8e ciel	En haut
	– – – – – – voile – – – – – –			
	Chaos (monde de la matière)	Cieux du chaos	7e ciel 6e ciel 5e ciel 4e ciel 3e ciel 2e ciel 1er ciel	En bas
		Terre (Régions du chaos)		
		Tartare ou abîme		

Quant au scénario, il pourrait s'intituler : «*le coup d'état manqué de Yaldabaoth*»[82]. Après avoir été nommé gouverneur en chef (ὁ Ἄρχων) du monde inférieur par Sophia, l'Archonte organisa son monde (αἰών) à la ressemblance de celui de l'Autorité suprême (αὐθεντία) et se créa sept fils pour l'assister dans son gouvernement des sept cieux du chaos. Son gouvernement du monde s'exerça sans problème jusqu'au temps du déluge inclusivement[83]. Mais alors saisi de *folie* il se proclama *Dieu du Tout*, marquant par là son désir de supplanter l'Autorité suprême qui trône sur le huitième ciel[84]. Pour étouffer dans l'œuf cette rébellion, Pistis-Sophia chargea sa fille Zoè, qui représente ici la Loi, de châtier l'arrogance de l'Archonte. La sentence fut exécutée par l'ange de la colère qui emprisonna Yaldabaoth dans le cachot du Tartare.

Alors Sophia, par l'intermédiaire de Zoè, réorganisa le gouvernement du monde et mit à la place de l'Archonte déchu celui de ses fils qui semblait présenter les meilleures garanties de soumission envers l'Autorité suprême. Elle choisit Sabaoth qui avait affiché son repentir et condamné son père Yaldabaoth et l'installa au-dessus de ses six frères dans le septième ciel. Le premier souci de Sabaoth fut alors, comme l'avait fait Yaldabaoth avant lui, de s'entourer d'une gloire de pacotille.

[82] Sur les éléments de relecture introduits par le rédacteur, cf. Introduction, p. 37.
[83] Cf. Commentaire sur 95,8-9.
[84] Le titre *Dieu du Tout*, usurpé par l'Archonte, désigne le Dieu suprême (p. 92,34).

Alors Sophia, probablement pour éviter que le nouvel Archonte, grisé par son pouvoir, n'imite son père, installa à demeure auprès de lui Zoè et l'ange de la colère, les deux envoyés fidèles qui avaient fait avorter la révolte du père. Ainsi encadré à droite et à gauche, Sabaoth exerça son pouvoir sur le monde. Quant à Yaldabaoth, du fond de son cachot, il enviait le pouvoir de son successeur et sa jalousie l'incita à peupler tous les cieux du chaos de puissances mauvaises destinées à détruire l'ordre instauré par Sophia et dont Sabaoth était le garant.

Certes ce scénario est une satire féroce contre le pouvoir politique, contre ces gouverneurs de province tantôt ambitieux tantôt serviles envers le pouvoir central, mais bien plus encore contre la religion juive dont le Dieu, Sabaoth, est dépeint sous les traits d'un fonctionnaire délégué par l'Autorité suprême et chargé de faire appliquer la Loi.

p. 94,34-95,1. «*Cet Archonte ... se fabriqua un grand Éon*». Si Sophia est à l'origine de la matière, c'est à l'Archonte qu'on doit la fabrication du monde terrestre à partir de cette matière informe.

p. 95,2-4.«*Il se fit sept fils*». Les traditions sur l'engendrement des fils de Yaldabaoth sont très diverses[85] car le choix du nombre des fils conditionne les spéculations ultérieures fondées sur la symbolique des nombres. Le nombre 7 que retient l'HypArch suggère par exemple l'identification des Archontes avec les 7 cieux, les 7 planètes, les 7 jours de la création etc ...[86]. Le modèle céleste de cette organisation de type 1 + 7 est attesté très tôt dans le judaïsme[87].

p. 95,4-8. «*Tu t'égares, Sakla*». Sakla ou Saklas (en araméen סַכְלָא: «le fou») n'est pas seulement un nom de l'Archonte. Chez certains gnostiques, il était le personnage principal du monde archontique et l'établissement de sa royauté faisait l'objet d'un mythe spécifique dans lequel intervenaient les personnages d'Éléleth, le grand Luminaire et de Nébrouël, le grand Démon[88]. Ici le rédacteur l'identifie à Yaldabaoth.

[85] On notera à titre d'exemple les systèmes suivants: — Yaldabaoth + 3 Puissances (Jao, Eloaï, Astaphaïos) dans Ecr sT, p. 101,9-23. — Yaldabaoth + 6 (avec Sabaoth en 2e position) dans Ecr sT, p. 101,24-102,7. — Yaldabaoth + 7 (avec Sanbaoth en 5e position) dans ApocrJn II (p. 12,10-25). — Yaldabaoth + 12 (avec Sabaoth en 5e position) dans ApocrJn II (p. 10,27-11,4); (en 6e position) dans ApocrJn BG (p. 40, 5-19).

[86] Sur l'excellence du chiffre 7 et ses innombrables vertus, cf. PHILON, *De opificio mundi*, 99-127; cf. aussi S. PÉTREMENT, «Le mythe des sept archontes créateurs peut-il s'expliquer à partir du christianisme?» in *Le origini dello gnosticismo, Colloquio di Messina*, Leyde, 1967, p. 460-487.

[87] *Tb.*, 12,15; *Ap.*, 1,4; 5,6; 1 *Hénoch*, 20 donne le nom des 7 archanges.

[88] EvEgypt III (p. 56,22-59,9) et PrôTri, p. 39,13-40,29.

«*Dont le nom mystérieux est Yaldabaoth*». Nous acceptons la thèse de G. Scholem, selon laquelle le mot ⲟⲩϩⲱⲙ ou ⲟⲩⲱϩⲙ serait l'équivalent de ἑρμηνεία dont le sens serait ici, comme dans les textes magiques, celui de *nom obscur correspondant à un autre nom*[89]. C'est aussi G. Scholem qui a définitivement réglé le problème de l'étymologie de Yaldabaoth, nom composé de Yāld- (ילד), *engendreur de* et de aba'ot̲ = ṣaba'ot̲ (צבאות) *Puissances*[90]. Comme nous l'avons montré dans l'Introduction, le nom de Yāld-(Ṣ)abaot̲ (γεννήτωρ τῶν δυναμέων) a été construit sur le modèle de celui de Yahvé Sabaoth (κύριος τῶν δυναμέων) dans le contexte d'une relecture gnostique du thème philonien des deux Puissances (créatrice et royale)[91].

Le rédacteur d'HypArch reprend à son compte l'affirmation de l'ApocrJn : «L'Archonte a trois noms : le premier nom est Yaltabaoth, le second est Saklas, le troisième est Samaël»[92], mais il donne des précisions supplémentaires : Samaël est le nom qui lui a été donné avant que Sophia ne lui confère son pouvoir, car alors il était *aveugle*; Saklas est celui que Zoè lui a donné lors de son second blasphème car alors sa conduite a été *folle*; quant à Yaldabaoth, c'est son nom mystérieux.

p. 95,9-13. «*Elle lui souffla au visage et son souffle devint pour elle un ange de feu*». La comparaison de ce passage avec celui d'Oréa brûlant l'arche s'impose (p. 92,14-18).

Oréa,	*Zoè,*
fille de la Femme spirituelle,	*fille de Pistis-Sophia,*
intervient contre l'Archonte des Forces.	*intervient contre l'Archonte Yaldabaoth.*
Elle souffle sur l'arche.	*Elle souffle sur* l'Archonte,
Elle la *brûle.*	son souffle devient un ange de *feu* qui destitue Yaldabaoth.
Reconstruction de l'Arche (arche d'Alliance)	Installation de Sabaoth (dieu de l'Alliance)

Les deux textes racontent le même événement : la destitution du *dieu créateur* (Yaldabaoth, l'engendreur de Puissances) et son remplacement

[89] G. SCHOLEM, «Jaldabaoth Reconsidered», in *Mélanges d'Histoire des Religions offerts à* Henri-Charles PUECH, Paris, 1974, p. 405-421 (en particulier p. 411-412) et B. LAYTON, *op. cit.*, note 167.

[90] G. SCHOLEM, *ibid.*, p. 418-421.

[91] Cf. Introduction, p. 39-41.

[92] ApocrJn II (p. 11,15-18). On trouve aussi l'identification des trois personnages dans PrôTri, p. 39,27 : «Sakla, c'est-à-dire Samaël-Yaltabaoth».

par le dieu de la Loi (Yahvé Sabaoth, le Seigneur des Puissances). La destruction de Yaldabaoth par le feu se situe donc «historiquement» entre le déluge et le don de la Loi. Le seul épisode qui puisse convenir est celui de la *destruction de Sodome et Gomorrhe* réinterprétée comme châtiment de l'Archonte[93]. Alors que la source théogonique (et le premier rédacteur) considérait que la domination du monde avait été partagée dès les origines entre Sabaoth et Yaldabaoth, le deuxième rédacteur les fait régner successivement et fait correspondre le changement de règne avec la théophanie du Sinaï.

La comparaison de l'épisode de Saklas avec celui du déluge nous permet aussi d'établir une liste d'équivalences entre les personnages de la théogonie et ceux de l'anthropogonie.

Oréa = Zoè
La Femme spirituelle = Pistis-Sophia

d) *Intronisation de Sabaoth* (p. 95,13-96,3 : 2ᵉ rédacteur : source théogonique)

On ne reprendra pas ici ce qui a été dit dans l'Introduction sur la source théogonique, ses modèles juifs et son interprétation (Cf. Introduction, p. 35 ss). Sabaoth, le dieu juif de l'Ancien Testament, y était déjà privé de sa prérogative de Dieu suprême et unique et considéré comme un ange[94]; le rédacteur va encore amplifier cette dégradation du dieu de la Loi. Les éléments principaux de la relecture sont les suivants :

«Lorsque Sabaoth *vit le pouvoir de cet ange*, il se repentit». Son changement d'attitude n'est plus, comme dans la source, lié à son illumination, mais seulement à sa crainte du châtiment.

«Elles l'installèrent sur le 7ᵉ ciel». Cette exaltation de Sabaoth ne lui confère pas un statut ontologique différent de celui des autres Archontes; bien qu'il occupe une position d'intermédiaire *entre le*

[93] *Gn.*, 19. Les récits du *déluge* et de la *destruction de Sodome et de Gomorrhe* présentent des analogies. Comme Noé, Loth est choisi ainsi que sa famille pour survivre à la destruction générale (*Gn.*, 19,16). Il se réfugie dans la ville de So'ar tandis que Dieu fait pleuvoir sur Sodome et Gomorrhe le soufre et le feu. On notera que la tradition sur le double déluge, d'eau et de feu, que rapporte Flavius Josèphe (cf. Commentaire sur 92,4-18), mentionnait le pays de *Seir* et l'HypArch, la montagne de *Sir*; l'origine biblique de ce nom est peut-être à chercher dans la ville de Ṣo'ar (צֹעַר, LXX Σηγωρ) où se réfugie Loth.

[94] L'idée de la Loi apportée aux hommes par des anges est connue du christianisme primitif, cf. S. PÉTREMENT, *op. cit.*, p. 471 ss.

haut et le bas, il demeure *en dessous du voile*, donc emprisonné dans le monde inférieur.

«Elles l'appelèrent : *Dieu des Forces*». Le titre de la source était *Seigneur des Forces* (יהוה צבאות— κύριος τῶν δυναμέων). En modifiant le nom, le rédacteur veut probablement accentuer l'opposition entre l'Autorité suprême qui est appelée *Dieu du Tout* et Sabaoth qui n'est que *dieu des Puissances* du chaos.

«*La droite fut nommée Vie et la gauche fut le modèle de l'injustice*». La règle d'or, énoncée par le rédacteur au début du traité (p. 87,9-11) et reprise en conclusion de la théogonie, est que tout ce qui se produit dans le monde inférieur est la reproduction d'un modèle céleste. Ainsi, lorsque Sabaoth dicte à Moïse sa Loi, il s'inspire d'un double modèle céleste; celui de Zoè qui lors du blasphème de Yaldabaoth a proclamé l'existence du Dieu suprême et a été chargée par Pistis-Sophia d'instruire Sabaoth des vérités célestes, et celui de l'ange de feu qui a puni le blasphème de Yaldabaoth. La sanction juste appliquée par l'ange de la colère a servi de modèle à l'oppression injuste qui s'exerce dans le monde inférieur.

Cette présentation caricaturale du dieu juif se fonde sur une exégèse radicalisante de textes tels que *Dt.*, 4 où il est affirmé à la fois que Yahvé est un *Dieu clément* qui ne délaissera pas son peuple et qu'il est «un feu dévorant, un *Dieu jaloux*». On devait aussi réinterpréter dans cette perspective *Dt.*, 30,15-20 : «Vois! J'ai mis aujourd'hui devant toi la *vie* et le bien, la *mort* et le mal». En somme, Sabaoth est comparé à un fonctionnaire qui s'efforce, dans sa province,de faire appliquer à la lettre une Loi promulguée par le pouvoir central mais sans bien saisir les intentions du législateur.

«*La gauche fut le modèle de l'injustice, (venu) de l'Autorité suprême d'en haut*». Pour B. Layton ⲙⲛⲧⲁⲩⲑⲉⲛⲧⲏⲥ désignerait l'Autorité suprême du monde inférieur, c'est-à-dire Sabaoth. Comme on l'a montré à propos de 94,23-24[95] l'αὐθεντία désigne normalement le Dieu suprême; quant à l'expression ⲙⲡⲥⲁ ⲛⲧⲡⲉ, *en haut*, elle est dans l'HypArch un terme technique pour désigner le monde céleste. On propose donc de comprendre que *la gauche*, c'est-à-dire l'ange de la colère, *a été le modèle*, manifesté par *l'Autorité suprême*, dont s'est servi l'Archonte pour créer l'injustice.

La phrase «ⲛⲧⲁⲩϣⲱⲡⲉ ϩⲁ ⲧⲟⲩⲏϩⲉ» (p. 96,3) est difficilement compréhensible et l'hypothèse d'une corruption du texte est vrai-

[95] Cf. Commentaire sur 94,19-95,1, note 81.

semblable. Sous sa forme actuelle le texte peut signifier soit que Zoè et l'ange de la colère ont existé avant la *vie* et le *modèle de l'injustice*, ou si on comprend ϩⲁ ⲧⲟⲩⲏϩⲉ comme une deuxième personne féminine, que cette remarque est adressée par Éléèth à Noréa.

e) *Jalousie de Yaldabaoth* (p. 96,4-14 : 2e rédacteur : source théogonique)

Par jalousie envers Sabaoth qui s'était entouré d'une cour angélique nombreuse (p. 95,28-30), Yaldabaoth se crée une cour démoniaque qu'il installe sur *tous les cieux du chaos*; il existe donc sur chacun des cieux deux pouvoirs antagonistes. L'Ecr sT (p. 106,27-107,17) oppose explicitement les *fils de la mort* nés de la jalousie de Yaldabaoth aux *fils de la vie* nés de Zoè, la compagne de Sabaoth. Les sept puissances mauvaises portent des noms masculins et féminins qui les identifient aux vices et aux souffrances, quant aux sept puissances bonnes, elles s'identifient aux vertus et à la joie.

Le monde archontique dont l'organisation s'achève avec cet épisode correspond donc au schéma suivant :

		Sophia	
voile			
cieux du chaos	Zoè (droite vie)	Sabaoth	ange de la colère (gauche mort)
		6e fils	
		5e fils	
	anges de Sabaoth	4e fils 3e fils	fils de la mort
		2e fils	
		1e fils	
terre			
Tartare		Yaldabaoth	

CONCLUSION

(p. 96,17-97,21)

p. 96,17-27 (2e rédacteur)

Éléèth et Noréa reprennent le dialogue amorcé avant l'exposé théogonique (p. 93,22-32). Le thème avait déjà été exposé en 87,14-19 : les Puissances désirent s'emparer des spirituels mais ne le peuvent car ils appartiennent au monde céleste, celui de l'âme, et ne peuvent être saisis par le monde inférieur. Ce thème semble impliquer que le salut gnostique est définitif et irréversible.

p. 96,27-97,21 (2e rédacteur)

L'ange Élélèth annonce à Noréa la venue de *l'Homme véritable*. La remarque de 91,2-3 «Jusqu'à ce que vienne l'*Homme parfait* cette malédiction *a pesé* (ⲁϥⲉⲓ ⲉϫⲛ) sur le serpent» montre que pour l'auteur de l'HypArch la venue du Sauveur a déjà eu lieu. Le discours eschatologique n'est donc futur que par rapport à Noréa; pour l'auteur de l'écrit les temps eschatologiques qui verront la fin du règne des Puissances sont déjà commencés.

«Au bout de *trois générations* (cette semence) se manifestera». B. Layton propose d'expliquer cette expression à partir de *Dt.*, 5,9 : «Moi, le Seigneur ton Dieu, je suis un Dieu jaloux, punissant la faute des pères sur les fils, sur *la troisième* et la quatrième *génération*, pour ceux qui me haïssent»[96]. Il nous semble préférable de tenter de l'expliquer en fonction du système séthien des quatre périodes du monde qui place la venue du Sauveur au cours de la quatrième période.

Dans ce système Élélèth est lui-même le Sauveur-Instructeur et se manifeste à Noréa au début de la quatrième période. Dans la relecture christianisée du système c'est l'Homme véritable qui devient Sauveur-Instructeur et Élélèth est relégué au rang de précurseur. Il n'intervient plus au début de la quatrième période, celle du salut, mais pendant la troisième, pour consoler les séthiens encore soumis à la domination des Puissances et leur annoncer la venue du Sauveur, venue qui se réalisera *au bout de trois générations*. Cette relecture de la fonction d'Élélèth est confirmée par la comparaison de 93,11-13 avec 97,1-20 : Dans le premier texte Élélèth est envoyé à Noréa afin de lui *enseigner* quelle est sa *racine*, dans le second cette même fonction est attribuée à l'Homme véritable : «c'est lui qui les *instruira* de toute chose (p. 97,1) ... Alors tous les fils de la lumière connaîtront véritablement la Vérité et *leur racine* (p. 97,14-15)».

[96] B. LAYTON, *op. cit.*, note 194 reprend l'hypothèse de R.A. BULLARD, *op. cit.*, p. 113. Le rapprochement se fonde sur CLÉMENT D'ALEXANDRIE, *Extraits de Théodote*, 28 : «Le texte : *Dieu* paie de retour les désobéissants jusqu'à la troisième et la quatrième génération» concerne, disent les Basilidiens, les réincarnations. — Mais ceux de Valentin disent que «les trois» lieux désignent la gauche et que «la quatrième génération» indique leur propre semence». (traduction F. SAGNARD, *Extraits de Théodote* [*SC*, 23], Paris, 1970). En fait dans ce texte il est clair qu'on donne un fondement scripturaire à des doctrines qui ont leur origine ailleurs que dans *Dt.*, 5,9.

La «semence» (σπέρμα) dont il est question en 96,27 et 97,9 désigne les gnostiques séthiens qui apparaîtront au cours de la quatrième période. Cette appellation curieuse de «semence» s'explique bien si on se souvient que l'ancêtre des séthiens, Seth, a reçu de sa mère Ève, lors de sa naissance, le nom de «*autre semence*» : «Dieu m'a donné une *autre semence* (σπέρμα ἕτερον) à la place d'Abel» (*Gn.*, 4,25).

«Il les oindra de l'huile de la vie éternelle qui lui a été donnée par *la génération sans roi* (ou la race sans roi)». Le thème se retrouve dans l'Ecr sT : «Il y a quatre races, trois appartiennent aux rois de l'ogdoade mais la quatrième race est *sans roi* et parfaite, étant au-dessus de toutes» (Ecr sT, p. 125,3-7). «La cosmo-anthropogonie des Naassènes place, entre l'en haut, où demeure Adamas principe de l'immortalité, et l'en bas des hommes mortels, un lieu où sont rassemblés les élus et sauvés à jamais, «*race sans roi*» échappée à la corruption d'en bas et retournée en haut»[97]. Le terme *génération sans roi* désigne donc aussi les gnostiques.

En fonction de ces éléments le sens général de l'enseignement semble être le suivant : Noréa est l'aide qui, de génération en génération, permet à la race de Seth de subsister malgré l'oppression des Puissances. Pendant les trois premières périodes, ses fils, c'est-à-dire ceux dont *l'âme est sortie de la lumière incorruptible* (p. 96,21-22), sont assurés de l'*immortalité au milieu des hommes qui meurent* (p. 96,25-27) à condition de savoir d'où ils sont issus (p. 96,25), car ils détiennent en eux l'Esprit de la *vérité* qui les met à l'abri de l'erreur des Puissances (p. 96,22-24). Pendant les trois premières périodes, tous ces fils de Seth, cette *semence* de Seth (p. 96,27), sont sauvés secrètement (p. 96, 28). Mais viendra un temps, *au bout de trois générations* (p. 96,29), où cette semence de Seth, c'est-à-dire les sauvés, se fera connaître ouvertement des hommes et les délivrera du *lien de l'erreur* des *Puissances* (p. 96,30-31).

Cela se produira lors de la venue de l'*Homme véritable*, le Sauveur qui, en s'incarnant dans un corps d'homme (p. 96,33-34), fera savoir aux hommes ignorants qu'ils détiennent en eux cet *Esprit de la vérité* (p. 96,35) qui les met à l'abri des attaques des Puissances (p. 96,22-24). C'est cette semence de Seth, ceux qui ont été sauvés pendant les trois premières périodes, ceux qu'on appelle «*la génération sans roi*», qui enverra aux hommes le Sauveur et lui remettra *l'huile de la vie éternelle* (p. 97,4). Alors, ayant reçu l'instruction (p. 97,1) les hommes justes

[97] Sur le thème de *la génération sans roi*, cf. M. Tardieu, *op. cit.*, p. 81, note 236.

rejetteront la pensée aveugle (p. 97,5-6) et s'uniront à cette semence de Seth qui a envoyé le Sauveur les délivrer (p. 97,7-9). Alors toute l'organisation du monde archontique perdra sa raison d'être et disparaîtra (p. 97,10-13). *Alors tous les fils de la Lumière*, aussi bien ceux qui étaient déjà sauvés que ceux qui, grâce à l'intervention du Sauveur, viennent de rejoindre leurs frères de race dans l'Incorruptibilité, *connaîtront* enfin *la Vérité et leur véritable origine* (*leur racine*) et contempleront *le Père du Tout et l'Esprit Saint* (p. 97,14-16). Étant enfin tous réunis, ils pourront, *tous ensemble*, proclamer que le Père est véridique puisque sa Volonté de *réunir le Tout* au monde de *la lumière* s'est réalisée (p. 87,20-23) et que *le Fils règne* maintenant *sur le Tout* (p. 97,16-19). Et *chacun* pourra proclamer *pour l'éternité, la sainteté* du Père du Tout, du Fils et de l'Esprit Saint (p. 97,19-21)[98].

[98] Sur la variété des conceptions gnostiques concernant la fin des temps, cf. J. É. MÉNARD, «Apocalyptique et Gnose : leur eschatologie respective», in *L'Apocalyptique* (*Études d'Histoire des Religions de l'Université des Sciences Humaines de Strasbourg*), Paris, 1977, p. 159-177.

INDEX

L'ordre de classement retenu dans l'index copte est celui du dictionnaire de Crum. Lorsque la forme type choisie par Crum n'est pas attestée dans le texte, elle est indiquée entre parenthèses.

Les variantes orthographiques ont été relevées systématiquement; lorsque plusieurs variantes orthographiques sont attestées pour un même vocable (dans l'index copte comme dans l'index grec), elles sont identifiées par un chiffre placé en exposant.

Les références correspondant à des reconstitutions sont indiquées entre crochets.

INDEX GREC

INDEX DES NOMS PROPRES

INDEX COPTE

NORÉA

(NH IX, 2)

PAR

Michel ROBERGE

INTRODUCTION

1. *Établissement du texte*

Le texte qu'on lira ci-dessous a été établi et traduit à partir d'une transcription effectuée au Caire en janvier 1975 par J.-P. Mahé et de l'édition en fac-similé du Codex IX publiée en 1977. On a également tenu compte des travaux et des traductions du Berliner Arbeitskreis, de S. Giversen et de B.A. Pearson. Le texte figurant sur les p. 27-29 du Codex IX, qui sont en assez bon état, comparées au reste, est relativement bien transmis. Toutefois un certain nombre d'obscurités demeurent du fait que le début et la fin des lignes, dans la partie centrale de la page, ont été détériorées. D'autre part il paraît nécessaire à plusieurs reprises, sans doute en raison de fautes du traducteur plutôt que du copiste, de corriger certains affixes personnels. C'est pourquoi on ne jugera pas superflu d'expliquer dans le commentaire non seulement les quelque sept passages où l'on s'est écarté des corrections ou reconstructions proposées jusqu'ici, mais encore plusieurs leçons reprises au Berliner Arbeitskreis ou à S. Giversen et B.A. Pearson.

2. *Genre et composition*

Le caractère poétique de NH IX,2 est d'emblée évident non seulement en raison de l'effet saisissant qui résulte, dès les premiers mots du cri pathétique de Noréa reproduit en style direct, sans formule d'introduction, mais du fait aussi de la structure métrique de l'ensemble qui transparaît nettement à travers la traduction copte. Il s'agit donc d'un poème, d'une ode, comme le suggère le Berliner Arbeitskreis, ou plus exactement d'un hymne célébrant Noréa, figure de la Femme spirituelle, qui personnifie par son cri la tragique prise de conscience du gnostique menacé par la corruption matérielle et résume, par la révélation dont elle est dépositaire, l'instruction que l'âme spirituelle, la νόησις, assure à l'homme intérieur, l'Adamas qui est au sein de tous les élus.

Bien qu'aucun titre n'apparaisse sur le Codex IX, 2, il n'y a pas lieu de penser que l'écrit soit fragmentaire : sa forte cohérence nous assure au contraire de son intégralité. Tout au plus pourrait-on supposer que ce genre d'écrit se prêtait, comme d'autres hymnes gnostiques (p. ex. les calomnies des 13 Royaumes dans ApocAd, NH V, 77,27-82,19), à être tour à tour intégré secondairement à des ensembles rédactionnels plus vastes ou à se présenter séparément, sans jamais cesser toutefois de constituer une unité littéraire relativement autonome. Il est possible que l'absence de titre dans le Codex IX,2 résulte du fait qu'il a été détaché par un anthologiste d'un ensemble rédactionnel plus étendu. Quant au reste, le titre la *Noesis de Noréa* que Giversen et Pearson tirent de 29,3, il nous paraît être peu adéquat et risquer de masquer le caractère hymnique de cet écrit.

Dès qu'on prête attention à la structure syntaxique et métrique du poème, sa composition apparaît nettement :

1) *Cri de Noréa* vers la Triade céleste (27,11-22a).

2) *Investiture* : elle reçoit la révélation du Noûs Adamas et la voix de façon à pouvoir, en se sauvant elle-même, porter aux hommes le message du salut (27,22b-28,12a).

3) *Mission parmi les spirituels* : prêchant parmi les hommes sans déchoir de sa nature spirituelle, elle rassemble une communauté d'élus et glorifie le Père du salut qui s'est effectué ainsi par son intervention (28,12b-23).

4) *Eschatologie* : gratifiée dès ici-bas de la vision du Plérôme, elle est assurée d'y revenir par l'intercession de ses quatre défenseurs, les luminaires de l'Autogène veillant sur l'homme intérieur qu'elle construit en chacun des élus, comme Noesis unie au Noûs Adamas de tous les Adamas individuels (28,24-29,5).

Dans cette composition, on reconnaît sous une forme raccourcie le schéma classique d'un logos de révélation tel qu'il peut être illustré p.ex. par le *Poimandrès* (CH I). Si l'on s'inspire des remarques d'A.J. Festugière (NF, t. 1, p. 2), on peut décrire ainsi la composition de CH I :

a) *Demande de la révélation* (CH I, 1-3).
b) *Révélation* (cosmogonique et anthropologique, CH I, 4-23).
c) *Révélation eschatologique* (CH I, 24-26).
d) *Mission apostolique* (CH I, 27-29).

Ce schéma permet d'établir un parallélisme fonctionnel entre a) et b) de CH I et 1) et 2) de *Noréa*. Quant à la suite, on notera simplement que le même type de développement, mission et eschatologie, apparaissent de part et d'autre en ordre inversé : 3) et 4) dans *Noréa* correspondant respectivement à d) et c) de *Poimandrès*.

3. *Le mythe sous-jacent à l'hymne*

Malgré sa faible étendue, le traité de *Noréa* contient suffisamment d'informations pour permettre de reconstituer, au moins dans ses grandes lignes, le mythe d'origine qui lui est sous-jacent. Son système est apparenté à ceux de l'*Apocryphon de Jean* (ApocrJn), de l'*Évangile des Égyptiens* (EvEgypt) et des *Trois Stèles de Seth* (3StSeth).

Pour saisir la cohérence du discours de notre auteur, il faut savoir que dans son système, les titres qui désignent une entité *en propre*, peuvent aussi, *par analogie*, désigner la ou les entités émanées de celles-ci. C'est en fonction de ce principe que 3StSeth, par exemple, applique à Adamas les titres de *Lumière* et de *Père* qui appartiennent en propre à la première personne de la Triade, le Père du Tout : «Tu es Lumière, parce que tu vois la Lumière» (3StSeth, 119,19-20), «Tu es Père, parce que tu viens de la part d'un Père» (*ibid.*, 120,26-27).

La Triade primordiale

Compte tenu de cette distinction entre titres *propres* et titres *par analogie*, l'identification de la titulature en apparence complexe du livre de *Noréa* devient possible. L'invocation lancée par Noréa s'adresse à la Triade primordiale : Père (27,11), Ennoia (27,11-17) et Noûs dressé (27,17-20). Le Père en tant que premier principe ne peut recevoir que des titres *en propre* : il est *Père du Tout* (27,11), mais aussi *Lumière* (27,12), *Vérité* (27,16-17) et *Père incompréhensible* (27,20); ces trois derniers titres n'étant pas attestés comme titres *propres* du Père mais comme titres de celui-ci attribués *par analogie* aux deuxième et troisième membres de la Triade.

Le deuxième membre de la Triade, première émanation du Père, est défini *en propre* comme *Pensée* (*Ennoia*, 27,11; *Epinoia*, 28,2), comme *Intellect* (*Premier Noûs*, 28,4; *Noûs habitant dans les hauteurs*, 27,12-13; *Noûs du Père*, 28,12) et comme *Voix de la Vérité* (27,16-17). Par ailleurs, *par analogie* avec le Père, il reçoit le titre de *Lumière* (27,15).

C'est *par analogie* avec l'*Ennoia*, *Premier Noûs*, que le troisième membre de la Triade reçoit le titre de *Noûs*. Mais alors que l'Ennoia est Noûs *habitant dans les hauteurs*, le troisième membre de la Triade est *Noûs dressé* (27,17). Cette opposition semble indiquer que le premier Noûs est la première manifestation du Père dans le monde céleste, «au-dessus des régions inférieures» (27,14), tandis que le deuxième Noûs est manifestation du Père dans les régions inférieures. C'est ainsi que les 3StSeth disent du Premier Noûs qu'il est à la fois «le Premier révélé» (3StSeth, 123,5) et le «Caché du monde de la connaissance» (*ibid.*, 122,14-15), tandis que le second Noûs est «le Dieu qui fut le premier dressé, lui qui est venu (dans le monde inférieur) par bonté et qui s'est manifesté par bonté» (*ibid.*, 119,15-20).

Les titres *en propre* du Noûs dressé sont *Logos* (27,18; 28,9-10) et *Autogène divin* (28,6-7), mais *par analogie* il reçoit le titre de *Voix ineffable* et de *Père incompréhensible* (27,19-20), récapitulant ainsi en lui la Triade dont il est le troisième membre.

Les quatre Défenseurs

Les quatre *Défenseurs* (βοητός) *saints* qui intercèdent en faveur de Noréa auprès d'Adamas (28,27-30) et qu'il faut, nous semble-t-il, identifier avec les *êtres saints* dont la voix fut donnée à celle-ci en même temps qu'Adamas, par la Triade (27,24-27), sont à identifier avec les quatre luminaires (Harmozèl, Oroïaèl, Daveïthé et Élélèth) qui, dans l'ApocrJn (II, 7,30-8,21), comme dans l'EvEgypt (III, 51,14-22 = IV, 63,8-17) sont les émanations de l'*Autogène divin*, c'est-à-dire du *Noûs dressé*. Leur fonction, comme l'a montré H.-M. Schenke est de veiller sur l'histoire de l'Homme au cours des quatre périodes de celle-ci («Das sethianische System nach Nag Hammadi-Handschriften» [*Studia Coptica*], Berlin, 1974, p. 165-173).

Adamas

À la différence des 3StSeth qui identifient le personnage de Ger-Adamas avec le *Noûs dressé* (3StSeth, 118,25-119,20), le livre de *Noréa* distingue les deux personnages. Il suit en cela l'ApocrJn (II, 8,29-9,11), pour qui Adamas est une émanation de la Triade. En effet, dans notre texte, Adamas est donné à Noréa par la Triade (27,22-26). C'est à ce titre que, par analogie, il peut être appelé *Père-Noûs*-Adamas (27,25) ou *Père du Tout*-Adamas (28,29-30) qui sont des noms propres de la Triade.

Noréa

On relèvera d'abord plusieurs indices qui permettent d'établir que *Noréa* n'est pas l'équivalent, par ses fonctions, du personnage qui, dans l'HypArch, porte le même nom. Bien que toutes deux poussent un cri vers le ciel (*Noréa*, 27,21-22, HypArch, 92,32-93,2), ce cri ne se situe pas à la même période de l'histoire de l'humanité. Dans l'HypArch, c'est Élélèth qui répond à ce cri, ce qui permet de le situer au cours de la quatrième période de l'histoire de l'Homme (cf. H.-M. SCHENKE, *art. cit.*, p. 168; B. BARC, Commentaire, *supra*, p. 114), dans *Noréa* au contraire le cri est poussé *avant le jour où le monde fut* (28,16-17) puisque le don d'Adamas qui lui est fait a lieu avant que le monde ne soit. Cette même «datation» de l'investiture de Noréa avant la création du monde ressort du fait qu'elle a reçu les *quatre défenseurs saints* (28,27-29), c'est-à-dire que sa mission s'étend sur toute la durée de l'histoire du monde (les quatre périodes) et non pas, comme dans l'HypArch sur les trois dernières périodes seulement (cf. B. BARC, Commentaire, *supra*, p. 115). Mais alors, si l'entrée en fonction de Noréa précède la création du monde d'une part, et si d'autre part elle est présentée comme un retour en grâce après une période d'exil hors «du Lieu qui est sien de tout temps» (27,22-24), on est conduit à établir un parallèle entre Noréa et le personnage de la *Mère-Sophia*, tel qu'il est défini dans l'ApocrJn (II, 9,25-15,13; 19,11-20,33). Le cri de Noréa correspond au repentir de la Mère lorsqu'elle s'aperçoit que l'Archonte qu'elle a créé et à qui elle a donné sa puissance s'est révolté: «Elle se repentit, pleurant abondamment. Et tous ceux de la plénitude de l'Invisible virginal Esprit entendirent la prière de sa repentance et firent venir sur elle une bénédiction» (ApocrJn II, 13, 36-14,5). Le Noûs-Père-Adamas que reçoit Noréa, c'est la manifestation de l'Homme-Adamas (ApocrJn II, 14,13-15) sur le modèle de qui l'Archonte va créer Adam et en qui il va insuffler la puissance qu'il a reçue de sa mère (ApocrJn II, 19,11-13). Cette puissance est dispersée dans tous les héritiers authentiques d'Adam, les Adamas (29,1-2).

Adamas-Noréa

Vue sous cet angle, *l'union des deux noms en un seul* (29,4-6) semble bien correspondre à l'union de Noréa avec Adamas (ApocrJn II, 20,9-33). Adamas est le Père, le νοῦς (27,25-26; 28,29-30), qui uni à sa conjointe Noréa, la νόησις (29,3), constitue l'homme intérieur. En d'autres termes, l'union Adamas-Noréa exprime de façon mythique l'expérience par laquelle le spirituel reconnaît son origine divine et assure ainsi son salut.

TEXTE

ET

TRADUCTION

TABLE DES ABRÉVIATIONS DE L'APPARAT CRITIQUE

I. *Documents*

cod : codex IX de Nag Hammadi (Le Caire, Musée copte 10553), p. 27,11-29,5

facs : *The Facsimile Edition of the Nag Hammadi Codices*. Published under the Auspices of the Department of Antiquities of the Arab Republic of Egypt in Conjunction with the UNESCO (Codices IX and X), Leyde, 1977

II. *Éditions et travaux*

B : Berliner Arbeitskreis für koptisch-gnostische Schriften, «Die Bedeutung der Texte von Nag Hammadi für die moderne Gnosisforschung», in *Gnosis und Neues Testament*, éd. K.-W. TRÖGER, Berlin, 1973, p. 13-76 (sur Noréa, p. 69-70)

GP : *The Thought of Norea* (IX, 2). Introduced by Birger A. PEARSON. Translated by Søren GIVERSEN and Birger A. PEARSON, in *The Nag Hammadi Library*, éd. James M. ROBINSON, San Francisco, 1977, p. 404-405

KOSACK : W. KOSACK, *Lehrbuch des Koptischen*, Graz, 1974

III. *Signes critiques*

lettres pointées : non pas toutes les lettres détériorées, mais uniquement celles dont la lecture est matériellement incertaine. Leur état de conservation est décrit dans l'apparat critique à l'aide des abréviations suivantes :

- d : (à) droite
- extr : extrémité
- g : (à) gauche
- hor : horizontal(e)
- inf : inférieur(e)
- méd : médian(e)
- obl : oblique
- pt(s) : point(s)
- sup : supérieur(e)
- tv : trait vocalique
- vert : vertical(e)

[ ] : lettre restituée

⟨ ⟩ : lettre ajoutée ou corrigée

{ } : lettre supprimée

( ) : lettre corrigée ou rayée par le scribe

Dans la transcription du texte copte, nous respectons la disposition du papyrus, sauf en ce qui concerne le début des strophes 2, 3 et 4, que nous signalons par le décalage d'une ligne.

La traduction française présente une division strophique du texte, mais on pourra facilement se référer au texte copte à l'aide des indications numériques et des traits verticaux indiquant un changement de ligne. Le signe ^{0} accompagnant un terme dans la traduction française indique que celui-ci est en grec dans le texte copte.

ⲕⲍ̄

ⲡⲓⲱⲧ' ⲙ̄ⲡⲧⲏⲣϥ̄. ⲧⲉⲛ[ⲛⲟⲓⲁ]
ⲙ̄ⲡⲟⲩⲟⲉⲓⲛ. ⲡⲛⲟⲩⲥ̣ [ⲉⲧⲟⲩ]
ⲏϩ ϩ̄ⲛ ⲛⲉⲧ'ϫⲟⲥⲉ ⲉϩ[ⲣⲁï]
ⲉϫⲛ̄ ⲛⲉⲧⲙ̄ⲡⲥⲁ ⲙ̄ⲡ[ⲓⲧⲛ̄ ·]
ⲡⲟⲩⲟⲉⲓⲛ ⲉⲧ'ⲟⲩⲏϩ [ϩ̄ⲛ]
[ⲛ]ⲉⲧ'ϫⲟⲥⲉ · ⲧⲥⲙⲏ ⲛ̄[ⲧⲉ]
[ⲧ]ⲙⲉ [·] ⲡ̣ⲛⲟⲩⲥ̣ ⲉⲧ'ⲥⲟⲩ[ⲧⲱⲛ]
[ⲡ]ⲗ̣ⲟ̣ⲅⲟ̣ⲥ̣ ⲛⲁⲧ'ϭⲙ̄ϭⲱⲙ [ⲉϫⲟϥ]
[ⲁ]ⲩ̣ⲱ ⲧⲥ̣ⲙ̣ⲏ ⲛ̄ⲛⲁⲧ'ϣ̣ⲁ̣[ϫⲉ]
ⲉ̣ⲣⲟⲥ ⲡⲓⲱⲧ' ⲛⲁⲧ'ⲧ[ⲁϩⲟϥ]
ⲛⲱⲣⲉⲁ ⲧ̣ⲁ̣ï ⲉⲧⲁϣ[ⲕⲁⲕ ⲉ]
ϩⲣⲁï ⲉⲣⲟⲟⲩ
ⲁⲩⲥⲱ[ⲧⲙ̄]
ⲁⲩϫⲓⲧ̄ⲥ̄ ⲉϩⲟⲩⲛ ⲉⲡ̣ⲉⲥⲧⲟ
ⲡⲟⲥ ⲛ̄ⲟⲩⲟⲉⲓϣ ⲛⲓⲙ' ⲁⲩⲧⲁ
ⲁϥ ⲛⲁⲥ ⲙ̄ⲡⲓⲱⲧ' ⲙ̄ⲡⲛⲟⲩⲥ
ⲛ̣ⲁⲇⲁⲙ̣ⲁ<ⲥ> ⲙⲛ̄ ⲧⲕⲉⲥⲙⲏ̣[.] ⲛ̣
ⲧⲉ ⲛ̄ⲧⲉ ⲛ̣ⲉⲧ'ⲟⲩⲁⲁⲃ

Numéro intact — Pas de titre, mais ϭ pour indiquer le début du texte ; cf. Kosack 146 // 11 : ⲧⲉⲛ[ⲛⲟⲓⲁ] B [ⲉⲛⲛⲟⲓⲁ] GP // 12-13 : [ⲉⲧⲟⲩ]|ⲏϩ [woh]nend B [dwelling] GP // 13 : ϩ extr sup g ϩ̄ⲛ cod : unter B (en lisant ϩⲁ ?) // ⲙ̄ⲡ[ⲓⲧⲛ̄] Unt[eren] B below GP // 15-16 : [ϩ̄ⲛ]|[ⲛ]ⲉⲧ'ϫⲟⲥⲉ [in den] Erhabenen B [in the] heights GP // 16-17 : ⲛ̄[ⲧⲉ]|[ⲧ]ⲙⲉ d[er] Wahrheit B of Truth GP // 17 : [·] suppléer un pt dans l'intervalle avant ⲡ̣ // ⲡ̣ montant vert d // ⲥ̣ pt inf d // ⲉⲧ'ⲥⲟⲩ[ⲧⲱⲛ·] Gera[der] Nous B upright Nous GP // 18 : ⲗ̣ moitié inf obl d // ⲟ̣ [1] courbe inf g // ⲟ̣ [2] courbe méd g // ⲥ̣ trace sup d // [ⲡ]ⲗ̣ⲟ̣ⲅⲟ̣ⲥ̣ GP : einziger B // ⲛⲁⲧ'ϭⲙ̄ϭⲱⲙ [ⲉϫⲟϥ] cf. not. : unberuhrbarer B untouchable GP // 19 : ⲩ̣ ext aile d // ⲥ̣ courbe inf g // ⲙ̣ ext inf d // ϣ̣ traces ext sup g d et ext inf // ⲁ̣ ext sup obl // 19-20 : [ⲁ]ⲩⲱ ⲧⲥⲙⲏ ⲛ̄ⲛⲁⲧ'ϣⲁ[ϫⲉ]|ⲉ̣ⲣⲟⲥ and [ineffable]

P. 27

«Père du Tout,
En [noia⁰] | de la Lumière,
Noûs⁰ [hab]|itant dans les hauteurs
[au-de]|ssus des régions [inférieures], ||
Lumière habitant [dans | les] hauteurs,
Voix d[e | la] Vérité,
Noûs⁰ dr[essé], |
Logos⁰ in[dic]ible | et Voix in [eff]able, ||
Père inc[ompréhens]ible!» |
C'est Noréa qui cr[ie|ve]rs eux

Ils ente[ndirent], | et ils la reçurent au Lieu⁰ qui est sien | en tout temps. Ils || lui donnèrent le Père, le Noûs⁰, | Adama⟨s⟩, ainsi que la vo[ix] [...] | des êtres saints,

Voice GP: [Geist (?)]! Nicht gebo[ren] habender Leib! B // 20: ⲉ̣ trace méd courbe inf // ⲣ̣ part inf de la vert // ⲛ̄ⲁⲧ'ⲧ[ⲁϩⲟϥ] Un[erreich]barer B [incomprehensible] GP // 21: ⲧ̣ partie inf vert // ⲁ̣ trace inf g // ị̈ trace inf, pt d du tréma // 21-22: ⲉⲧⲁϣ[ⲕⲁⲕ ⲉ]ϩⲣⲁï ⲉⲣⲟⲟⲩ cf. HypArch NH II, 92,33-34 [ⲁⲥⲁ]ϣⲕⲁⲕ... [ⲉϩⲣⲁï ⲉ]ⲡ̣ⲡⲉⲧⲟⲩⲁⲁⲃ // 22: ⲁⲩⲥⲱ̣[ⲧ̄ⲙ̄] they heard GP: Sie wurde erh[ört], p. e. ⲁⲩⲥⲱ[ⲧⲙ̄ⲥ̄] // 23: ⲡ̣ 2 pts inf g d // 26: [ⲛ̄]̣ partie méd vert g, pas trace du tv // ⲁⲇⲁⲙⲁ⟨ⲥ⟩ cf. 29,1 Adamas GP Adama cod // ⲙ̣ ext inf g, trace sup d, pt inf d // ⲏ̣ trace sup vert g // ⲛ̣ vert d coin inf d // 26-27: ⲥⲙⲏ̣ [.] [ⲛ̄]̣ |ⲧⲉ ⲛ̄ⲧⲉ lire p.e. ⲥⲙⲏ̣ [ⲥ][ⲛ̄]̣|ⲧⲉ ⲛ̄ⲧⲉ ou ⲥⲙⲟ̣ⲛ̣|ⲧⲉ (?) ⲛ̄ⲧⲉ: the voice of (= ⲥⲙⲏ̣ ⲛ̄|ⲧⲉ {ⲛ̄ⲧⲉ}) GP; cf. not. // 27: ⲛ̣ partie sup vert d.

κ̄η̄

ϫεκααc εcναμ̄τον μ̄[μοc]
ϩ̄ν̄ τεπινοια ν̄νατ'ϣαϫ[ε]
ερο<c> · ϫεκααc ε<c>ναρ̄ κλ̣[η]
ρονομι μπϣορπ̄' ν̄νογc
ετα<c>ϫιτ̄ϥ̄ · αγω ν̣̄<c>μτο̣[ν]
μ̄μο<c> ϩ̄μ̄ παγτογενηc
ν̄νογτε · αγω ν̄c̄ϫποc
ογααc ν̄θε ϩωωϥ ον ν̄τα̣[cρ̄]
κληρονομι μ̄πλογοc ετ̣[ο]
νϩ̣ α̣γω ν̄c̄ϩωτπ̄' αν[ατ']
τα̣κ̣ο τηρογ αγω ν[cϣω]
[πε] ϩ̄μ̄ πνο<γ>c μπιωτ' ·
αγω
[αcι] εcϣαϫε ϩ̄ν̄ ν̄ϣαϫε μ̄
[πων̄]ϩ · αγω α<c>ϭω μ̄πεμ
[το εβ]ολ μ̄πετ'ϫοcε εcα[μα]
[ϩτε μ̄π]ενταc̣ϫ̣ιτ̄ϥ̄ ϩαθη [μ̄φο]
[ογ ν̄τ]α̣πκοcμοc ϣωπε
[εγ]ν̣̄ταc μ̄μαγ μ̄πνο[ϭ ν̄]
[νο]γc ν̄τε [π]αϩορα[τ]οc α[γω]
[c̄ϯ ε]οογ μ̄πογε̣[ι]ωτ' α[γω]
[εc]ϣοοπ' ν̄ϩραϊ ϩ̄ν̄ νετ . [. .]
[. . . .] ν̄ϩραϊ ϩ̄μ̣̄ π'πληρωμα
[αγω ν̄]cναγ απ̣'πληρωμα ·

[ογν̄ ϩ]ενϩοογ ναϣωπε ν̄c̄
[ει ϣα] π'πληρωμα · αγω
ν̄cαϣωπε αν ϩ̄μ̄ πϣτα
ογν̄ταc δε μ̄μαγ μ̄π̄ϥ̄ταγ
ν̄βοηθοc ετογααβ' εγρ̄ πρε
cβ̣εγε ϩαροc ϩατ̄μ̄ πιωτ' μ
π̣[τ]ηρϥ̄ · α̅δ̅α̅μ̅α̅<c> παϊ πε

P. 28

Pour qu'elle pût [re]poser | dans l'Epinoia^{0} indicible, |
Pour qu'⟨elle⟩ pût hé|riter^{0} du premier Noûs^{0} || qu'⟨elle⟩ avait reçu,
Et repose[r] | dans l'Autogène^{0} | divin,
Et s'engendrer | elle-même dans la mesure où [elle a] aussi |
hérité^{0} du Logos^{0} [vi]||vant,
Et se joindre à tous les [Im]|périssables,
Et [demeu|rer] dans le No⟨û⟩s du Père.

Et | [elle se mit] à parler avec les paroles de | [la vi]e,
Et ⟨elle⟩ continua, en || prés[ence] de celui qui est élevé,
à dé[te|nir ce] qu'elle avait reçu avant [le jour | où] le monde^{0} fût, |
Posséd[ant] le gran[d | No]ûs^{0} de [l']Invis[i]ble^{0}.
E[t] || elle rend g]loire à leur Pè[r]e,
E[t | elle] est parmi eux, qui . [. .] | [. . . .] dans le Plérôme^{0}, |
Et elle voit le Plérôme^{0}.

Viendront d[es] jours où elle || [ira vers] le Plérôme^{0},
Et | elle ne sera plus dans la déficience. |
Cependant^{0}, elle a les quatre | défenseurs^{0} saints, qui inter-|
cèdent pour elle auprès du Père du || [T]out, Adama⟨s⟩,

Numéro intact — 1 : ⲉⲥⲛⲁⲙ̄ⲧⲟⲛ ⲙ̄[ⲙⲟⲥ] she might rest GP // 2-3 : ⲛ̄ⲛⲁⲧ'ϣⲁϫ[ⲉ] | ⲉⲣⲟ⟨ⲥ⟩ : ⲛ̄ⲛⲁⲧ'ϣⲁϫ[.] | ⲉⲣⲟϥ cod (= p.e. ἄρρητος); cf. not. // 3 : ⲗ̣ pt en haut g// 3-4 : ⲉ⟨ⲥ⟩ⲛⲁⲣ̄ ⲕⲗ̣[ⲏ] | ⲣⲟⲛⲟⲙⲓ ⟨she⟩ might inherit : ⲉⲕⲛⲁⲣ̄ ⲕⲗ̣[.]|ⲣⲟⲛⲟⲙⲓ (= κληρονομῆ) cod; cf. not. // 5 : ⲉⲧⲁ⟨ⲥ⟩ϫⲓⲧϥ ⟨she⟩ had received GP : ⲉⲧⲁϥϫⲓⲧ̄ϥ̄ cod; cf. not. // ⲟ̣ partie sup g de la courbe // 5-6 : ⲛ̄⟨ⲥ⟩ⲙ̄ⲧⲟ̣ⲛ|ⲙ̄ⲙⲟ⟨ⲥ⟩ she might rest GP : ⲛ̄ϥⲙ̄ⲧⲟⲛ|ⲙ̄ⲙⲟϥ cod; cf. not. // 8 : ⲁ̣ trace inf g // 8-9 : ⲛⲧⲁ̣[ⲥ ⲣ̄] ⲕⲗⲏⲣⲟⲛⲟⲙⲓ : he … [has] inherited GP; cf. not. // 9 : ⲧ̣ ext g hor liée à hor méd du ⲉ précédent // 9-10 : ⲉⲧ̣[ⲟ]|ⲛϩ̣ ⲁ̣ⲩ̣ⲱ [living] … and GP // 10 : ϩ̣ infime trace inf g // ⲁ̣ ext sup obl // ⲩ̣ ext sup d liée à ⲱ suivant // 10-11 ⲁⲛ[ⲁⲧ']|ⲧⲁ̣ⲕ̣ⲟ to … the Imperishable Ones GP // 11 : ⲁ̣ ext obl g liée à l'hor du ⲧ // ⲕ̣ pt inf d // 11-12 : ⲛ̄[ⲥϣⲁ]|[ϫⲉ] [speak] GP // 12 : ⲡⲛⲟ⟨ⲩ⟩ⲥ the mind GP : ⲡⲛⲟⲥ cod // 13 : [ⲁⲥⲓ] : again GP; cf. not. // 13-14 : ⲙ̄|[ⲡⲱⲛ]ϩ̣ of [life] GP // 14 : ⲛ]ϩ̣ tv entièrement visible // ϩ̣ courbe et extr inf d // ⲁ⟨ⲥ⟩ϭⲱ ⟨she⟩ remained : ⲁϭⲱ cod; cf. not. // 14-15 : ⲙ̄ⲡⲉⲙ|[ⲧⲟ ⲉⲃ]ⲟⲗ in the [presence] GP // 15-16 : ⲉⲥⲁ[ⲙⲁ]|[ϩⲧⲉ ⲙ̄ⲡ]ⲉⲛⲧⲁⲥ̣ϫ̣ⲓ̣ⲧ̄ϥ̄ possessing that which she had received GP // 16 : ⲥ̣ moitié inf devant déchirure // ϫ̣ pt inf d // ⲓ̣ base après déchirure // 16-17 : ϩⲁⲑⲏ [ⲙ̄ⲫⲟ]|[ⲟⲩ ⲛ̄ⲧ]ⲁ̣ⲡⲕⲟⲥⲙⲟⲥ before the world (= ϩⲁⲑⲏ [ⲙ̄ⲡⲁⲧ]ⲉ̣ ⲡⲕⲟⲥⲙⲟ̣ⲥ?) GP; cf. not. // 17 : ⲁ̣ contour inf de la courbe, angle et obl inf d // 18 : [ⲉⲩ]ⲛ̣̄ⲧⲁⲥ [She has] GP // ⲛ̣̄ trace inf, tv arraché // 18-19 : ⲙ̄ⲡⲛⲟ[ϭ ⲛ̄]|[ⲛⲟ]ⲩⲥ the [great mind] GP // 19 : ⲡ[ⲁ]ϩⲟⲣⲁ[ⲧ]ⲟⲥ Invisible One GP // ⲁ̣ ext sup obl g, pt de courbe inf g // 19-20 : ⲁ[ⲩⲱ]|[ⲥ̄ϯ ⲉ]ⲟⲟⲩ [and she gives] glory GP // 20 : ⲙ̄ⲡⲟⲩⲉ̣[ⲓ]ⲱⲧ' cod : to ⟨her⟩ Father (= ⲙ̄ⲡⲉ⟨ⲥ⟩ⲉⲓⲱⲧ') GP; cf. not. // ⲉ̣ pt méd courbe g // 20-21 : ⲁ[ⲩⲱ]|[ⲉⲥ]ϣⲟⲟⲡ' [and she] dwells GP // ϩ̣ infimes traces inf // . avant le crochet : trace de lettre ronde (ⲟ, ⲉ, ⲥ?) liée à hor du ⲧ // 21-22 : ⲛⲉⲧ.[..]| [....] of those who [...] GP // 22 : ⲙ̣ infime trace sup g, tv entier // 23 : [ⲁⲩⲱ ⲛ̄]ⲥⲛⲁⲩ [and] she beholds GP // ⲡ̣ traces inf des vert g d // 24 : [ⲟⲩⲛ̄ ϩ]ⲉⲛϩⲟⲟⲩ ⲛⲁϣⲱⲡⲉ There will be days GP // 24-25 : ⲛ̄ⲥ̄|[ⲉⲓ ϣⲁ] : when she will [behold] GP; cf. not. // 29 ⲃ̣ pt en haut d // 30 : ⲡ̣ angle sup g // ⲁⲇⲁⲙⲁ⟨ⲥ⟩ cf. 29,1 Adamas B GP : ⲁⲇⲁⲙⲁ cod.

ⲕ̄ⲑ̄

ⲉⲧⲙ̄ⲡⲥⲁ ⲛϩⲟⲩⲛ ⲛ̄ⲛ̄ⲁⲇⲁⲙⲁⲥ
ⲧⲏⲣⲟⲩ · ⲉⲩⲛ̄ⲧⲁϥ ⲙ̄ⲙⲁⲩ ⲛ̄
ⲧⲛⲟⲏⲥⲓⲥ ⲛ̄ⲛⲟⲣⲉⲁ · ⲉⲥϣⲁϫⲉ
ⲉⲧⲃⲉ ⲡⲣⲁⲛ ⲥⲛⲁⲩ ⲉⲩⲣ̄ ϩⲱⲃ
ⲁⲟⲩⲣⲁⲛ ⲛ̄ⲟⲩⲱⲧ : · >>>>>>>>—

2 : ⲉⲩⲛ̄ⲧⲁϥ cod that possess GP : ⟨die⟩ … haben (= ⲉⲩⲛ̄ⲧⲁ⟨ⲩ⟩) B cf. not.

P. 29

Celui qui est intérieur à tous les Adamas, |
Car il possède | l'intellection[0] de Noréa,
qui déclare | au sujet des deux noms, qu'ils réalisent || un nom unique.

COMMENTAIRE

Première strophe (27,11-22a)

l. 17 : ⲉⲧⲥⲟⲩ[ⲧⲱⲛ] : excellente reconstruction proposée par le Berliner Arbeitskreis. Correspond peut-être à une forme d'ἀνορθοῦσθαι (C 371a) : on se rappellera que la station droite ὀρθότης symbolise généralement l'aptitude à la contemplation (cf. A.J. Festugière, *La révélation d'Hermès Trismégiste*, t. 2, p. 87). Peut-être devrions-nous aussi rapprocher l'expression de 3StSeth, NH VII, 119,16-17 ⲉⲧⲁϥⲁϩⲉⲣⲁⲧϥ̄ (ἑστώς), cf. M. Tardieu, *RSPT* 57 (1973) 566.

l. 18-20 : On propose de lire en 18 ⲛ̄ⲁⲧϭⲙ̄ϭⲱⲙ [ⲉϫⲟϥ] (C 754a ϫⲟ= A^2B, *ibid.*, b ⲁϥϫⲟϥ ; ⲉϫⲟⲟϥ serait un peu long) pour établir une symétrie avec 19-20, à peu près ainsi : λόγε ἄφραστε καὶ φωνὴ ἄρρητε. Si l'on hésite à suivre cette hypothèse, on peut lire ⲛ̄ⲁⲧϭⲙ̄ϭⲱⲙ [ⲉⲣⲟϥ] ἀκράτητος (LS 54b). En 20, ⲡⲓⲱⲧ ⲛⲁⲧⲧ[ⲁϩⲟϥ] (πάτερ ἀκατάληπτε, ἀπερίληπτε, C 456a) rappelle EvEgypt, NH III, 49,13-14 ⲡⲓⲱⲧ ⲛ̄ⲁⲧⲛⲟⲉⲓ ⲙ̄ⲙⲟϥ ⲛ̄ⲛⲁⲡⲉⲣⲓⲛⲟⲏⲧⲟⲥ (= NH IV, 61,15-16).

l. 21 : Noréa : sur l'étymologie du nom, voir le dossier rassemblé par B.A. Pearson, «The Figure of Norea in Gnostic Literature», in *Proceedings of the International Colloquium on Gnosticism*, Stockholm August 20-25 1973 (*Filologisk-filosofiska serien*, 17), Stockholm 1977, p. 143-152. L'HypArch donne du nom une étymologie fonctionnelle. En effet, lors de la naissance de Noréa, Ève déclare : «Il m'a engendré une [*vie*]*rge* comme Aide ... (91,35-92,1). Or en hébreu vierge se dit *na'arah*. Cf. B. Barc, Commentaire, *supra*, p. 108.

Deuxième strophe (27,22b-28,12a)

l. 24-26 : ϥ dans ⲁⲩⲧⲁⲁϥ est un suffixe neutre se rapportant à la fois à ⲙ̄ⲡⲓⲱⲧ (25) et à ⲙⲛ̄ ⲧⲕⲉⲥⲙⲏ̣ (26).

ⲙ̄ⲡⲓⲱⲧ ⲙ̄ⲡⲛⲟⲩⲥ ⲛ̄ⲁⲇⲁⲙⲁ⟨ⲥ⟩ «Le Père, le Noûs, Adamas». Les termes sont en apposition ; cf. 3StSeth, NH VII, 119, 1, où l'orant s'adresse au Père Ger-Adama en ces termes : ⲛ̄ⲧⲟⲕ ⲡⲉ ⲡⲛⲟ̣ⲩⲥ ⲡ̣ⲁïⲱⲧ. Giversen et Pearson traduisent : «They gave it to her in the Father of Nous, Adamas, as well as the voice of the Holy Ones ...»

l. 26-27 : La traduction Giversen-Pearson implique qu'on lise ⲧⲕⲉⲥⲙⲏ̣ ⲛ̣̄ⲧⲉ {ⲛ̄ⲧⲉ} ⲛ̣ⲉⲧⲟⲩⲁⲁⲃ. Il semble méthodologiquement hasardeux de supposer une dittographie après un mot reconstitué.

Pour notre part nous lisons volontiers ⲧⲕⲉⲥⲙⲏ̣ [ⲥ]ⲛ̄ⲧⲉ ⲛ̄ⲧⲉ ⲛ̣ⲉⲧⲟⲩⲁⲁⲃ «les deux voix des êtres saints», qui semble paléographiquement très vraisemblable. On pourrait peut-être songer aussi à une forme ⲥⲙⲟⲛⲧⲉ, non attestée, que l'on rapprocherait de ⲥⲙⲟⲛⲧ ⲥⲙⲟⲧ, σχῆμα : «elle a reçu la forme des êtres saints (cf. EvEgypt, NH III, 50, 11-13 ⲡⲙⲁ ⲉϣⲁⲩϫⲓ ϩⲓⲕⲱⲛ ⲛ̄ϩⲏⲧⲥ̄ ⲛ̄ϭⲓ ⲛ̄ⲣⲱⲙⲉ : «le lieu où les hommes saints prennent image — ou forme»).

28, 2-3 : La faute ⲛ̄ⲛⲁⲧϣⲁϫ[ⲉ] ⲉⲣⲟϥ pour ⲛ̄ⲛⲁⲧϣⲁϫⲉ ⲉⲣⲟ⟨ⲥ⟩ s'explique aisément par le fait que l'adjectif grec correspondant p. ex. ἄρρητος, ἄφραστος, ἀνεκλάλητος, etc... n'a pas de forme spécifique au féminin.

l. 3-6 : Les corrections d'affixes proposées ci-dessous d'après nos prédécesseurs peuvent s'expliquer, au moins pour ⲉⲧⲁ⟨ⲥ⟩ϫⲓⲧϥ̄, ⲛ⟨ⲥ⟩ⲙ̄ⲧⲟ̣[ⲛ] ⲙ̄ⲙⲟ⟨ⲥ⟩ par une confusion du traducteur copte qui aura mécaniquement rendu le sujet implicite dans les 3ᵉ p. sing. des verbes grecs correspondants par des masculins.

Dans le cas de ⲉⲕⲛⲁⲣ̄ ⲕⲗ̣[ⲏ]ⲣⲟⲛⲟⲙⲓ (3-4), on serait peut-être tenté de conserver la 2ᵉ personne du singulier en la rapportant à un auditeur anonyme, un des gnostiques qui font usage de cet hymne et qui sont en effet héritiers du Noûs par leur mère Noréa. Toutefois cette deuxième personne serait la seule du texte. Il est donc plus vraisemblable de supposer une fois de plus une confusion du traducteur : il aura pris κληρονομῇ 3ᵉ p. sing. présent du subjonctif actif pour une 2ᵉ p. sing. présent du subjonctif moyen, bien que le verbe κληρονομεῖν ne soit pas attesté à cette voix (Liddle and Scott 950b).

l. 8 : En raison de l'affixe masculin de ϩⲱⲱϥ, Giversen et Pearson traduisent comme s'ils reconstruisaient ⲛ̄ⲧⲁ̣[ϥⲣ̄] | ⲕⲗⲏⲣⲟⲛⲟⲙⲓ. Cette reconstruction n'est pas indiscutable. En effet, ϩⲱⲱϥ ⲟⲛ peut avoir une valeur oppositive adverbiale (Stern, § 599 : ⲧⲁï ϩⲱⲱϥ ⲧⲉ ⲑⲉ) et ne pas s'accorder à ce qui suit. À première vue il est insolite que le dieu Autogène, être céleste uni à Adamas, qui est lui-même un Logos, Père du logos de l'homme (cf. EvEgypt, NH III, 49,17 : ⲡⲛⲟϭ ⲛ̄ⲗⲟⲅⲟⲥ ⲡⲁⲩⲧⲟⲅⲉⲛⲏⲥ ⲛ̄ⲛⲟⲩⲧⲉ [28,6-7] ⲙⲛ ⲡⲁⲫⲑⲁⲣⲧⲟⲥ ⲛ̄ⲣⲱⲙⲉ ⲁⲇⲁⲙⲁⲥ ⲁⲩⲙⲟⲩϫⲧ ⲙⲛ̄ ⲛⲉⲩⲉⲣⲏⲟⲩ ⲁϥϣⲱⲡⲉ ⲛ̄ϭⲓ ⲟⲩⲗⲟⲅⲟⲥ ⲛ̄ⲧⲉ ⲡⲣⲱⲙⲉ = NH IV, 61,18-22), hérite d'un logos vivant. κληρονομεῖν convient mieux à Noréa qui symbolise la destinée des êtres terrestres. De plus il est attesté en 28,13-14 qu'elle a «les paroles de la vie» (ⲛ̄ϣⲁϫⲉ ⲙ̄|[ⲡⲱⲛ]ϩ̄), très probablement du fait qu'elle a hérité du logos vivant. On restituera donc : ⲛ̄ⲧⲁ̣[ⲥⲣ̄] | ⲕⲗⲏⲣⲟⲛⲟⲙⲓ.

l. 11-12 : ⸢ⲛ[ⲥⲱϣ]⸣|[ⲡⲉ] ϩⲙ̄ (= οἰκεῖν ἐν, κατοικεῖν ἐν, μένειν ἐν, Crum, 579b) plutôt que ⲛ[ⲥⲱϣ]|[ϫⲉ] ϩⲙ̄ «and speak with» GP, en accord avec l'ensemble de la strophe, surtout les l. 10-11 : «Et se joindre à tous les [Im]périssables».

Troisième strophe (28,12b-23)

l. 12b-16 : Précédé du convertisseur circonstanciel ⲉ (H. J. Polotsky, *Coll. Papers*, p. 244), le présent ⲥϣⲁϫⲉ (13) contraste avec les conjonctifs précédents, qui prolongent la visée finale exprimée par ϫⲉⲕⲁⲁⲥ ⲉ (1-3). Il faut donc supposer une rupture du discours annonçant une nouvelle partie : la prédication de Noréa. On sait que la subordonnée circonstancielle est de règle après les verbes signifiant continuer (cf. ϭⲱ 14; Till, § 330), dans la périphrase inchoative ⲉⲓ ⲉ (Till, § 333). Cette dernière nous paraît appropriée ici pour marquer le début de la prédication, en contraste avec ⲁ⟨ⲥ⟩ϭⲱ (14). Il est clair d'autre part que ce dernier verbe doit être rattaché au circonstanciel ⲉⲥⲁ[ⲙⲁ|ϩⲧⲉ] (15-16), et non pas à ⲙ̄ⲡⲉⲙ|[ⲧⲟ ⲉⲃ]ⲟⲗ ⲙ̄ⲡⲉⲧϫⲟⲥⲉ, comme le laisse supposer la traduction de Giversen-Pearson : «⟨she⟩ remained in the [presence] of the Exalted One».

l. 16-17 : Après ϩⲁⲑⲏ (16), on serait tenté de restituer [(ⲉ)ⲙ̄ⲡⲁⲧ]ⲉ̣ (Till, § 320) comme semblent l'avoir fait Giversen et Pearson : «before the world came into being». Toutefois cette restitution, très satisfaisante au point de vue grammatical, se heurte à deux obstacles matériels : 1) elle est sensiblement trop courte, du fait qu'on ne saurait arrêter la ligne 16 à ϩⲁⲑⲏ et qu'il y aurait, au début de la ligne 17, largement la place pour [ⲙⲡⲁⲧ]ⲉ̣; 2) Les traces d'encre qu'on distingue sur le codex avant ⲡⲕⲟⲥⲙⲟⲥ ne peuvent être interprétées comme ⲉ̣ ou ⲧ̣ⲉ̣. Nous ne voyons pas d'autre possibilité que d'y reconnaître la trace inférieure d'un ⲁ̣. Pour cette raison, nous proposerions ϩⲁⲑⲏ [ⲙⲡⲛ|ⲁⲩ ⲛ̄ⲧ]ⲁ̣ⲡⲕⲟⲥⲙⲟⲥ ou, pour couper plus facilement, ϩⲁⲑⲏ [ⲙⲫⲟ|ⲟⲩ ⲛ̄ⲧ]ⲁ̣ⲡⲕⲟⲥⲙⲟⲥ (pour ⲫⲟⲟⲩ, cf. Crum, 730a). De toute façon le sens général du passage ne nous paraît pas faire de doute : «avant (le jour de) la création du monde».

l. 20-22 : Nous ne voyons aucune raison de corriger ici ⲡⲟⲩⲉⲓⲱⲧ en ⲡ⟨ⲉⲥ⟩ⲉⲓⲱⲧ comme Giversen-Pearson : «her Father». Cet affixe de la 3ᵉ p. pl. s'applique déjà aux élus, auprès de qui Noréa a été envoyée en mission et qui sont clairement désignés par la suite comme ⲛ̄ⲁⲇⲁⲙⲁⲥ ⲧⲏⲣⲟⲩ (29,1-2), ayant évidemment pour Père l'Adamas, Père du tout (28,29-30), en union avec qui elle agit (27,24-26). Ces élus sont également désignés par le relatif pluriel ⲛⲉⲧ (21) suivi d'une brève préposition, que nous ne pouvons malheureusement pas restituer jusqu'à ⲛ̄ϩⲣⲁï ϩⲙ̄ ⲡ̄ⲡⲗⲏⲣⲱⲙⲁ (22). Il n'est pas rare que les élus ou les êtres spirituels soient désignés par un pronom pluriel éventuellement suivi de ⲧⲏⲣⲟⲩ (cf. p.ex. GrSeth, NH VII, 49,13-14 : ⲧⲙⲁⲁⲩ ⲛ̄ⲧⲉ ⲛⲁï ⲧⲏⲣⲟⲩ).

Quatrième strophe (28,24-29,5)

l. 24-25 : La restitution proposée par Giversen-Pearson : «she will [behold] the Pleroma» ⲛⲥ̄|[ⲛⲁⲩ ⲉ]ⲡ̄ⲡⲗⲏⲣⲱⲙⲁ paraît contredite en 28,3 où Noréa, glorifiant le Père (28,20) se voit déjà gratifiée de la contemplation du Plérôme. En revanche, nous croyons plus conforme aux visées eschatologiques du passage (nettement annoncées par la formule classique [ⲟⲩⲛ̄ ϩ]ⲉⲛϩⲟⲟⲩ ⲛⲁϣⲱⲡⲉ cf. Ascl Copte, NH VI, 70,11-12 : ⲟⲩⲛ̄ ⲟⲩⲟⲉⲓϣ ⲛⲁϣⲱⲡⲉ) de supposer ici la mention de sa remontée future vers la Plénitude qui abolira toute déficience (ϣⲧⲁ, 26).

l. 28-29 : πρεσβεύειν est ici construit avec deux compléments. ϩⲁⲣⲟ= (Crum, 633a for, in respect of, on behalf of, ὑπέρ) indique la bénéficiaire de l'intervention; ϩⲁⲧⲙ- (Crum, 428b πρός, παρά) indique auprès de qui celle-ci est effectuée (LS 1462a πρεσβεύω πρός ou παρά τινα). Bien que d'après HypArch, NH II, 92s la plainte de Noréa soit effectivement transmise au Père par l'un des Phôsters, Élélèth, ceux-ci ne sont pas à proprement parler des messagers de Noréa mais ses aides, ses protecteurs célestes (ⲛ̄ⲃⲟⲏⲑⲟⲥ ⲉⲧⲟⲩⲁⲁⲃ 28) tandis qu'elle-même (HypArch, 92) est l'aide terrestre des hommes spirituels. Nous traduisons donc par «intercéder».

28,30-29,3 : ⲉⲧⲙ̄ⲡⲥⲁ ⲛϩⲟⲩⲛ est une expression technique pour l'homme intérieur (cf. Ascl Copte, NH VI, 69,23-24 ⲡⲣⲱⲙⲉ ⲉⲧ̄ϩⲓ ⲡⲥⲁ ⲛϩⲟⲩⲛ). La correction ⲉⲩⲛ̄ⲧⲁ⟨ⲩ⟩ ⲙ̄ⲙⲁⲩ supposée par la traduction du Berliner Arbeitskreis : ⟨die⟩ die νόησις der Norea haben, nous paraît tout à fait inutile : du moment que l'Adamas céleste est dans tous les Adamas terrestres ayant en lui la νόησις de Noréa, il est clair que ceux-ci l'ont également, que l'on corrige le texte ou qu'on le laisse en l'état actuel.

29,3-5 : Il nous paraît ici que la phrase circonstancielle a valeur d'une complétive dont le sujet logique ⲡⲣⲁⲛ ⲥⲛⲁⲩ a été transformé par prolepse en objet indirect de ϣⲁϫⲉ (cf. Till, § 417). Nous inclinerions à traduire avec une valeur complétive : «qui déclare à propos des deux noms qu'ils n'en forment qu'un seul». L'explication est obvie :

les deux noms qui viennent d'être prononcés sont ceux d'Adamas et de Noréa. Dans le gnostique, ils se fondent en un seul pour former l'homme spirituel. Cf. *supra*, Introduction, p. 155.

INDEX GREC

INDEX DES NOMS PROPRES

INDEX COPTE

TABLE DES MATIÈRES

L'HYPOSTASE DES ARCHONTES

NORÉA

Imprimerie Orientaliste, B.P. 41, 3000 Louvain (Belgique)